Paul Meier / Robert Wise
Träume — Fenster der Seele

Paul Meier / Robert Wise

Träume — Fenster der Seele

Aus dem Amerikanischen
von Ulrike Zellmer-Wettach

Für Ayesha Rebekah
und Brooke Elise Wise –
zwei Träume, die Wirklichkeit geworden sind.

Die Deutsche Bibliothek – CIP-Einheitsaufnahme

Meier, Paul:
Träume – Fenster der Seele / Paul Meier ; Robert Wise.
Aus dem Amerikan. von Ulrike Zellmer-Wettach. – Moers :
Brendow, 1996
(Edition C : C ; 482)
Einheitssacht.: Windows of the soul <dt.>
ISBN 3-87067-658-2
NE: Wise, Robert; Edition C / C

ISBN 3-87067-658-2
Edition C, C 482
© 1996 by Brendow Verlag, D-47443 Moers
Originaltitel: „Windows of the soul". Copyright © 1995 by
Paul Meier, M.D., and Robert L. Wise, Ph.D.
Published in Nashville, Tennesse, by Thomas Nelson Inc.,
Publishers
Einbandgestaltung: Kortüm & Georg, Münster
Satz: AbSatz, Klein Nordende
Druck und Bindung: Ebner Ulm
Printed in Germany

Danksagung

Dieses Buch wäre nicht zustande gekommen ohne die Unterstützung und seelsorgerliche Betreuung unserer Freunde in Pecos, Neumexiko. Robert Wise dankt in ganz besonderer Weise seinem geistlichen Leiter, dem Abt David Gaerats, der ihm durch die gemeinsame Arbeit an Träumen zu neuen Einsichten und innerem Wachstum verholfen hat.

Unser Dank geht auch an Robert und Retha Bierschank, die das Manuskript unermüdlich geschrieben, überarbeitet und korrigiert haben. Janet Thomas hat, wie immer, hervorragende Sachkenntnis beim Lektorieren des Buches bewiesen.

Inhalt

Kapitel 1

TRAUMPFADE

Beginn einer Reise

Wie oft ist in der Bibel von Träumen die Rede! Es gibt wohl an die sechzehn Kapitel im Alten und vier oder fünf im Neuen Testament, in denen Träume erwähnt werden, und viele andere Bibelstellen, die von Visionen berichten. Wenn wir der Bibel Glauben schenken, müssen wir davon ausgehen, daß in biblischen Zeiten Gott und seine Engel Menschen im Schlaf erschienen und sich in ihren Träumen offenbarten.

ABRAHAM LINCOLN

Die Wellen des See Genezareth schwappten gegen die Schiffs-anlegestelle in Tiberias. Paul Meier und Robert Wise saßen nach einer Tour um den See in einem malerischen Café beim Abendessen. Am Nachmittag hatten sie die Überreste der biblischen Stadt Kapernaum besichtigt und auf dem Berg der Seligpreisungen gestanden. Am Ende jedes Tages unterhielten sie sich über ihre Forschungsarbeit zu dem Buch, an dem sie gerade arbeiteten. Die warme Brise vom See machte sie schläfrig. Sie waren ziemlich erschöpft.

„Heute werden wir gut schlafen", bemerkte Robert, „und gute Träume haben."

„Wenn ich mich nur an sie erinnern würde", meinte Paul lachend.

„Robert, du hast dich doch jahrelang mit Träumen beschäftigt. Was war eigentlich der Anlaß dazu?"

Eine Weile sah Robert den Möwen zu, die die hölzerne Anlegestelle umkreisten. Er brauchte nicht lange im Gedächtnis zu kramen, um diese Frage zu beantworten. Die Erinnerung war immer sofort da, aber er konnte sie nicht gleich in Worte fassen. Er fühlte sich oft immer noch sehr unbehaglich, wenn er von dieser Erfahrung berichtete. Paul war ein guter Freund und bekannter Psychiater, und doch fiel es Robert schwer, über eine der persönlichsten Dimensionen seines Lebens zu berichten.

Roberts früheste Erinnerungen begannen mit dem Traum. In vieler Hinsicht war dieser eine Traum fast seine früheste Erinnerung. Dieselbe Geschichte wiederholte sich während seiner ganzen Kindheit und Jugendzeit immer wieder. Viele Jahre lang hatte er den Traum für eine reale Erfahrung gehalten. Das Bild des dreijährigen alleingelassenen Kindes steht stets abrufbereit vor seinem geistigen Auge.

In dem Traum spielt er in und neben einem Feld mit hohen Baumwollpflanzen. Der heiße Sommerwind bläst durch die Halme und schüttelt die flauschigen weißen Bällchen, die reif zur Ernte sind. Er sieht, wie weit hinten am Ende des Feldes eine Gruppe von Arbeitern in einen Lastwagen steigt.

Er weiß sofort, daß auch seine Mutter mit den Arbeitern in den Wagen gestiegen ist! Die Traumwelt ist gefüllt mit Angst. Er wird zurückgelassen werden, wenn es ihm nicht gelingt, rechtzeitig zu dem Laster zu kommen! Er rennt, so schnell ihn seine kleinen Beine tragen, aber er ist nicht schnell genug. Sein Knöchel bleibt an einer Schlingpflanze hängen, und er fällt der Länge nach zwischen die Baumwollpflanzen. Panik ergreift ihn. Er droht in einer Flut von Gefühlen zu ertrinken.

Der Motor des Lasters wird angelassen, die Tür zur Ladefläche zugeschlagen. Nichts kann den Lastwagen aufhalten. Furcht entlädt sich in gellenden Schreien der Verzweiflung, aber Robert ist völlig hilflos. Der Lastwagen rumpelt davon, von den Rädern spritzt Schmutz. Seine Mutter verschwindet in einer Staubwolke. Er bleibt im Feld zurück, allein, voller Entsetzen. Die Tränen laufen ihm übers Gesicht. Verlassen.

Paul unterbrach Roberts Gedanken: „Deine Träume scheinen dir ein Einfühlungsvermögen zu vermitteln, das andere Pastoren nicht haben."

Robert nickte mechanisch, während er daran dachte, wie dieser Traum sein Leben bestimmt hatte. Das Geheimnis seiner Trennung von seinen leiblichen Eltern hatte sein Leben in ein Rätsel gehüllt. Er war sich nicht sicher, was nun Erinnerung, Traum, Hoffnung oder Projektion war. Sein Traum war mit Sicherheit der Ausdruck einer Sehnsucht, irgend etwas, irgend jemand oder irgendeinen Ort zu finden, die vor langer Zeit aus seinem Leben gerissen worden waren.

„Ich weiß, daß du vielen Leuten geholfen hast", sagte Paul. „Hast du jemals daran gedacht, ein Buch zu diesem Thema zu schreiben?"

„Merkwürdig, daß du diese Frage stellst", erwiderte Robert. „Ich habe viele Träume von Leuten aufgezeichnet, mit denen ich jahrelang gearbeitet habe, und ich habe meine eigenen Traumtagebücher, die einen Zeitraum von mehr als zehn Jahren umfassen. Ich habe viele geistliche Durchbrüche erlebt, die durch die Arbeit mit intensiven Träumen hervorgerufen wurden. Ja, mir ist oft der Gedanke gekommen, die Einsichten, die ich über die Jahre gewonnen habe, einer breiteren Öffentlichkeit zugänglich zu machen."

„Träume sind ein sehr wichtiger Teil meines Lebens", meinte Paul nachdenklich. „Viele Abschnitte meiner Bücher sind entstanden, wenn ich nachts mit ganz überraschenden Erkenntnissen aufwachte. Und ich bin fasziniert, wie wichtig Träume für meine Patienten sind. Es ist erstaunlich, was wir über Menschen in Erfahrung bringen können, wenn sie uns nur einen Traum erzählen."

„Ich erzähle dir jetzt mal eine dramatische Geschichte." Paul zwinkerte mit den Augen und lächelte. „Am 15. November 1989 war ich auf dem Weg zum Haus meiner Eltern. Ich hatte den ganzen Tag lang Patienten in einem Krankenhaus in Dallas betreut. Wie es meine Gewohnheit war, hörte ich im Auto eine Kassette mit biblischen Texten. Auf diese Weise höre ich mehrmals im Jahr die gesamte Bibel. Die folgenden Worte klangen mir in den Ohren: ,Du hast auf unsern Rücken eine Last gelegt, du hast Menschen über unser Haupt kommen lassen, wir sind in Feuer und Wasser geraten. Aber du hast uns herausgeführt und uns erquickt.'" [1]

Das Lächeln verschwand von Pauls Gesicht. „Als ich links abbog, sah ich, daß mir auf meiner Spur ein Wagen entgegenkam. Bevor ich reagieren konnte, rammte mich der Wagen mit einer Geschwindigkeit von über achtzig Stundenkilometern. Mein Wagen faltete sich wie ein Akkordeon zusammen, schnellte hoch und drehte sich in der Luft. Die Leute in den anderen Autos sahen aus, als würden sie tatsächlich ‚über mein Haupt kommen'. Bevor ich überhaupt Zeit hatte, irgend etwas zu fühlen, kam mir der Gedanke in den Sinn: Das also hat Gott in diesem Augenblick meines Lebens für mich im Sinn. Dann füllten sich meine Ohren mit dem Geräusch des Autodachs, das krachend auf die Straße knallte."

„Du hättest sterben können!" rief Robert aus. „Du warst sicher unter einem Hagel von Glassplittern begraben. Hattest du dir irgendwelche Knochen gebrochen?"

Pauls verschmitztes Schuljungenlächeln erschien wieder auf seinem Gesicht. „In diesem Moment wußte ich nicht, daß meine Schwiegermutter in der Nacht zuvor aus einem sehr beunruhigenden Traum erwacht war. Dieser Alptraum ließ Eva sofort um das Wohlergehen ihrer Kinder besorgt sein, und sie begann, dringlich darum zu beten, daß Gott sie und ihre Ehepartner jeden Tag beschützen möge. Eva waren die Worte aus Psalm 91 wichtig geworden: ‚Wer unter dem Schirm des Höchsten sitzt und unter dem Schatten des Allmächtigen bleibt ... Denn er errettet dich vom Strick des Jägers und von der verderblichen Pest.' [2] Meine Schwiegermutter hatte aufgrund eines Traums diese Verheißung für mich in Anspruch genommen, und nun sah ich mich auf diese Weise unter Gottes Schutz stehen. Ein Traum war der Anlaß für diese Fürbitte gewesen, die mir wahrscheinlich das Leben rettete."

„Jetzt sag schon", drängte Robert. „Was ist denn passiert?"

„Als mein Auto mit dem Dach auf der Straße landete, hielt mich der Sicherheitsgurt kaum drei Zentimeter vom Boden entfernt. Eine

[1] Psalm 66, 11.12
[2] Psalm 91, 1.3

12

‚Last' war auf meinen Rücken gelegt worden." Paul verdrehte die Augen. „Aus der Motorhaube entwich Dampf, und mir war sofort klar, daß das Auto jeden Moment in Flammen aufgehen könnte. Ich öffnete den Gurt, kroch aus einem zerbrochenen Fenster, und nahm noch den Kassettenrecorder mit. Beide Autos hatten einen Totalschaden, doch weder ich noch der Fahrer des anderen Wagens hatten auch nur einen Kratzer abgekriegt! Ich war zwar durch den Zusammenstoß benommen, doch blieb ich ruhig und stand fest auf den Beinen. Ich war ‚in Feuer und Wasser geraten', aber der himmlische Vater hatte mich ‚herausgeführt und erquickt'."

„Diese Geschichte ist ja unglaublich, Paul!" meinte Robert.

„Als die Polizei erschien, fuhr der Krankenwagen gerade davon. Der Polizist nahm an, daß ich ein Zeuge sei und fragte mich: ‚Bringen sie schon die Toten weg?' Als er begriff, daß ich der Fahrer des Unglückswagens war, bekam er fast einen Schock!"

„Und was geschah dann?" fragte Robert.

Paul zuckte die Achseln. „Ach, wahrscheinlich wäre ich ziemlich aufgeschmissen gewesen, aber ein paar Damen erkannten mich von meinen Fernsehsendungen und boten sich an, mich nach Hause zu fahren. Ich kam mit nur ganz wenig Verspätung heim."

Robert lachte: „Wie eine Berühmtheit nach Hause chauffiert!"

Paul wurde wieder ernst. „Nach einem so anstrengenden Tag mußte ich früh ins Bett gehen. Zu meinem Erstaunen folgte auf die dramatischen Ereignisse des Tages ein weiteres Abenteuer in der Nacht. Ich träumte, ich müsse mir die restlichen Psalmen auf der Kassette anhören, bis mich eine Stelle ganz besonders ansprach. Am nächsten Morgen schaltete ich sofort den Recorder ein. Ich war äußerst gespannt und hörte die Botschaft: ‚Lehre uns bedenken, daß wir sterben müssen, auf daß wir klug werden.'[3] Nach meinem Unfall, dem Traum meiner Schwiegermutter, meinem eigenen Traum und dieser biblischen Botschaft faßte ich einen Entschluß. Jeden Morgen nach dem Erwachen wollte ich Gott für diesen Tag danken. Ich wußte, ich sollte mein Leben in einer ganz neuen Art und Weise Gott hingeben. Ich würde jeden einzelnen Tag ganz bewußt für Ihn leben!"

[3] Psalm 90, 12

Paul brauchte nicht weiterzusprechen. Robert wußte, welche überwältigenden Augenblicke solchen Erkenntnissen folgen. Und ihm war klar, daß Paul und er vielen Menschen helfen könnten, wenn sie beide ihre Erfahrungen zu Papier bringen würden.

Robert Wise begann seine Arbeit mit Träumen während eines Sabbatjahrs in Pecos, Neumexiko. Dort hielt er sich in einer Benediktinerabtei auf, wo er Forschungsarbeit über die Bedeutung der Seele machte. Er besaß viele Abschriften zu Abhandlungen über den menschlichen Geist und sein Gefühlsleben. Doch schien es kaum Arbeiten über die Seele zu geben. In dieser Abtei befand sich eine Sammlung von jahrhundertealtem Wissen und Erfahrungen über die Genesung der Seele durch Gebet und Anbetung. Die Benediktiner entdeckten, wie wichtig Träume für die ersten Christen waren. Ihre Beschäftigung mit diesem Thema und ihr geistlicher Dienst gaben Robert den Anstoß, sich selbst mit der Entschlüsselung von Träumen zu beschäftigen.

„Ich verbrachte lange und frustrierende Stunden, in denen ich die Bedeutung meiner Träume zu erfassen versuchte", erinnerte sich Robert. „Ich fühlte mich wie ein Schwachsinniger, der versucht, Algebra zu lernen. An einem Nachmittag bewegte sich jedoch der Stein, der den Eingang zur Höhle meiner Seele versperrt hatte, und es erschloß sich mir plötzlich die Bedeutung meines Traums der vergangenen Nacht.

In diesem Traum war ich umhergerannt und sagte den Leuten, was sie zu tun hatten. Ich war vollkommen damit beschäftigt, allen in dieser Klostergemeinschaft Anweisungen zu erteilen. Dann wechselte die Szene. Ich war älter geworden und trug einen Hut im Humphrey-Bogart-Stil und einen Trenchcoat wie in *Casablanca*. Mein Bart war weiß, und als der Traum zu Ende war, schien ich viel älter geworden zu sein.

Je länger ich über meinen Traum nachdachte, desto weniger schien ich ihn zu verstehen. Meine Enttäuschung nahm zu, und ich betete um Gottes Leitung. Plötzlich begriff ich die Regeln, die mich die Benediktiner gelehrt hatten. Der ‚Robert' in meinem Traum stand für die sehr rationale, kontrollierende Seite meines Wesens. Ich versuchte, alles in den Griff zu bekommen, statt dem mehr intuitiven Teil meines Geistes Raum zu geben. Ich begriff, daß ich diesen Übereifer ablegen und mich eher wie ein Detektiv verhalten mußte — wie der sanfte Rick in dem Filmklassiker *Casablanca,* wenn er sagt: ‚Spiel's noch einmal, Sam.' Wenn ich nur warten würde, bis die Lösungen in meinen Gedanken ‚hochkämen', dann würde es so geschehen. Ich begriff, daß ich ein weiserer Mensch werden könnte, würde ich nur der intuitiven Seite meiner Persönlichkeit Raum geben."

Erkenntnisse und Einsichten drängten sich auf und erfüllten ihn mit tiefer Befriedigung. Robert war aufgeregt und bewegt! Er hatte den Weg in seine Traumwelt entdeckt! Von jenem Tag an wurde sein Leben durch die Aufschlüsselung seiner Träume sehr bereichert und seine Persönlichkeit ganzheitlicher.

„Du hast recht", wandte er sich an Paul. „Wir sind beide sehr ange-rührt worden von der Macht der Träume. Wir können berichten, wie einem Psychiater und einem Geistlichen durch die heilende Kraft der Träume geholfen worden ist und sie nun ihrerseits anderen helfen können, diese Heilkraft wiederzuentdecken."

Paul streckte ihm die Hand entgegen. „Vor uns liegt die Nacht. Genau der Zeitpunkt, um ein Buch über Träume zu beginnen."

An jenem Abend am See Genezareth begann ihre Reise. Es war aufregend, diese Traumpfade zu beschreiten. Robert und Paul laden Sie nun ein, mit ihnen diese Wege zu gehen. Auf den folgenden Seiten schildern sie die Geschichte ihrer Reise durch das Traumland des Geistes und der Seele. Wenn Sie diesen Weg mitgehen, werden Sie das unglaubliche Abenteuer erleben, wie Ihre Persönlichkeit ganzheitlicher wird, und wie Sie neue Entdeckungen über sich selbst machen, die Sie von den Fesseln der Vergangenheit befreien können.

Was können Sie erwarten?

Welche Entdeckungen werden Sie machen, wenn Sie sich mit Ihren Träumen beschäftigen? Viele erstaunliche und überraschende Einsichten warten auf Sie! Sie besitzen ein privates Filmtheater, Ihren eigenen, einzigartigen Fernsehkanal, der jede Nacht eine Premiere ausstrahlt. Sie müssen nur lernen, sich darauf einzustellen und zwischen den Zeilen zu lesen.

Sie träumen, wie jeder Mensch, jede Nacht. Ob Ihnen diese Erfahrung bewußt ist oder nicht — seriöse wissenschaftliche Forschungsergebnisse versichern uns, daß wir schnell unser seelisches Gleichgewicht verlieren, wenn wir nicht träumen. Ihre Träume wollen Ihnen Wichtiges mitteilen. Dieses Buch will Ihnen helfen, die Botschaft Ihrer Träume zu verstehen.

Und von allergrößter Bedeutung ist, daß Ihr himmlischer Vater vielleicht gerade versucht, in Ihren Träumen mit Ihnen in Kontakt zu treten. Robert Wise, ein Pastor, und Paul Meier, ein Psychiater mit einem theologischen Grad, wissen um den geistlichen Wert von Träumen.

Haben Sie noch Vorbehalte? Dann lesen Sie in der Bibel.

Sowohl im Alten als auch im Neuen Testament finden wir unzählige Traumgeschichten. Gott leitete und warnte seine Auserwählten durch Träume.

Viele literarische Klassiker basieren auf Traumerfahrungen. Einige der interessantesten Geschichten entstanden entweder durch Träume oder handelten von Träumen. Robert Louis Stevensons Klassiker, *Dr. Jekyll und Mr. Hyde,* entstand aus Stevensons Traum über sein zweigeteiltes Wesen. Sein Buch handelte eigentlich von der verborgenen Schattenseite, die wir alle haben. Mary Shelley schrieb *Frankenstein,* nachdem sie die Geschichte geträumt hatte. Das Buch gab in der Folgezeit den Anstoß für eine Unmenge von Horrorgeschichten. Doch Shelley wurde in ihrem Traum mit ihrer verborgenen Fähigkeit zu schrecklichen Untaten konfrontiert. Das innere Ungeheuer mußte geliebt werden, bevor es sich verwandeln konnte. Leider verstand man in Hollywood nicht die wahre Botschaft von Shelleys metaphorischem Monster. *Alice im Wunderland* war natürlich der Traum eines kleinen Mädchens, ebenso *Der Zauberer von Oz.* Jede Geschichte hatte einen gemeinsamen Nenner. Dem oberflächlichen Leser entgeht jedoch oft der verborgene tiefere Sinn. Das wahre Geheimnis liegt in der symbolischen Bedeutung des Traums.

Jeden Morgen sitzen Menschen bei einer Tasse Kaffee zusammen und erzählen sich ihre Traumabenteuer der vergangenen Nacht. Es gibt unglaubliche Geschichten, wie Träume das Leben von Menschen verändert haben!

Tatsache ist: Jeder Mensch träumt jede Nacht!

Die Frage ist nur, ob Sie die Bedeutung dieser nächtlichen Geschichten erfassen. Wir haben eine gute Nachricht für Sie. Die Zeit ist gekommen, da Sie besser verstehen lernen, was Gott Ihnen im Schlaf mitteilen will. Diese Botschaften werden Sie überraschen und erfreuen.

Robert Wise hat selbst erfahren, wie Träume den Verlauf unseres Lebens ändern können. Sein immer wiederkehrender Kindheitstraum, in einem Feld verlassen worden zu sein, wurde zu einer treibenden Kraft, um nach seinen Ursprüngen zu suchen und seine leibliche Familie ausfindig zu machen. Diese Suche dauerte insgesamt vierzig Jahre, aber das Bedürfnis nach Ganzheitlichkeit bestimmte während dieser Zeit all sein Tun. Der Versuch, das Geheimnis seines Traums zu entschlüsseln, ob es sich nun tatsächlich um Bruchstücke einer persönlichen Erfahrung handelte oder nicht, führte ihn nach Europa und nach Israel, auf der Suche nach Spuren seiner persönlichen Geschichte und um Traumforschung zu betreiben. In diesem Buch wird Robert noch näher auf diese unglaubliche, vielschichtige Traumgeschichte eingehen.

Im Rückblick erkennt Robert, wie der Heilige Geist uns in Träumen nicht nur etwas mitteilt und uns innerlich aufbaut, sondern unser Leben durch diese Traumpfade leitet. Roberts wiederkehrender Kindheitstraum war Teil eines viel umfassenderen Plans zu seiner persönlichen Erfüllung.

Ihre persönliche Straßenkarte

In diesem Buch werden Robert Wise und Paul Meier Ihnen helfen, die Bedeutung Ihrer Träume zu verstehen und zu entdecken. Sie erfahren, was ein Traum eigentlich ist, und Sie lernen, die merkwürdige und schwierige Symbolsprache des Unbewußten zu verstehen. Der auf Erfahrungen beruhende Ansatz, die Grundlinie eines Traums zu analysieren, wird Ihnen nicht nur das Verständnis für Ihre Träume eröffnen, sondern Sie auch in die Lage versetzen, neue Perspektiven Ihrer Persönlichkeit zu entwickeln.

Im Verlauf Ihrer Traumarbeit werden Sie mit Bereichen Ihres Lebens in Berührung kommen, die Ihrer Aufmerksamkeit und Hinwendung bedürfen. Jede neue Erkenntnis wird Ihnen helfen, eine ganzheitlichere Persönlichkeit zu werden.

Sie werden entdecken, welchen Stellenwert Träume in der Bibel haben, und wie Menschen zu biblischen Zeiten in ihren Träumen göttliche Botschaften empfingen. Auch unzählige andere Aufzeichnungen aus den letzten zweitausend Jahren bezeugen, daß solche Erfahrungen bis zum heutigen Tag gemacht werden. Träume sind oft ein von Gott eingesetztes Bindeglied in unserer Beziehung zu unserem persönlichen Lebensweg.

In dem Maße, wie sich Ihr Urteilsvermögen entwickelt, wird auch Ihre Fähigkeit zunehmen, sich selbst und andere zu verstehen. Traumarbeit ist ungeheuer befriedigend. Machen Sie das Licht aus und schließen die Augen – denn jetzt geht es los!

Wir wünschen Ihnen angenehme Träume.

Kapitel 2

DIE GEHEIMNISSE
DER NACHT

Entziffern Sie den Traum

Ich träumte, ich hätte ein Kind, und selbst im Traum erkannte ich, daß es mein Leben war, und es war ein Idiot, und ich rannte fort. Aber es kroch immer wieder auf meinen Schoß und klammerte sich an meinen Kleidern fest. Bis ich dachte, wenn ich es küssen könnte, was immer in ihm von mir selbst stammte, dann würde ich vielleicht schlafen können. Und ich beugte mich zu seinem mißgestalteten Gesicht nieder, und es war schrecklich ... aber ich küßte es. Ich denke, man muß sein Leben schließlich in die Arme nehmen ...

ARTHUR MILLER,
Nach dem Sündenfall

Im Jahr 1991 fand sich Dr. Paul Meier inmitten eines erstaunlichen Traums, der eine bemerkenswerte Kette von Ereignissen heraufbeschwor. Wie die Person in dem oben zitierten Stück von Arthur Miller von Illusionen befreit wird, stand auch Paul eine Enttäuschung bevor. Als er sich in dieser Zeit mit seinen Selbstoffenbarungen beschäftigte, sah er sich plötzlich mit der Bedeutung seiner eigenen Schwachheit konfrontiert.

Paul erinnert sich: „Ich war mir nicht bewußt, welche Probleme sich bei meiner jüngsten Tochter anbahnten. Die Situation spitzte sich zu, als Elisabeth für kurze Zeit das Haus verließ. Meine Frau Jan und ich waren geschockt.

Glücklicherweise wandte sich Elisabeth an einen christlichen Therapeuten um Hilfe. Ohne mein Wissen begann sie, vor ihm ihren emotionalen Ballast abzuwerfen. Sie war in Depressionen gefallen, weil ich sie zu sehr kritisiert hatte. Schließlich rief der Therapeut an und bat Jan und mich zu einer Familiensitzung um neun Uhr an einem Samstagmorgen.

Ich erklärte mich bereitwillig und begeistert einverstanden und legte dann auf. Aber in Wahrheit hatte ich gelogen! Das Ganze war für mich sehr ärgerlich, demütigend und peinlich. Schließlich bin ich Psychiater! Was sollte mir irgendein Therapeut über meinen Beitrag zur Depression meiner Tochter sagen? Schließlich hatte ich mehrere Bücher über Kindererziehung verfaßt! Mir war die ganze Dynamik der bevorstehenden Sitzung am Samstagmorgen sehr wohl bewußt. Offen gesagt, ich wollte überhaupt nicht hingehen. Es ist viel leichter, anderen Eltern zu sagen, was sie falschmachen!

Am Freitagabend ging ich ins Bett und mußte dauernd an die am folgenden Tag stattfindende Konfrontation denken. Ich hätte es nicht offen zugegeben, aber ich legte mir im stillen eine Strategie für diese therapeutische Sitzung zurecht. Kurz vor der Morgendämmerung hatte ich einen schrecklichen Traum. Keine Frage, daß Gott selbst zu mir sprach. Mit großer Klarheit stellte mir der himmlische Vater eine persönlich formulierte Schriftstelle vor Augen, die ich vor Jahren gelernt hatte:

Was siehst du aber den Splitter in deiner (Tochter) Auge und nimmst nicht wahr den Balken in deinem Auge? Oder wie kannst du sagen zu deiner (Tochter): Halt, ich will dir den Splitter aus deinem Auge ziehen?, und siehe, ein Balken ist in deinem Auge. Du Heuchler, zieh zuerst den Balken aus deinem Auge; danach sieh zu, wie du den Splitter aus deiner (Tochter) Auge ziehst.[4]

[4] Matthäus 7,3-5

Ich erwachte mit schwerem Herzen. Der Eindruck dieser Worte trieb mir die Tränen in die Augen. Zum ersten Mal wurde mir bewußt, daß ich vielleicht tatsächlich einen entscheidenden Anteil an der Depression meiner Tochter haben könnte. Ich hatte eine wichtige Wahrheit über mich selbst ignoriert. Sofort brachte ich meine Heuchelei im Gebet vor Gott, bis ich wieder einschlafen konnte.

Am folgenden Morgen war ich zu befangen, um meiner Frau den Traum zu erzählen. Schweigend fuhren Jan und ich zu dem Treffen mit dem christlichen Therapeuten. Der junge Mann war offensichtlich qualifiziert, ehrlich und bereit, die Probleme ohne viel Aufhebens anzugehen. Ohne großes Gerede schlug er vor, uns dem Problem schnell zu nähern, indem wir eine Schriftstelle betrachteten, die die Gefühle meiner Tochter in einen Zusammenhang stellen würde. Zu meiner Überraschung öffnete er eine Bibel und begann zu lesen: ,Was siehst du aber den Splitter in deines Bruders Auge und nimmst nicht wahr den Balken in deinem Auge?'

Ich konnte nicht mehr an mich halten und begann, laut zu weinen. Er hörte auf zu lesen, und alle sahen mich erstaunt an. Mit einfachen, klaren Worten schilderte ich ihnen die Geschichte meines Traums.

Als ich geendet hatte, waren wir alle überwältigt. Ich brauche wohl nicht zu betonen, daß diese Sitzung ein großer Erfolg wurde. Bei aller Achtung vor dem jungen Mann — Gott hatte den Verlauf der Dinge bereits in der vorhergehenden Nacht in Bewegung gebracht."

In Pauls Traum hatten die Worte der Bibel sowohl eine wörtliche als auch eine symbolische Bedeutung. Die direkte Botschaft war eindeutig genug, aber Paul erkannte auch ihre tiefere Bedeutung. Die Art und Weise, wie wir über den „Splitter im Auge" reden, wird Projektion genannt. Wir kritisieren an anderen Dinge, die uns an uns selbst am meisten stören. Paul mußte sich mit einigen persönlichen Problemen auseinandersetzen. Die gewonnene Einsicht veränderte seine Reaktion auf die familiäre Situation vollständig.

Wie erkannte Paul die Traumbotschaft? Weil er gelernt hatte, Träume zu verstehen, war er in der Lage, seine Erfahrung zu interpretieren. Auch wir können Einblick in die Struktur unserer Träume gewinnen.

Früher oder später haben wir alle unseren Zusammenstoß mit der Realität und brauchen alle verfügbare Hilfe, um unser Leben wieder in die Hand zu nehmen und der Vergangenheit Bedeutung abzugewinnen. Weil Träume uns dabei helfen können, wie Paul das erfahren hat, müssen wir wissen, was hinter den Kulissen dieses nächtlichen Schauspiels vorgeht.

Auch für Linda war es hilfreich, die Bedeutung eines Traums zu erkennen. Bald nach Beginn ihrer Therapie begann sie, über einen immer wiederkehrenden Traum zu reden, der sie tief beunruhigte. Zu der Zeit lebte Linda in Scheidung.

In dem Traum erscheint George, ein entfernter Freund, vor Lindas Haus, mit der Absicht, sie und ihren Mann zu töten. Sie schaut aus dem Fenster und entdeckt Georges Auto, das vor ihrem Haus geparkt ist. Zu ihrem Erstaunen fällt George heraus auf die Straße. Verzweifelt macht sie Wiederbelebungsversuche; es gelingt ihr jedoch nicht, George zum Leben zu erwecken. Da merkt Linda, wie Nachbarn herumstehen, sie beobachten und über sie lachen. Sie zeigen mit dem Finger auf sie und sagen, sie selbst sei an der ganzen Situation schuld. Als Linda erwacht, ist sie bestürzt und verwirrt.

Schenken Sie Ihren Träumen Beachtung

Unser Schlaf ist mit wichtigen Geheimnissen gefüllt, die uns helfen, unsere verlorenen Erinnerungen zu verstehen. Um Lindas Traum zu begreifen, brauchen wir mehr Informationen über die Bedeutung ihrer Traumbestandteile. Wir müssen dieses Thema von vielen verschiedenen Seiten betrachten, wie man um einen Berg herumläuft und ihn von verschiedenen Seiten anschaut. Das ist nicht so, als suche man die Lösung zu einer Algebraaufgabe, sondern wir entwickeln eine neue Wahrnehmung für die Bedeutung der Traumerfahrung.

Vielleicht sind Sie noch nicht davon überzeugt, daß jeder Mensch jede Nacht träumt. Es geht jedoch nicht um die Häufigkeit unserer Träume, sondern daß wir sie uns überhaupt bewußt machen. Häufig sind Menschen sich selbst so entfremdet, daß sie kein Gespür mehr für ihre Träume haben.

Als Linda sich näher mit ihrem Traum befaßte, begriff sie, daß dieser immer wiederkehrende Traum symptomatisch war für ein spezifisches ungelöstes Problem. Viele Menschen haben jahrelang denselben Traum, wie auch Robert Wise oft träumte, daß seine Mutter in dem Lastwagen abtransportiert wurde. Dieselben Träume kehren, vielleicht auch in verschiedenen Versionen, immer wieder, bis das verborgene Problem ans Tageslicht gebracht und gelöst wird.

In Ann Faradays Buch „Deine Träume — Schlüssel zur Selbsterkenntnis" teilen Forscher die Träumer grob in zwei Kategorien ein: in „die, die sich erinnern" und „die, die sich nicht erinnern".[5] Der Unterschied zwischen beiden scheint eher im Interesse und der bewußten Beachtung der Träume — oder deren Fehlen — zu liegen als in einer angeborenen Fähigkeit zur Traumdeutung. Ingenieure sind hierfür weniger offen als Künstler, Männer weniger als Frauen. Wer jedoch bewußt seine Träume wahrnehmen will, wird auch ein Bewußtsein dafür entwickeln, was im Schlaf geschieht.

Wir träumen in Zyklen. Die erste Traumphase beginnt nach ungefähr neunzig Minuten Schlaf und dauert zwischen fünf und zehn Minuten. Die Zyklen kehren in einem Neunzig-Minuten-Rhythmus wieder, und die Träume werden immer länger. Der letzte Zyklus kann bis zu vierzig Minuten dauern und bringt in der Regel den Traum mit der größten Bedeutung hervor.

Forscher erkennen diese Phasen durch Beobachtung der schnellen Augenbewegungen (REMs — Rapid eye movements). Lange REM-Phasen widerlegen die These, daß Träume nur ein paar Sekunden dauern. Eine Methode, den Träumen auf die Spur zu kommen ist, sich während des aktiven Zyklus aufwecken zu lassen, bis wir uns unserer inneren Reise bewußt werden.[6]

Träume und Schlaf folgen einem vorhersagbaren Muster. Zuerst gleiten wir in eine tiefe, hypnotische Trance. Dann fallen wir in einen Zustand ausgesetzten Bewußtseins. Während sich der Zyklus aufwärts schwingt, tritt allmählich der Traum hervor, strukturiert sich

[5] Ann Faraday, *Deine Träume — Schlüssel zur Selbsterkenntnis,* Fischer, 1995
[6] Ullman Montague und Nan Zimmerman, *Mit Träumen arbeiten,* Klett-Cotta, 1986

und gewinnt an Bedeutung. Im Lauf des Schlafes wird der Traum oft realer als Erfahrungen im Wachzustand.

Während der REM-Phasen erfüllt der Traum eine wichtige Aufgabe. Wenn Menschen nicht mehr träumen dürfen, entwickeln sie allmählich schwere seelische Störungen, sie bekommen Depressionen oder gar Psychosen.

Was ist ein Traum?

Eine wissenschaftliche Beschreibung des Traums wird zunehmend komplexer, je mehr wir uns um eine genaue Definition bemühen. Die einfachste Antwort lautet: „Das, woran man sich aus dem Schlaf erinnert." Wir benötigen jedoch etwas genauere Informationen.

Lawrence Kubies Artikel „Blocks to Creativity" (Blockaden der Kreativität) in International Science and Technology beschreibt unser Gehirn als einen großartigen Computer, der nie aufhört zu arbeiten, aber Zeit braucht, um sich zu regenerieren. Seine Hauptarbeit liegt im rationalen Denken, aber unser Unterbewußtes bringt intuitive Weisheit hervor. Im Schlaf schiebt unser Unterbewußtsein Papiere hin und her, ordnet Dinge und katalogisiert vergangene Ereignisse, während die Zusammenhänge unserer Erfahrungen verarbeitet werden. Träume sind die Weisheit, Einsichten und Botschaften aus dem Unbewußten, die sich in unser Bewußtsein drängen. Hinter dem Traum steht eine Sehnsucht nach Ganzheit und Vollkommenheit. Kubies Beschreibung definiert Träume als die innere Methode des Gehirns, Potentiale freizusetzen.[7]

Aus einem anderen Blickwinkel betrachtet, sind Träume oft ein Ersatz für wirkliche Erfahrungen. Wir können etwas durchleben, was uns als reale Erfahrung noch nicht begegnet ist. Das Aufarbeiten von Zusammenhängen früherer Ereignisse oder die Beschäftigung mit Erfahrungen der Zukunft erspart uns mancherlei Katastrophen.

Wir werden diese abstrakten Funktionen einmal etwas veran-

[7] Lawrence Kubie, „Blocks to Creativity", *International Science and Technology.*

schaulichen. Wir wollen Sie nun einem inneren Freund vorstellen. Stellen Sie sich vor, Ihr Gehirn sei mit kleinen Männchen gefüllt, die die Arbeit am Computer erledigen, die für das Denken erforderlich ist. Sie haben ihren persönlichen Spätfilmproduzent, der in Ihren Gedanken wohnt. Selbst Hollywood könnte keine hochentwickeltere, kreativere und einfühlsamere Filmkamera herstellen, wie sie Ihr Traumhersteller besitzt. Begegnen Sie Ihrem Filmemacher.

Ihr Wohltäter möchte Sie mit der realen Welt in Berührung bringen, so wie hochsensible Künstler sich der Bedeutung der menschlichen Erfahrung zutiefst bewußt sind. Dieser hochintelligente Gefährte weiß, womit jeder gute Schriftsteller, Künstler und Dramatiker Erfolg hat. Erkenntnisse und Einsichten vermittelt man weniger durch abstrakte Diskussion, sondern durch die Einbettung in eine aussagekräftige Geschichte. Der innere Träumer gibt Botschaften mittels außerordentlicher Geschichten weiter. Oft sind diese Erzählungen des Herzens in absonderliche Ausdrucksweisen und merkwürdige Verwicklungen gekleidet. Aber wie könnte Ihr Alter ego besser um Ihre Aufmerksamkeit werben?

Versuchen Sie es aus dieser Sicht: Stellen Sie sich vor, Sie stünden im Louvre vor einem Meisterwerk van Goghs oder Cézannes. Sie studieren den Gebrauch von Farbe, Maltechnik und Licht, um die Botschaft des Bildes zu entschlüsseln. Sie versuchen, das Kunstwerk mit den Augen des Malers zu betrachten. Je besser Sie verstehen, was der Künstler mit dem Bild ausdrücken wollte, desto besser begreifen Sie die Welt um sich herum. Was geht in Ihnen vor, wenn Sie großartige Filme sehen, wie *Shadowlands, Chariots of Fire* (Feuerwagen) oder *Schindlers Liste?* Ihr Bewußtsein wird vertieft, und Sie bekommen eine neue Sichtweise für viele Dinge.

Ihr Träume produzierender innerer Gefährte arbeitet auf dasselbe Ziel hin. Ein Traum ist eine Geschichte mit einer verborgenen Bedeutung und einer eindeutigen Moral, die Ihnen in Ihrem Streben nach Ganzheitlichkeit eine große Hilfe sein kann.

Lindas und Pauls Träume erfüllten die gleiche Funktion, als hätten sie ihre persönlichen Probleme in einer Filmversion gesehen. Jede Geschichte endete mit einer Lösung für ihr tägliches Dilemma. Die Antworten lagen in der verborgenen Bedeutung ihres Traumfilms.

Vielleicht werden Sie jetzt einwenden: „Warten Sie mal. Ich habe moderne Kunst noch nie verstanden, oder Stücke wie Arthur Millers *Nach dem Sündenfall*. Sie müssen mir schon ein anderes Seil zuwerfen, wenn Sie mich an Land ziehen wollen." Sicher. Wir alle brauchen Hilfe auf unserem Weg durch die Welt der Symbole, in der die Wahrheit in Gegenstände und Geschichten eingebettet ist.

Gehen wir ins Kino

Die moderne Psychoanalyse hat sich intensiv mit der Kunst der Traumdeutung beschäftigt. Es gibt interessante Untersuchungen darüber, wie das Unterbewußte seine Botschaften formuliert, und sie uns im Schlaf übermittelt. Auch ohne allen möglichen Theorien zuzustimmen, können wir hier hilfreiche Erkenntnisse gewinnen. Beginnen wir mit Sigmund Freud, dem ersten Mediziner, der den Einfluß von Träumen ernst nahm.

Freud fand heraus, daß unser Unterbewußtes sich mit beunruhigenden Trieben und Gefühlen beschäftigt, indem es sie in Symbole kleidet. Im Traum geschieht oft eine Erfüllung von verborgenen Sehnsüchten. Freud war der Ansicht, daß Träume die Symbolsprache benutzen, weil wir in Wirklichkeit nicht den Mut haben, uns unseren Neigungen zu stellen.

Freud glaubte, daß Träume in erster Linie verborgene sexuelle Triebe verschleiern. Wir können die Traumgeschichten nicht verstehen, weil wir Angst haben, uns dieser Problematik zu stellen. Freud war der Ansicht, daß das Grundproblem fast immer die Sexualität sei. Die akademische Welt war von dem Gedanken einer verborgenen sexuellen Bedeutung zunächst fasziniert. Doch mit der Zeit begann man an Freuds Überbetonung von sexuellen Konflikten zu zweifeln und erkannte schließlich, daß Freuds umfassende Theorien sich in Wirklichkeit nur auf eine begrenzte Erfahrung mit einer geringen Anzahl von Patienten stützten. In seinem ganzen Berufsleben analysierte Freud weniger als ein halbes Dutzend Menschen, von denen die meisten eher Opfer einer viktorianischen Triebverdrängung waren, als daß sie stellvertretend für universalgültige Erfahrungen stehen könnten.

Der Schweizer Psychoanalytiker Dr. Carl G. Jung baute auf Freuds Erkenntnissen auf, schlug aber einen völlig anderen Weg ein. Über Jahrzehnte analysierte er Tausende von Träumen ganz verschiedenartiger Menschen. Jungs Untersuchungen waren weitgespannt und umfassend. Er erkannte bald, daß Traumsymbole keineswegs den Inhalt des Traums verschleiern, sondern uns im Gegenteil die größtmögliche Einsicht vermitteln wollen, indem sie abstrakte Wahrheiten in Symbole kleiden.

Träume verschleiern also nicht die Wahrheit, sondern fordern uns heraus, die Sprache unseres inneren Filmproduzenten zu lernen, so wie wir uns bemühen müssen, einen guten Film zu verstehen, wie *Was vom Tag übrigbleibt* oder *Doktor Schiwago*. Je besser wir die Absicht des Filmemachers begreifen, desto mehr verstehen wir seine Botschaft.

Wenn wir die Traumsymbole verstehen wollen, müssen wir auf unsere Erfahrung zurückgreifen und folgende Schlüsselfragen stellen:

- ◆ Wo habe ich diesen Gegenstand schon einmal gesehen?
- ◆ Was hat er mir in der Vergangenheit bedeutet?
- ◆ Was bedeutet er mir jetzt?
- ◆ Welchen Sinn könnte er verkörpern?

Solche Fragen bringen uns dem Verständnis der Traumbotschaft näher.

Lindas Traum beinhaltete einen merkwürdigen Widerspruch: Sie versuchte, einem Menschen das Leben zu retten, der die Absicht hatte, sie zu töten. Von den Zuschauern wird ihr auch noch die Schuld für das Problem zugeschoben. Wie können wir dieses Paradox lösen?

Zunächst baten wir Linda, zu überlegen, welche Bedeutung die versuchte Lebensrettung ihres potentiellen Mörders haben könnte und warum die Nachbarn lachend daneben standen. Waren die Lebensrettung und das Gelächter vielleicht Methapern? Hat eines dieser Symbole irgend etwas mit ihrer Beziehung zu George zu tun? Ja.

27

Eines von Lindas Grundproblemen war die Auseinandersetzung mit Botschaften aus ihrer Kindheit, die ihr vermitteln wollten, daß sie kein Recht zu leben habe. Daher hat Linda ständig den Eindruck, daß sich jemand ihrer entledigen wolle. Zur Zeit der Therapie enthielt die bevorstehende Scheidung von ihrem Mann mit Sicherheit eine solche Botschaft.

Darüber hinaus hat Linda so etwas wie ein Helfersyndrom. Trotz ihrer guten Absichten bringt Linda sich oft selbst in problematische Situationen, weil sie übermäßige Verantwortung für andere übernimmt. Linda tut sich sehr schwer, diese „Retter-Mentalität" bei sich selbst zu erkennen. Begreifen Sie jetzt ihr Traumbild?

Ohne uns mit Einzelheiten der Traumdeutung aufzuhalten, die wir in den folgenden Kapiteln untersuchen werden, können wir doch zwei wichtige Botschaften in Lindas Traum erkennen. Die erste Botschaft ist eine Warnung, daß es sinnlos ist, jemand retten zu wollen, der die Absicht hat, sie zu zerstören. Wer ist das? Ihr Ehemann, der ihr völlig entfremdet ist. Zweitens: Die Nachbarn sind ein eindeutiges Symbol für ihr Fehlverhalten. Lindas Traum will sie auf ihr selbstzerstörerisches Verhalten hinweisen. Die Zuschauer warnen sie vor einem nochmaligen Fehlverhalten, das sie vermeiden könnte. Bis Linda die Botschaft verinnerlicht hat, wird dieser schmerzliche nächtliche Film noch oft ablaufen, und sie wird sich vor weiteren Niederlagen wappnen müssen.

Jung erkannte nicht nur, daß Träume abstrakte Wahrheiten in Symbole kleiden, sondern entdeckte auch, daß Träume die Aufgabe haben, ausgleichend zu wirken. Der Traummechanismus hilft uns, unser seelisches Gleichgewicht zu erhalten. Wenn wir einen wichtigen Teil unserer Erfahrung ignorieren oder einen Aspekt unserer Realität leugnen, geraten wir aus dem inneren Gleichgewicht. Der Traum kompensiert diesen Vorgang, indem er uns die verdrängten Realitäten ins Gedächtnis ruft.

Pauls Traum konfrontierte ihn mit seinem unangemessenen Verhalten gegenüber seiner Tochter. Natürlich kritisierte er sie, um ihr zu helfen, doch im Unterbewußten war er eigentlich unzufrieden mit sich selbst. Sein Traum versuchte, ihn auf diese offensichtliche, aber unerkannte Wahrheit zu stoßen.

Jung erkannte auch, daß Freuds psychiatrische Arbeit durch seine Überbewertung der Sexualität zu sehr eingegrenzt war. Er hielt die Sehnsucht, einen Sinn im Leben zu finden, für mindestens ebenso entscheidend. Jung ging von der Voraussetzung aus, daß man ohne eine echte religiöse Erfahrung keine ganzheitliche Persönlichkeit werden könne. Ihm war bewußt, daß viele Träume eine geistliche Bedeutung haben, und glaubte, daß Gott sich uns durch Träume verständlich machen will.

Viele religiöse Vorstellungen Jungs sind für Christen nicht akzeptabel. Doch seine wissenschaftlichen Untersuchungen sind uns eine große Hilfe, um Traumsymbole zu entziffern und die Sprache unseres inneren Filme produzierenden Vertrauten zu verstehen. Seine Erkenntnisse sind richtungweisend für unsere Traumarbeit.

Wir öffnen die Tür zu unserem Inneren

Mit ein paar Lektionen in „Filmsprache" werden Sie mit der Entschlüsselung von Träumen beginnen. Machen Sie sich über die folgenden vier Hinweise Gedanken — sie werden Ihnen helfen, Ihre eigene Symbolwelt zu erforschen und die künstlerischen Absichten Ihres „Filmproduzenten" zu entziffern.

1. Achten Sie genau auf die Symbole

Es besteht ein bedeutsamer Unterschied zwischen einem Zeichen und einem Symbol. Zeichen vermitteln — im Gegensatz zu Symbolen — keine tiefgründigen Vorstellungen und Botschaften. Zeichen haben eine eindeutig erkennbare Aussage. Symbole sind wie geschliffene, funkelnde Edelsteine.

Ein Zeichen ist eindimensional. Ein Stopzeichen hat keine verborgene Bedeutung oder entscheidende Erfahrung zu übermitteln. Es bedeutet ganz einfach: „Treten Sie auf die Bremse. Bleiben Sie an dieser Stelle stehen." Sie steigen nicht aus dem Auto, laufen zum Verkehrszeichen, legen die Arme darum und rufen aus: „Was für eine tiefsinnige Bedeutung!"

Ein Symbol ist dagegen mehrdimensional. Symbole beinhalten viele Wahrheiten, die jede für sich bedeutsam sind. Ein Ehering besitzt beispielsweise einen tiefen Symbolwert, der weit über seinen Geldwert hinausgeht. Dieser Ring steht für Liebe, Jahre gemeinsamer Geschichte, Verbindlichkeit, religiöse Werte, Familiengeschichte und viele andere Erfahrungen. Jeder, der einen geliebten Menschen verloren hat, kennt den überwältigenden Schmerz, wenn er ein letztes Mal den Ehering abzieht. Was einst ein Symbol der Freude war, erinnert nun an Schmerzen und Verlust.

In Lindas Traum war die Erste Hilfe ein eindeutiges Symbol für die Rettung eines Menschen in Not. Als Robert Wise im Traum allein in einem Feld zurückgelassen wurde, war das ein sehr anschauliches Bild für völlige Verlassenheit.

Ein Film ist eigentlich ein fortlaufendes Symbol. Wir gehen in ein Kino, in einen verdunkelten Raum, vielleicht mit einer Tüte Popcorn in der Hand, und sind auf eine symbolische Reise vorbereitet. Farbige Bilder werden auf eine weiße Leinwand projiziert, dazu kommt eine Geräuschkulisse. Wenn wir innehalten und darüber nachdenken, wissen wir, daß es sich nur um eine optische und akustische Täuschung handelt.

Doch innerhalb weniger Sekunden werden wir in ein fremdes Land, in die Vergangenheit oder in die Zukunft versetzt. Schnell verlieren wir jedes Gefühl dafür, daß wir uns in einem leeren Raum befinden, und fürchten uns plötzlich vor Löwen oder erwarten voller Entsetzen Darth Vaders herannahendes Raumschiff. So groß ist die Macht der Symbole.

Manche christliche Kirchen arbeiten stärker mit Symbolen als andere. Doch haben Christen zu allen Zeiten erkannt, daß die tiefste Bedeutung ihres Glaubens durch Symbole ausgedrückt werden kann. Kreuze und Kruzifixe weisen ohne Worte auf das Kernstück der christlichen Botschaft hin. Bunte Glasfenster und Kirchtürme werden auch zufällig Vorübergehenden zum Zeugnis. Altäre und Abendmahlskelche symbolisieren das Problem der Schuld und die Verheißung der Sündenvergebung.

Symbole stellen Sinngehalte dar, für deren Beschreibung sonst Stunden abstrakten Redens nötig wäre. Je mehr wir die Symbole begreifen, desto größer wird unser Verständnis für das, wofür sie stehen. Das Hakenkreuz beschwört sofort Vorstellungen von Brutalität, Gewaltherrschaft, Vernichtungslagern, bösen Plänen und Verrat herauf. Die amerikanische Flagge hat die gegenteilige Wirkung. Unser Leben ist voller Symbole von unterschiedlichem Stellenwert. Vielleicht haben Sie auch Ihren Wagen nicht nur als Transportmittel gekauft, sondern bei Ihrer Wahl seine symbolische Bedeutung mitberücksichtigt. Wenn Sie das nicht glauben, entfernen Sie doch das BMW-Emblem und lassen Sie Ihre Nachbarn glauben, es handele sich nur um einen Chevrolet ... !

Unsere Traumsymbole haben eine solche Macht, weil sie uns in eine vielschichtige Welt versetzen, in der vergangene Erfahrungen und gegenwärtige Bedürfnisse mit unserem Hunger nach Sinn und Ziel unseres Lebens zusammenstoßen. Persönliche Hoffnungen und Gottes Absichten mit unserem Leben sind ein weiteres Zusammentreffen, aus dem das Material für Träume entsteht. Wenn wir diese Gipfeltreffen in unserer Seele verstehen, wird uns diese Erkenntnis verändern. Traumsymbole vermitteln uns Perspektiven, von denen wir noch nicht einmal etwas geahnt haben.

Es gilt nun, die vielen persönlichen Bedeutungen und Botschaften zu entdecken, die diese Symbole für uns bereithalten.

2. Das Symbol freisetzen

Der erste Eindruck von einem Traum vermittelt uns fast immer das Gefühl, eine Deutung sei unmöglich. Das Ganze erscheint so absurd und so logisch wie ein Gespräch mit dem verrückten Hutmacher in *Alice im Wunderland*. Es mag uns so vorkommen, daß unser Traum kaum mehr sei als eine Reise mit Alice ins Wunderland. Wir müssen eine andere Brille aufsetzen. Beim Verständnis von Traumsymbolen kommen wir mit Intuition weiter als mit Logik.

Mißverstehen Sie uns nicht. Wir wollen Sie nicht zu irrationalem Denken verleiten, sondern Sie ermutigen, sich auf Ihre intuitiven Fähigkeiten einzulassen. Wir müssen über Logik und Vernunft hinaus einen tieferen Prozeß in uns zulassen. Ähnlich wie es bei einer Vorahnung der Fall ist, bewirkt die Intuition, daß die Deutung eines Traums

31

von innen her aufsteigt. *Der Traum ist kein Puzzle, das zusammengesetzt werden muß, sondern ein Geheimnis, das entdeckt werden will.*

Die Freudschen Theorien hielten nicht stand, weil sie zu logisch waren. Er betrachtete Traumdeutung wie ein Sprungbrett. Das Symbol war für ihn ein Ausgangspunkt, von dem aus er den Sprung wagte in das, was nach seinen zuvor festgesetzten Werten und Vorstellungen logisch folgen mußte. Wenn zum Beispiel jemand von einem Schlüssel träumte, der ein Schloß öffnete, lag es für Freud auf der Hand, daß der Traum von Geschlechtsverkehr handelte.

Jung machte die Entdeckung, daß es sich genau andersherum verhielt. Wir müssen darauf achten, welche Vorstellungen sich *mit* dem Symbol verbinden. Das ist so, als würde man ein altes Schülerjahrbuch zur Hand nehmen und beim Betrachten der Photos die Gedanken aufsteigen lassen. Jung plädiert dafür, uns in das Bild hineinzubegeben, bis die Erkenntnis sich aus dem Symbol selbst erschließt.

Mit diesem Ansatz wollen wir nun Freuds Traumbild vom Schlüssel und Schloß angehen. Ein solches Bild mag eher eine Möglichkeit andeuten, daß sich eine neue Beziehung „eröffnet". Vielleicht muß auch eine neue Wahrheit „erschlossen" werden. Vielleicht möchte uns der Traum auch mitteilen, daß wir „den Schlüssel zur Zukunft" in unserer Hand halten, wenn wir den Mut haben, unser verborgenes Potential „erschließen" zu lassen. Vielleicht müssen wir eine Erinnerung ausgraben, die lange Zeit in uns „verschlossen" war. Jede dieser Deutungen könnte richtig sein, das hängt von den Umständen ab. Wir müssen dazu den ganzen Traum im Zusammenhang sehen. Es gilt, das Symbol freizusetzen, damit es seine eigene Sprache spricht.

Linda mußte herausfinden, welche Bedeutung George in ihrem Traum hatte. Sie mußte begreifen, was er im normalen Leben für sie bedeutete und zu verstehen versuchen, weshalb er in ihrem Traum bewußtlos aus dem Auto fiel.

Später werden Sie damit vertraut gemacht, wie wir die Traumsymbole zur vollen Geltung bringen können. Zu diesem Zeitpunkt wollen wir uns damit begnügen, die Symbole für sich selbst sprechen zu lassen. Achten Sie auf die verschiedenartigen Bedeutungen.

Nehmen Sie noch einmal Ihr Auto als Beispiel. Denken Sie einmal darüber nach, warum Sie gerade dieses Modell gekauft haben. Welche

Bedeutung hat die Form, der Stil, die Farbe und das Modell für Sie? Wie wirkt Ihr Wagen auf Sie? Ist er vielleicht ein Symbol für den Eindruck, den Sie bei Ihren Mitmenschen machen wollen? Oder übermittelt Ihr Wagen die Botschaft, daß es Ihnen egal ist, was die Leute über Sie denken? Wollen Sie als besonderer Mensch erkannt oder als Durchschnittsbürger gesehen werden? Vielleicht entdecken Sie sogar, daß Ihr Auto ein Symbol Ihrer Enttäuschung ist, da es nicht den wohlhabenden Eindruck erweckt, den Sie bei Ihren Mitmenschen machen wollen.

Jetzt werfen Sie einmal einen Blick auf Ihren Schreibtisch oder Ihr Nachtkästchen. Welche Bilder, Erinnerungsstücke oder Andenken fallen Ihnen ins Auge? Warum befinden sich diese Dinge dort? Welche Erinnerungen rufen Sie bei Ihnen hervor?

Während Ihr Geist von einem Erlebnis zum anderen wandert, lassen Sie die Symbole für sich selbst sprechen. Gefühle, Einsichten und Erinnerungen steigen in Ihnen auf. Diese Übung hilft Ihnen, Ihr persönliches Symbolleben zu verstehen.

Lyrik kann uns einen Zugang zur Welt der Symbole verschaffen. Lesen Sie nur Robert Brownings Zeilen: „Die Erde ist angefüllt mit Himmel, und jeder gewöhnliche Busch durchglüht von Gott. Die das sehen, ziehen die Schuhe aus, und die anderen pflücken Brombeeren." Lassen Sie das Bild des Beerenpflückens auf sich wirken. Versuchen Sie, sich in die Botschaft des Gedichts einzufühlen. Haben Sie jemals das Gefühl gehabt, Gott zu verpassen, weil Sie so sehr von irdischen Dingen gefangengenommen wurden? Bestimmt. Symbole erinnern uns daran, wie so etwas geschehen konnte. Sie helfen uns auch, die Erkenntnisse in unseren Träumen zu erfassen.

3. Träume kennen keine Schranken

Der Filmemacher in uns ist ein Wilder, dem für seine Aussage alle Mittel recht sind. Der Regisseur arbeitet kreativ, und es sind ihm keinerlei Grenzen gesetzt — ganz anders, als wir im normalen Leben handeln. Denken Sie daran, daß Träume eine Kompensationsfunktion haben. Je konservativer Sie sind, desto wilder müssen Ihre Träume sein, um Ihre gewöhnliche Zurückhaltung auszugleichen. Lassen Sie sich nicht von befremdlichen oder bizarren Bildern abschrecken.

Beginnen Sie, Träume als Fakten zu erkennen, über die wir keine Vermutungen anstellen, außer, daß sie einen Sinn haben und Ausdruck unseres Unterbewußten sind. Denken Sie daran, daß der Traum seine Botschaft nicht verschleiern, sondern sie in Bildersprache kleiden will. Wenn wir mit unseren Träumen vertraut werden wollen, müssen wir bereit sein, mit Seiten unserer Persönlichkeit konfrontiert zu werden, die wir gewöhnlich unterdrücken. Zu neunzig Prozent unseres Lebens ist mit uns alles in Ordnung, außer, daß wir uns nicht der ganzen Wahrheit über uns selbst stellen wollen. Wir neigen dazu, uns selbst viel zu ernst zu nehmen!

4. Im Traum wird Verlorenes wiedergefunden

Wir alle haben schon einmal eine Kontaktlinse, eine Brille, eine Nadel oder dergleichen verlegt. Verzweifelt suchen wir unsere ganze Umgebung ab. Wenn wir den verlorenen Gegenstand wiedergefunden haben, können wir gar nicht begreifen, weshalb wir ihn nicht schon vorher gesehen hatten. Er lag ja fast vor unseren Augen. Ebenso geht es uns mit der Bedeutung von Träumen.

Die kompensatorische Traumfunktion erinnert uns daran, wo wir aus dem inneren Gleichgewicht geraten sind. Vielleicht bedarf es weithergeholter oder scheinbar absurder Bilder, um Sie „aufzuwecken". Ein Traum vom Fliegen oder Fallen ist unter Umständen eine Warnung, daß Sie eine Sache überzogen haben und nun vor dem „Fall" stehen. Das ist keine Zukunftsdeutung, sondern Sie hören auf Ihre eigene innere Stimme und den gesunden Menschenverstand. Unterschätzen Sie nicht die Weisheit, die in Ihrer Seele verborgen liegt!

Paul Meiers Traum, der ihn auf eine Psalmstelle verwies, öffnete ihm die Augen für ein psychologisches Prinzip, daß er zwar theoretisch verstanden, aber im persönlichen Leben nicht angewendet hatte. Er hatte eine wichtige Lebensregel verdrängt und auf diese Weise wiedergefunden. Oft werden Sie etwas finden, dessen Verlust Ihnen noch nicht einmal bewußt war.

Gute und schlechte Nachrichten

Linda und Paul empfingen beide schwierige Trauminformationen, die entscheidende Auswirkungen auf ihr Leben hatten. Arthur Millers Stück *Nach dem Sündenfall* macht deutlich, daß die wichtigsten Aufgaben unseres Lebens oft auch die schwierigsten sind. Niemand vernimmt gern solche schmerzlichen, aber doch heilbringenden Botschaften, aber ohne sie können wir keine Heilung erfahren.

Unsere Neigung, solche Botschaften zu unterdrücken und zu leugnen, schafft eine Traumwelt. Wir kommen nicht daran vorbei, die Geheimnisse der Nacht zu lüften. Letzten Endes ist die Traumbotschaft *immer* eine gute Nachricht für uns.

Haben Träume immer recht? Ja und nein.

In bezug auf unsere *Gefühle* haben unsere Träume immer recht. Sie können sich darauf verlassen, daß Ihnen der Traum die Wahrheit über Sie selbst verrät. In diesem subjektiven Sinn ist die Traumbotschaft immer richtig.

Mit der objektiven Wahrheit steht es anders. Träume sagen uns, „wie die Dinge sind", nicht, „wie sie sein sollten". Die einzige letztgültige Quelle der Wahrheit ist die Bibel. Daher muß die Einsicht und Führung, die wir im Traum erfahren, immer an dem absoluten Maßstab der Bibel gemessen werden.

Der Traum ist ein Spiegel, der Ihnen zeigt, was in Ihrem Kopf vorgeht, aber kein neuer Maßstab, aufgrund dessen Sie empirische Realität beurteilen können. Die Traumbotschaft hat jedoch immer eine positive Bedeutung für Ihr Leben.

Ihre Aufgaben

1. Aufgabe:
Machen Sie sich die symbolischen Aussagen in Ihrem Leben bewußt

Um Ihnen Ihr eigenes Symboldenken bewußt zu machen, stellen wir Ihnen zwei Aufgaben. Denken Sie an Lindas Traum, und werfen Sie einmal einen Blick auf Ihren Schreibtisch, in Ihr Schlafzimmer und Wohnzimmer und achten Sie darauf, womit Sie symbolische Aussagen über sich selbst machen. Warum sind bestimmte Bilder so aufgehängt, daß sie sogleich ins Auge fallen? Sagen diese Bilder nicht etwas darüber aus, was Ihnen in Ihrem Leben wichtig, wertvoll und von Bedeutung ist? Sehen Sie sich Ihren Schmuck an. Warum tragen Sie bestimmte Stücke besonders gerne? Welche Botschaften vermitteln diese Schmuckstücke?

Nehmen Sie ein Blatt Papier, und schreiben Sie auf, in welcher Weise Sie Symbole benutzen, um das auszudrücken, was Ihnen wichtig ist.

2. Aufgabe:
Schreiben Sie Ihren Film

Wenn Ihnen jemand die finanziellen Mittel zur Verfügung stellen würde, um einen Film über Ihr Leben zu machen, wie würden Sie sich in dem Film beschreiben? Welche Schauspieler würden Sie für die Hauptrollen auswählen? Welche Farben würden Sie vorwiegend einsetzen? Welche Hintergrundmusik würden Sie wählen? Klassik, Country, Rock oder andere Stile?

Vielleicht wollen Sie Ihre Lebensgeschichte gar in einer anderen Zeit spielen lassen. Könnten Sie sich Ihre Lebensgeschichte als mittelalterlichen Kampf von Rittern in glänzender Rüstung vorstellen, wie in dem Film *El Cid,* oder wäre Ihnen ein knallharter Western lieber?

Notieren Sie sich einfach, was Ihnen in den Sinn kommt, und lassen Sie Ihrer Phantasie und Kreativität freien Lauf. Legen Sie sich selbst keine Zensur auf. Was Ihnen auf diese Weise einfällt, ist das Beste!

Wenn Sie mit dem Drehbuch fertig sind, überlegen Sie, in welcher Weise die einzelnen Bestandteile symbolische Aussagen über Ihre Gefühle, Vorstellungen, Träume und Hoffnungen machen. Dieses Material ist genau der Stoff, mit dem Ihr Traummechanismus arbeiten will. Wenn Sie diese Sprache besser verstehen, werden Sie merken, daß Ihre Traumbotschaften immer mehr Sinn ergeben.

Und die Sache macht auch großen Spaß.

Kapitel 3

BERÜHREN SIE
IHREN TRAUM

Werden Sie sich Ihrer Träume bewußt

*Viele Versuche zu lenken, Voraussagen zu
machen oder Kontrolle auszuüben, sind in
Wirklichkeit Flucht vor der Erfahrung oder
Formen der Selbstverleugnung. In Wahrheit ist der Mensch nicht voraussagbar; der
Mensch ist immer unbeständig.
... man lebt und liebt, leidet und vergißt,
und beginnt immer wieder von neuem.*

CLARK E. MOUSTAKAS,
Creativity and Conformity
(Kreativität und Konformität)

Sue träumte einen intensiven Traum, dessen Bedeutung sie nicht
begriff. Im Traum sah sie einen schneebedeckten Berg, auf dessen
Spitze ein Kühlschrank stand. In ihm versteckt sich ein kleines Mädchen und lugt durch die zerborstene Tür. Das Kind kann einen großen
gefrorenen See am Fuß des Berges sehen. Auf diesem See steht ein riesiger Eisblock, in dessen Inneren ein Kind sitzt, das genauso aussieht
wie das Kind im Kühlschrank.

Wir können annehmen, daß Sue in einem besonders wichtigen
Bereich ihres Lebens „eingefroren" ist. Tatsächlich hat Sue bereits
eine Scheidung hinter sich, weil sie frigide war und unter anderen
sexuellen Störungen litt. Einige Zeit später zwang sie ein anderer

Traum, sich einer Tatsache zu stellen, die sie verständlicherweise zu verdrängen versuchte, sie war dabei, seelisch „aufzutauen".

In dem zweiten Traum kriecht Sue langsam die Treppe des Hauses hinunter, in dem sie als sechzehnjähriges Mädchen gewohnt hatte. Plötzlich betritt ihr Großvater mütterlicherseits das Zimmer. Er trägt einen schwarzen Umhang wie Dracula. Er greift nach Sue und zwingt sie, ihre nackten Beine zu spreizen. Dann überschüttet sie der Großvater mit Säure. Sue wacht schreiend auf.

Beim Nachdenken über den Traum erinnert sich Sue, daß man diesen Großvater beschuldigt hatte, sich an kleinen Mädchen zu vergreifen. Aber sie konnte sich nicht daran erinnern, ob er sie selbst einmal so angefaßt hatte. Der Traum fordert Sue auf: „Schau dir das noch einmal an."

Wenn wir eine solche Erfahrung im wirklichen Leben gemacht hätten, würden wir sie vergessen wollen? Natürlich! Ein solcher Wunsch, etwas zu vergessen, macht es uns unter anderem schwer, uns an viele unserer Träume zu erinnern. Aber auch weniger traumatische Erfahrungen haben dieselbe Wirkung. Auch wenn wir bereit sind, uns einer so verdrängten Schmach zu stellen, haben wir immer noch Mühe, uns mit normalen Aspekten unseres Lebens auseinanderzusetzen, die früher für uns sehr unangenehm waren. Wir können auch wegen ganz gewöhnlicher Kindheitsprobleme innerlich „eingefroren" sein, die uns selbst als Erwachsene immer noch einschüchtern. Daher möchten wir Ihnen einige Hinweise geben, wie Träume uns helfen können, unsere „Barrieren aus Eis" zu durchbrechen.

Setzen Sie Ihre Schlafmütze auf

Rechnen Sie damit, nächtliche Botschaften zu empfangen. Wenn Sie immer noch nicht davon überzeugt sind, daß Sie jede Nacht träumen, versuchen Sie es einmal mit diesem Experiment: Lassen Sie Ihren Wecker nach sechs Stunden Schlaf läuten. Wenn Sie erwachen, sind Sie vermutlich gerade im vierten Traum dieser Nacht. Wenn nichts geschieht, lassen Sie den Wecker die nächste Nacht eine Stunde früher oder später klingeln.

Vielleicht ist es Ihnen nicht diese Mühe wert, mit Ihrem Traum in Berührung zu kommen. Wenn Sie sich bewußt auf einen Traum einstellen, klappt es vielleicht auch. Doch wenn wir uns mit dem verborgenen Teil unserer Persönlichkeit beschäftigen wollen, müssen wir uns so verhalten, daß unser Unterbewußtsein darauf reagiert. Wenn jemand ruft: „Faß das nicht an, oder du wirst dich verbrennen!", versteht unser Bewußtsein diese Warnung. Sie können jedoch den ganzen Tag lang an Ihr Unterbewußtes appellieren, ohne daß etwas geschieht. Das ist so, als wenn ein Alkoholiker sich immer wieder sagt: „Ich will nicht mehr trinken", bis zu dem Augenblick, wo er ein Glas Bier hinunterstürzt.

Hier ist ein Beispiel, wie Sie mit Symbolen Botschaften aussenden: Eine Frau plant einen romantischen Abend mit ihrem Mann. Gedämpftes Licht, Parfüm, eine klangvolle Ballade im Hintergrund, ein neues Negligé, und sie wird ihr Ziel viel schneller erreichen, als wenn sie eine maschinengeschriebene Aufforderung verlesen würde, in der sie mehr persönliche Zuwendung fordert! Wie bei dieser Einladung zu einem romantischen Rendezvous müssen wir uns auch mit der Symbolwelt beschäftigen, um die Träume herbeizulocken.

Im letzten Kapitel haben wir Ihnen geraten, Ihre eigene Symbolwelt zu erforschen. Hier sind noch ein paar Anregungen, die Ihnen helfen können, Ihren Träumen auf die Spur zu kommen.

1. Schritt:
Bereiten Sie sich gut vor

Der halbe Spaß am Kinobesuch ist die Vorbereitung — Sie lesen die Kritiken in der Zeitung, betrachten die Anzeigen für Filme und überlegen, in welcher Stimmung Sie gerade sind. Sie besprechen mit Ihrem Partner, in welchen Film Sie gehen wollen. Im Kino kaufen Sie sich noch ein Getränk, Popcorn oder Süßigkeiten, bevor Sie sich an Ihren Platz begeben. Wenn das Licht ausgeht, sind Sie bereit, in eine andere Welt einzutauchen.

In ähnlicher Weise könnten wir kurz vor dem Zubettgehen mit unserem Partner über die Möglichkeit eines Traums sprechen. Wenn Sie allein sind, rufen Sie sich frühere, bedeutsame Träume ins

Gedächtnis und sinnen Sie darüber nach, wie wichtig Ihre Träume für Sie sind. So setzen Sie Ihren inneren Filmemacher in Aktion.

Als nächstes machen Sie sich bereit, den Traum festzuhalten, wenn er kommt. Vielleicht haben Sie schon von der Geschichte über die Christen gehört, die in die Kirche gingen, um für Regen zu beten. Ein kleiner Junge beobachtete, daß keiner einen Schirm mitgebracht hatte! Dem Kind war dieser Widerspruch aufgefallen. Wenn Sie versäumen, Papier und Bleistift zurechtzulegen, zeigt das ebenfalls, daß Sie eigentlich nichts erwarten.

Legen Sie einen Block und Stift neben Ihr Bett. Robert Wise hatte eine kleine Leselampe in erreichbarer Nähe, die er anschalten konnte, ohne seine Frau zu stören. Jetzt benutzt er einen batteriebetriebenen Kugelschreiber, der zu leuchten beginnt, sobald man damit schreibt. Die hilfreichste und ergiebigste Methode ist die Bereitstellung eines kleinen Kassettenrecorders. Dann können Sie den Traum leise auf Band sprechen. Das geht schneller, und es werden mehr Details festgehalten als beim Aufschreiben. Solche Vorbereitungen signalisieren Ihrem Traumproduzenten, daß Sie aufmerksam darauf achten wollen, was sich in Ihrem Innern abspielt!

2. Schritt:
Versetzen Sie sich in die richtige Stimmung

Sehr rational orientierte Menschen haben größere Schwierigkeiten, sich an Träume zu erinnern, als intuitive, nach innen orientierte kreative Träumer. So müssen sich viele Menschen bewußt in eine nachdenkliche, nach innen gerichtete Stimmung versetzen. Es ist an der Zeit, den Mathematiklehrer abzulegen und dem Künstler in Ihnen Raum zu geben.

Oft ist es hilfreich, leise, meditative Musik zu hören. Dabei spielt der Musikstil keine Rolle, es kommt dabei einzig und allein auf die Gefühle an, die die Musik in Ihnen hervorruft. Es geht hier weniger um Unterhaltung, sondern darum, daß Sie sich in eine friedliche, nachdenkliche Atmosphäre versetzen. Sie können auch einen Gedichtband oder einen guten Roman zur Hand nehmen.

Sie denken vielleicht: „Warten Sie mal. Ich hab' mich noch nie mit dieser Seelensprache beschäftigt. Und von Kunst und Kreativität verstehe ich schon gar nichts." Lassen Sie sich nicht entmutigen. Bevor Sie die ganze Sache aufgeben, ergreifen Sie die Gelegenheit, eine Seite von sich selbst zu entdecken, auf die Sie Ihre Träume vielleicht schon seit langer Zeit hinweisen wollten. Jeder Mensch hat einen Bereich in seinem Inneren, wo er Sinn erfährt und wo seine tiefsten Gefühle wohnen. Ästhetik gehört zu unserem Menschsein. Schönheit öffnet die Seele. An diesem Ort treffen wir Gott.

Lyrik spricht die Symbolsprache. Wortbilder bringen uns in Berührung mit den bedeutungsvolleren Aspekten unserer Erfahrung. Lesen Sie zum Beispiel das Gedicht von Robert Frost und denken Sie darüber nach, ob es vielleicht unentdeckte Aspekte Ihrer Vergangenheit aufzeigt.

Der Weg, der nicht genommen wurde

Zwei Wege trennten sich in einem gelben Wald,
leid war's mir, daß ich nicht beide beschreiten konnte;
und ich reiste auch allein. Lange stand ich, und blickte
einen Weg hinunter, so weit ich konnte,
bis dort, wo er im Unterholz sich verlor.

Dann ging ich den anderen, er war ebenso schön
und vielleicht der bessere,
denn es wuchs Gras darauf, und er war nicht abgenutzt;
doch was das anbetrifft,
erschien der andere ebenso abgelaufen.

Und beide lagen an diesem Morgen
unter Blättern, die noch kein Fuß zertreten.
Ach, ich ließ mir den ersten für einen anderen Tag!
Doch ich wußte, wie ein Weg zum anderen führt,
und so zweifelte ich, ob ich jemals zurückkehren würde.

Ich werde mit einem Seufzer erzählen,
irgendwo, nach vielen Jahren:

zwei Wege trennten sich in einem Wald und ich —
schlug den ein, der am wenigsten bereist war,
und darin lag der ganze Unterschied.[8]

Welche Reise in die Vergangenheit erleben Sie beim Lesen dieses
Gedichts? Welche Symbole Ihres früheren Lebens kommen Ihnen in
den Sinn? Welche Gefühle werden wach?

Als Paul Meier diese Übung mit dem Gedicht machte, fiel ihm ein
erstaunlicher Traum ein, den er als Sechzehnjähriger geträumt hatte.
Er erinnerte sich, daß er tief bestürzt über einen Traum aufgewacht
war, der ihn auf ein Fehlverhalten hingewiesen hatte. Er hatte ein tiefes Bedürfnis verspürt, mit Gott ins reine zu kommen und seine
Schuld zu bekennen. Das Gebet nach diesem Traum war ein Wendepunkt in Pauls Leben. Die persönliche Entscheidung, die er in dieser
Nacht traf, bestimmte sein Leben während der folgenden dreißig
Jahre.

Am nächsten Tag traf Paul noch eine Entscheidung, die sein ganzes Leben betraf. Statt in die Fußstapfen seines Vaters zu treten und
den Beruf des Zimmermanns zu ergreifen, hatte Paul den Eindruck,
er solle Arzt werden. Er wollte diese Ausbildung benutzen, um anderen Menschen zu helfen, denselben Lebenssinn zu finden wie er
selbst. Er hatte den Weg eingeschlagen, den nur wenige gehen.

Dieser eine Traum hat den Verlauf von Pauls Leben entscheidend
verändert.

Dieser Prozeß der geistigen Verarbeitung wird Ihre analytischen
Fähigkeiten fördern und Ihren Dialog mit verborgenen Seiten Ihrer
Persönlichkeit vertiefen. In diesem Zusammenhang ist es auch ent-
scheidend, daß Sie sozusagen „die Angeln schmieren", damit sich die
Türen zu Ihrem Unterbewußtsein öffnen lassen. Wir werden Ihnen
jetzt einige Übungen vorstellen, die Ihnen helfen sollen, sich auf Ihre
Mitte zu konzentrieren..

Beginnen Sie kurz vor dem Schlafengehen zwei Gespräche. Sagen
Sie ganz bewußt zu sich selbst: „Ich möchte mich an meinen Traum

[8] Robert Frost, „The Road Not Taken", ursprünglich erschienen in *Montain
Interval* (New York: Henry Holt and Co., 1916).

von heute nacht erinnern." Dann sprechen Sie mit Gott: „Herr, ich möchte alles wissen. Du mußt es mir sagen. Bitte, sprich in meinen Träumen zu mir." Und bevor Sie es sich versehen, wird die andere Seite das Gespräch fortführen.

3. Schritt:
Lassen Sie Ihren Gedanken freien Raum

Aufgrund entwicklungsbedingter Erfahrungen aus der Kindheit meinen wir, uns viele Gefühle und Erlebnisse versagen zu müssen. Unsere selbstauferlegten Beschränkungen hindern uns daran, mit wichtigen Seiten unserer Persönlichkeit in Berührung zu bleiben. Daher träumen wir wohl, können uns aber kaum an unsere Träume erinnern.

Jungen wird zum Beispiel oft beigebracht, zärtliche Gefühle und feinfühlige Gedanken zu vermeiden oder nicht zu beachten. Dieses Machodenken läßt dem Jungen nicht viel Spielraum, sich an einer Blumenwiese zu freuen oder Tränen zu vergießen, wenn Bambis Mutter erschossen wird. Auf der anderen Seite lernen Mädchen häufig, alle Formen von Ärger oder Aggression in sich zu verschließen, so wie Sue verdrängt hatte, daß sie von ihrem Großvater sexuell mißbraucht worden war. Weil wir solche Gefühle und Neigungen nicht wahrhaben wollen, sind sie nicht mehr einer rationalen Untersuchung zugänglich, tauchen aber in unseren Träumen wieder auf. Sie erscheinen dann vielleicht in den Träumen eines sehr ernsten Menschen als Clown oder als Komödiant in den nächtlichen Abenteuern.

Hier trifft das Motto von Clark Moustakas zu, das wir über dieses Kapitel gestellt haben! „Viele Versuche zu lenken, Voraussagen zu machen oder Kontrolle auszuüben, sind in Wirklichkeit Flucht vor der Erfahrung oder Formen der Selbstverleugnung."[9]

Wir müssen uns darum bemühen, unsere Vorstellungen, Gedanken, Gefühle oder Meinungen nicht zu zensieren, sondern die volle Bandbreite der Gefühle bei uns zuzulassen.

Bitte mißverstehen Sie nicht unsere Absicht. Wir wollen Sie *nicht*

---

[9] Clark E. Moustakas, *Creativity and Conformity* (New York: Van Nostrand Reinhold, 1967).

dazu ermutigen, ausschweifenden Impulsen nachzugeben oder Ihre niedrigsten Instinkte auszuleben. Wir möchten vielmehr herausstellen, wie wichtig es ist, sich die volle Bandbreite der Gefühle, die jeder Mensch hat, zuzugestehen. Ihre Träume konfrontieren Sie mit dem, was wirklich in Ihrem innersten Wesen vor sich geht. Das Problem liegt in der Leugnung solcher Gefühle.

Seien Sie nicht entsetzt, wenn vielleicht der Gedanke an eine abscheuliche Handlung oder Regung in Ihnen aufkommt. Die Tatsache, daß Sie einen finsteren Gedanken hegen oder einen mörderischen Drang empfinden, macht Sie nicht zu einem schlechten Menschen; es bedeutet auch nicht, daß Sie diese Tat wirklich ausführen werden. Der wunderbar komplizierte Mechanismus in unserem Kopf wird jeden Aspekt der menschlichen Möglichkeiten ausloten. Solche Erfahrungen, die sich in unserem Kopf abspielen, bewahren uns sogar davor, sie im wirklichen Leben zu erleben und die schrecklichen Folgen zu erleiden.

Beim Nachdenken darüber, was wohl Lee Harvey Oswald dazu motiviert haben könnte, den Präsidenten der USA, John F. Kennedy, zu ermorden, kommt bei einem Tierfreund vielleicht plötzlich der Gedanke auf, wie es sein würde, ein Reh zu erschießen, obwohl er das in Wirklichkeit nie tun würde. Hier ein Beispiel, wie unser Gehirn arbeitet:

Sie stellen sich vor, daß Sie ein Geschäft betreten und ein Gewehr kaufen. Dann stellen Sie sich hinter einem Baum auf die Lauer und warten, daß Bambi Ihnen ins Schußfeld kommt. Langsam heben Sie das Gewehr in Schulterhöhe. Mit kalter, mörderischer Absicht drükken Sie auf den Abzug. Peng! Das Reh taumelt noch ein paar Schritte auf den Wald zu und fällt dann zu Boden. Einen Moment lang empfinden Sie große Befriedigung.

Aber wie konnten Sie überhaupt auf einen so schrecklichen Gedanken verfallen? Weil wir alle mit der Fähigkeit ausgestattet sind, unsere Wertvorstellungen zeitweilig außer Kraft zu setzen, während unsere Phantasie uns auf unglaubliche Wege führt. Mörderische Impulse sind ebenso häufig wie erotische oder sexuelle Vorstellungen.

Phantasie ist eines der wichtigsten Werkzeuge des Schriftstellers. Die Phantasie versetzt uns an die unwahrscheinlichsten Orte und in unglaubliche Situationen. Niemand braucht sich schuldig zu fühlen, wenn er eine Fahrkarte in sein eigenes inneres Wunderland erwirbt. Geben Sie auf dieser Reise gut acht, dann finden Sie heraus, was Sie zur Zeit umtreibt.

Wenn Sie Schwierigkeiten haben, mit Ihren Träumen in Berührung zu kommen, fragen Sie sich, ob Sie dazu neigen, Ihre Gedanken und Gefühle einer Zensur zu unterwerfen. Lassen Sie irgendwelche Gefühle oder Gedanken nicht zu? Versuchen Sie, sich für die Gebiete in Ihrem Innern zu öffnen, bei denen Sie sich bislang solche Beschränkung auferlegt haben.

4. Schritt:
Nehmen Sie jede Einzelheit wichtig – aber denken Sie erst später darüber nach

Wenn Sie sich Ihren Traum nochmals vergegenwärtigen, sollten Sie wichtige Einzelheiten und Aspekte nicht gleich auswerten. Die Tatsache, daß ein Haus schwarz statt weiß ist, wird erst später von Bedeutung sein. Daher ist es wichtig, den Traum so vollständig wie möglich aufzuzeichnen, ohne lange über ihn nachzudenken. Wenn wir aufstehen und ins Bad gehen, wird die ganze Erfahrung sich vermutlich verflüchtigen, wie eine schimmernde Seifenblase im Wind zerplatzt. Machen Sie sich unmittelbar nach dem Aufwachen so umfangreiche Notizen wie möglich.

Als Robert Wise in der Benediktinerabtei mit seiner Traumforschung begann, achtete er das erste Mal bewußt auf seine Träume. „Das ganze Umfeld war dem Erinnerungsvermögen sehr förderlich. Die Eindrücke meiner Träume waren so lebendig in mir, daß ich glaubte, ich würde mich noch lange an jeden Aspekt erinnern. Falsch! Wenn ich die verschiedenen Puzzleteile nicht schnell zu Papier brachte, zerplatzten sie wie Seifenblasen. Ein Traum erschien mir besonders bedeutsam zu sein, aber er entglitt mir, weil ich nicht schnell genug handelte. Ich konnte mich nur noch entsinnen, daß ich im Traum im Kloster mit Glasscheiben gearbeitet hatte. Es schien sehr wichtig zu sein, wie das Licht durch die Glasscheibe fiel. Eine Dame erschien neben mir in der Kapelle, aber ich konnte mich nicht daran erinnern, was sie sagte. Nur das Wort viva war mir im Sinn geblieben. Zu lange Zeit hatte ich wach im Bett gelegen und das Gefühl genossen, das der Traum in mir hervorgerufen hatte, bevor ich versuchte, die Einzelheiten schriftlich festzuhalten."

Warten Sie mit der Auswertung Ihrer Traumerfahrung, bis Sie sie zu Papier gebracht haben. Nachdenken hat eine so zerstörerische Wirkung wie Sonnenlicht im Kino. Konzentrieren Sie sich nur darauf, den Traum im Geist nochmals zu durchleben. Später erinnern Sie sich vielleicht noch an weitere Einzelheiten. Diese fügen Sie dann in Ihre Aufzeichnungen ein.

Einige Stunden, nachdem Robert aus seinem „Glasscheibentraum" erwacht war, setzte er sich in sein Zimmer, um in Ruhe über den Traum nachzudenken, und versuchte, ihn nochmals innerlich nachzuvollziehen. „Statt mich einfach an den Traum zu erinnern, versuchte ich, nochmals in den Fluß der Traumgeschichte einzusteigen. Das tat ich verschiedene Male, so wie ich Szenen eines sehr schönen Films nochmals an mir vorüberziehen lassen würde.

Zu meiner Überraschung erkannte ich plötzlich, daß ich im Traum in der Werkstatt des Klosters ein buntes Glasfenster herstellte. Das Sonnenlicht warf vielfarbige Schatten auf meinen Arbeitstisch. Da begriff ich plötzlich, wie Gebet das Licht Gottes in die Seele zieht, wie buntes Glas eine Kirche mit wunderbarem Glanz erfüllt.

Dieses Mal dachte ich nicht über die Bedeutung des Ganzen nach. Ich ließ die Geschichte einfach weiter an mir vorüberziehen. Die Dame in der Kapelle erschien wieder und begann, mir etwas über göttliche Eingebung mitzuteilen. In diesem Augenblick verstand ich ihre Worte: ‚Viva vox'. Plötzlich war mir die Bedeutung des Traums klar.

Während meines Studiums war ich beeindruckt von Martin Luthers Theorie der Schriftinspiration, die er die *viva vox*, die ‚lebendige Stimme' nannte. Luther lehrte, daß das Wort Gottes ursprünglich nicht aufgeschrieben, sondern mündlich weitergesagt werden sollte. Wenn wir das Wort Gottes hören, tut es sein Werk in unserem Herzen. Er glaubte, daß Gottes Wort mehr gehört als gelesen werden sollte. Die Bibel wurde nur aufgezeichnet, um unserem schwachen Gedächtnis nachzuhelfen.

Ich erkannte, daß mein Traum eine Bestätigung meiner täglichen ausgedehnten Gebetszeiten war. Ich begann den Tag mit einer Andacht um sechs Uhr morgens, ging in den Abendmahlsgottesdienst um vier Uhr nachmittags, beendete den Tag mit dem Komplet und betete mindestens noch weitere zwei Stunden zwischen diesen Gottesdiensten. Der Traum sagte mir, daß diese Zeiten der Andacht der Wirkung von bunten Glasfenstern glichen, die einen heiligen Raum in der Kirche schufen. Genauso könnte und würde die Stimme Gottes in der Seele des Beters gehört werden. Diese Erkenntnis war für mich schier überwältigend!"

Welche Gefühle ein Traum beim Erwachen in Ihnen hervorruft, ist ebenfalls von Bedeutung. Die Ereignisse im Traum mögen vielleicht lustig gewesen sein, haben Sie aber in trauriger Stimmung erwachen lassen. Oder der Traum war eigentlich traurig, aber Sie sind fröhlich aufgewacht. Solche Widersprüche sind wichtige Anhaltspunkte, um die Traumbotschaft zu entschlüsseln. Und denken Sie daran: Unsere Neigung, uns selbst zu zensieren, kann zerstörerisch auf die Traumbotschaft wirken!

Manche Menschen scheinen häufig in Farbe zu träumen, während bei anderen Farbe nur gelegentlich vorkommt. Wie auch immer, Farben haben eine große Bedeutung. War da ein zorniges Rot oder ein leidenschaftliches Rosa? War Grün die Farbe des Wachstums oder der Krankheit? Die Farbe enthält also eine wichtige Botschaft. Notieren Sie sich die Farben, die Sie gesehen haben, so genau wie möglich, und rechnen Sie damit, daß Farbträume ganz besonders bedeutsam sind. Die meisten Träume sind farblos, intensive Träume spielen sich dagegen oft in lebendigen Farben ab.

Ihre Aufzeichnungen sind die Zügel, mit deren Hilfe Sie Ihr Traumerlebnis wieder zurückholen können. Warten Sie nicht zu lange damit. Je schneller Sie sich den Traum wieder vergegenwärtigen, desto besser. Weil Robert Wise mit Schreibmaschine und Computer vertraut ist, versucht er, sich innerhalb von dreißig Minuten hinzusetzen und den Traum aufzuschreiben wie eine Kurzgeschichte. An den oberen Rand der Seite wird *immer* das Datum gesetzt. Die Einzelheiten werden ausgemalt und alles, was Ihm noch in den Sinn kommt, hinzugefügt. Er vermeidet jedoch, einen Traum herbeizuzwingen oder künstlich auszuführen, was der Traum vielleicht auslösen könnte, während er darüber nachdenkt. Es ist vielmehr entscheidend, *wahrheitsgetreu und umfassend* aufzuzeichnen, was uns einfällt.

An einer anderen Stelle dieses Buches beschreiben wir, wie man ein Traumlexikon anlegt. Sie werden merken, daß auch dem Zeitpunkt eines Traums oft Bedeutung zukommt. Träume am Geburtstag oder an Neujahr haben in der Regel eine große Bedeutung. Fürs erste verfolgen Sie ganz einfach, wann ein Traum eingetreten ist.

Wenn Sie Ihre Geschichte zu Papier gebracht haben, lehnen Sie sich zurück und schauen Sie sie an. Fällt Ihnen eine interessante Überschrift dazu ein? Lassen Sie Ihre Phantasie spielen. Schreiben Sie den Titel über die Geschichte. Wenn wir lernen, einen Traum zu entziffern, werden wir merken, daß in der Überschrift oft wichtige Anhaltspunkte für die Deutung liegen.

Nachdem Sie alles zu Papier gebracht oder in den Computer getippt haben, nehmen Sie sich ein paar Minuten Zeit, um sich die Ereignisse des vergangenen Tages ins Gedächtnis zu rufen, die den Hintergrund für den Traum abgaben. War der Tag traumatisch? Sind Sie in aufgewühlter Stimmung schlafen gegangen? Oder haben Sie sich über etwas Sorgen gemacht? Welche Probleme haben Sie belastet? Was haben Sie im Fernsehen angeschaut? Oder waren Sie im Kino?

Sollten Sie erkennen, daß der Traum eine fast identische Wiedergabe des Krimis vom Vorabend ist, halten Sie ihn nicht bloß für eine persönliche Erinnerung an diesen Film. Ihr Traumproduzent wählte diese besondere Form, weil sie besonders geeignet ist, die verborgene Botschaft zu übermitteln, die Sie nicht verstehen. Das nochmalige Abspulen des Films im Traum bedeutet höchstwahrscheinlich, daß Sie nicht auf die vermittelte Botschaft achtgegeben oder sie zumindest noch nicht richtig verstanden haben.

Denken Sie daran, nichts ist zu unbedeutend für Ihre Aufzeichnungen. Scheinbar unklare Bilder stellen sich vielleicht einmal als des Rätsels Lösung heraus. Eine der größten Gefahren liegt darin, daß Sie sich eine vorgefaßte Meinung bilden, was ein bestimmtes Symbol oder der ganze Traum bedeuten. Wir weisen unweigerlich von uns, was wir für unbedeutend halten. Damit aber geht ein Verlust an innerer Einsicht einher.

5. Schritt:
Erkennen Sie die Struktur des Traums

Die meisten Träume haben vier Teile, die wir im folgenden von eins bis vier beziffern. In einem späteren Kapitel werden wir diese innere Ordnung ausführlicher untersuchen. Fürs erste machen Sie sich damit vertraut, daß sich der Traum wie eine Geschichte entfaltet. Selbst, wenn die einzelnen Teile Ihnen verstandesgemäß nicht logisch erscheinen oder Teile der Geschichte merkwürdig unzusammenhängend wirken, können Sie doch ansatzweise erkennen, wie die innere Logik des Traums funktioniert.

1. Teil: Hier geht es um den *Hintergrund,* auf dem sich der Traum abspielt. Träume befassen sich mit einem bestimmten Thema. In der ersten Episode wird eine Umgebung oder ein Schauplatz für die zu übermittelnde Botschaft vorgestellt. Dieser erste Teil ist also eine Einführung in den Gesamtzusammenhang des Traums.

Am Beginn dieses Kapitels stand beispielsweise Sues Traum. Der Gesamtzusammenhang oder Hintergrund des Traums ist ein schneebedeckter Berg mit einem Kind in einem Kühlschrank. In Sues Leben scheint etwas eingefroren zu sein.

2. Teil: Im zweiten Teil wird das Problem oder die Situation dargestellt, mit der sich der Träumer auseinandersetzen muß, ein Problem, das auf eine Lösung wartet. Wenn sich das Szenenbild ändert, werden wir in ein Kampfgebiet eingeführt. Hier liegt der Handlungsstrang Ihrer Traumgeschichte.

Sues Traum ist kurz, stellt uns aber rasch das Problem eines Kindes dar, das sich in einem Kühlschrank versteckt. Für Kinder ist es gefährlich, in Kühlschränken zu spielen. Wir können sofort erkennen, daß mit Sues Umfeld irgend etwas nicht stimmt.

3. Teil: Sehr oft, aber nicht immer, ist dieser dritte Teil der Übergang zu dem „Warum" des Traums. Die Struktur des Traums will Ihnen einen wichtigen Hinweis zu dem Problem oder dessen Lösung geben. Wenn Sie dieses „Warum" verstehen, wird der Rest des Traums deutlicher.

Die „Warum"-Phase in Sues Traum tritt nicht so deutlich zutage, weil der Traum so dicht ist. Der Eisblock auf dem zugefrorenen See deutet jedoch so etwas wie ein mögliches Grundprinzip an. Etwas stimmt hier nicht, weil ein Kind eingefroren ist.

4. Teil: In diesem letzten Teil des Traums liegt die Lösung. Träume haben immer eine gute Nachricht für uns. Sie vermitteln uns eine Weisheit, von der wir nicht wußten, daß wir sie besaßen. Der Schluß des Traums möchte uns helfen, uns dem Problem zu stellen, das wir bisher übersehen hatten.

Sue mußte ihren Zwilling befreien, der hilflos im Eisblock eingeschlossen war. Wenn es ihr gelänge, dieses Alter ego zu befreien, würde sie sich selbst befreien. Sues zweiter Traum konfrontierte sie mit schmerzlichen Hinweisen, warum ihre Gefühlswelt eingefroren war. Der Übergriff ihres Dracula-Großvaters besitzt so offensichtlich sexuelle Anklänge, daß wir vermuten, aber nicht den Schluß ziehen können, daß Sue vielleicht irgendwann in ihrem Leben das Opfer eines sexuellen Mißbrauchs war, der entweder durch ihren Großvater verübt wurde, oder durch jemand, den dieser Großvater symbolisiert.

In diesem Fall ist es sehr wahrscheinlich, daß sexueller Mißbrauch vorliegt, aber wir müssen uns trotzdem bewußt sein, daß solche Träume nicht unbedingt einen Bezug zu einer realen Erfahrung haben. Als Psychiater weiß Paul, daß kindliche Ängste und Phantasien zu einer falschen Einnerung führen können. Einen Großvater oder Vater allein wegen eines solchen Traums zu beschuldigen kann ein großes Fehlurteil sein. Der Hinweis im Traum kann nur ein erster Schritt sein, um einem Problem nachzugehen — es muß jedoch anderes Beweismaterial zur Bestätigung gefunden werden.

Lassen Sie zum jetzigen Zeitpunkt einmal den Inhalt Ihrer Traumbotschaften außer acht. Machen Sie sich erst einmal mit Ihren inneren Hieroglyphen vertraut, damit Sie diese einmal sinnvoll entziffern können.

6. Schritt:
Führen Sie ein Traumtagebuch

In einem späteren Kapitel werden wir untersuchen, wie Träume aufeinander aufbauen und wie Symbole eine größere und tiefere Bedeutung erhalten, wenn sie sich wiederholen. Wir haben herausgefunden, daß die meisten Menschen eine eigene und ganz spezielle Symbolsprache entwickeln, die in abgewandelter Form immer wieder auftaucht. Daher ist es eine große Hilfe, wenn wir über unsere Träume Buch führen.

Robert Wise hat jahrelang Tagebuch geführt über alle Träume, die er sich notiert, ausführlich beschrieben und entziffert hat. Die Träume sind zeitlich geordnet. Auf der ersten Seite des Tagebuchs befindet sich eine Aufstellung von Traumsymbolen mit der jeweiligen Datumsangabe daneben. Mit Hilfe dieser Methode kann er schnell herausfinden, welche Bedeutung ein bestimmtes Symbol vor Jahren oder erst kürzlich hatte. Diese Aufstellung sieht ungefähr so aus:

A

Flugzeug (airplane)	Begeisterung	9. 1. 83; 11. 4. 84; 16. 6. 93
Altar	heiliger Ort, seelische Läuterung	20. 5. 85; 11. 2. 92
Tiere (animals)	große Kraft	13. 10. 83; 14. 3. 85; Dez. 94

B

Band	Darstellung	20. 1. 83; 13. 1. 84; 10. 5. 89
Vorteilhafte Geschäfte (bargains)	Erhaltung von alten Werten	8. 3. 87; 1. 11. 89

Die Aufstellung ist alphabetisch von A bis Z geordnet!

Nach über zehn Jahren konsequenter Aufzeichnungen hat Robert eine Fülle von Material zusammengetragen, das ihm eine große Hilfe ist bei der Auseinandersetzung mit vielen Lebensproblematiken. Die Tatsache, daß den Träumen eine solche Aufmerksamkeit gewidmet wird, dient gleichzeitig wieder als Triebkraft für den Traumprozeß. Je mehr Beachtung wir unseren Träumen schenken, desto intensiver werden wir träumen.

Ihre Aufgaben

1. Aufgabe:
Machen Sie sich mit dem Traumprozeß vertraut

Viele Menschen haben wenig Zugang zu ihrer Traumwelt. Das sind jedoch in der Regel die, die diese innere Reise am nötigsten haben. Hier ein Wort der Ermutigung. Seien Sie barmherzig mit sich selbst und gehen Sie die Sache langsam an. Es mag einige Zeit dauern, bis Sie gelernt haben, Ihre nächtliche Botschaften wahrzunehmen. Gehen Sie Schritt für Schritt vor — ein Schritt führt zum anderen. Die Vorschläge in diesem Kapitel sind Anregungen, mit deren Hilfe Sie Ihre Wahrnehmungsfähigkeit steigern können. Lassen Sie es einmal auf einen Versuch ankommen und warten Sie ab, was heute nacht geschieht.

Machen Sie sich mit dem Gedanken vertraut, neue Einsichten über sich selbst zu gewinnen. Haben Sie keine Angst davor, irgendwelchen heimtückischen Geheimnisssen über Ihre Kindheit auf die Spur zu kommen. Haben Sie eher die Erwartung, daß Sie Hinweise erhalten, wie Sie die Aufgaben und Problemstellungen Ihres Lebens angehen sollen, für deren Lösung Sie beten. Ganz nebenbei werden Sie die fröhlichsten und anregendsten Erkenntnisse bekommen. Träume machen Spaß.

2. Aufgabe:
Setzen Sie sich nicht unter Erwartungsdruck

Erleben Sie Ihre Träume, ohne sich darüber Sorgen zu machen, daß Sie irgendeine Kleinigkeit oder sensationelle Botschaft verpassen könnten. Wenn es Ihnen nicht gelungen ist, die Erkenntnisse einer Nacht zu entschlüsseln, denken Sie daran, daß Sie ja Ihr ganzes Leben zur Verfügung haben, um an diesem Projekt zu arbeiten. Die Botschaft wird sich nächste Nacht in noch verblüffenderer Form wiederholen.

Wenn Sie sich nur an ein kleines Detail erinnern, spielen Sie mit diesem Fragment. Wenn Sie über das nachdenken, was Ihnen gegenwärtig ist, wird bald noch mehr in Ihnen aufsteigen. Das Bewußtsein wächst in dem Maße, wie wir unseren Träumen Aufmerksamkeit widmen.

Treten Sie nicht in die Falle, einer Erkenntnis des gesunden Menschenverstandes eine übermäßig geistliche Bedeutung zuzuweisen. Nicht allem, was aus unseren Tiefen aufsteigt, kommt dieselbe Bedeutung zu wie Jakobs Traum in Bethel oder Josephs Traum über die Geburt Jesu. Die Tatsache, daß Sie von einer bestimmten Person oder einer bestimmten Stadt träumen, heißt noch lange nicht, daß Gott Sie anweist, diese Person zu heiraten oder in diese Stadt zu ziehen. An diesem Punkt beginnen wir erst unsere Reise. Versuchen Sie, die Vorbereitungen dazu locker anzugehen.

Wieviel Zeit sollten wir der Arbeit mit unseren Träumen widmen? Wieviel Zeit gestehen Sie sich zu, um geistlich zu wachsen und ein ganzheitlicher Mensch zu werden? Es ist Ihr Leben! Manche Menschen berichten uns, daß ihnen am Tag kaum fünf Minuten Zeit zum Beten bleibt. Das sind in der Regel die gleichen, die jeden Abend ein paar Stunden vor dem Fernseher sitzen. Was, wenn Sie einmal weniger fernsehen und diese Zeit für Ihr inneres Wachstum und Ihr Gespräch mit Gott nutzen?

Wäre es nicht überhaupt sinnvoller, mehr in der Bibel zu lesen, anstatt sich mit Träumen zu beschäftigen? Hätten Sie mehr vom Bibellesen, wenn Sie eigentlich einen Eheberater aufsuchen müßten? Offensichtlich brauchen wir beides. Geistliches Wachstum ist nicht ein „entweder/oder", sondern ein „sowohl/als auch". Wir wollen nicht Äpfel und Orangen mixen.

Vielleicht machen Sie tagelang keine Traumaufzeichnungen. Dann gibt es wieder Zeiten, in denen die Notwendigkeit zur Traumarbeit dringlich erscheint. Das Problem liegt nicht darin, wieviel Zeit Sie haben, sondern in Ihrer Bereitschaft zu geistlichem Wachstum. Betreiben Sie das Ganze nicht zwanghaft, sondern weil Sie Interesse an sich selbst haben.

Sind Sie bereit? Dann bleiben Sie am Ball. Es geht los!

Kapitel 4

STELLEN SIE SICH
AUF IHREN TRAUM EIN

Denken Sie symbolisch

Der Junge konnte spüren, wie die Hitler-
kraft in ihm wuchs, und er fühlte sich stark
und mächtig, während er in Wahrheit von
Hitler überwältigt wurde. Indem er Hitler
als Macht erkannte, die von ihm Besitz
ergriff, konnte er sich innerlich von ihm
trennen und ein Selbst sehen, das sich ihm
widersetzen konnte, ein Selbst, das im
innerseelischen Widerstreit zwischen Gut
und Böse wählen konnte.

FRANCES G. WICKES,
The Inner World of Choice
(Die innere Welt der Wahl)

Wir bestehen nicht aus nur einer Person, sondern unsere Persönlichkeit ist sehr vielschichtig. Während wir versuchen, ein bestimmtes Gesicht für die Öffentlichkeit aufzusetzen, und oft darauf bestehen, daß die Menschen dieses „Ich" als unser wahres Selbst erkennen, ist es uns doch gleichzeitig bewußt, daß wir für Freunde oder unsere Familie ein anderes Gesicht bereithalten. Bei der Arbeit benehmen wir uns ganz anders als beim Spiel. Diese verschiedenen Erscheinungsformen unserer Persönlichkeit sind nicht etwa ein Zeichen von seelischer Erkrankung. Im Gegenteil, solche „Vorstellungen" sind eher die Norm menschlichen Verhaltens. Wir brauchen viele Ausdrucksweisen und Möglichkeiten, um unser seelisches Gleichgewicht aufrechtzuerhalten.

Die alten Griechen nannten diese verschiedenen Gesichter personas. Das historische Überbleibsel sind heute die doppelgesichtigen Masken, die an Theaterwänden hängen. Ein Gesicht lächelt, das andere legt die Stirn in Falten. Diese ersten Schauspieler wechselten während des Stücks die Masken, um eine Stimmungsänderung anzuzeigen. Die Griechen wußten, daß wir unsere personas verändern, wie der Wind von Norden nach Süden dreht.

Wie jemand über viele Jahrzehnte Hüte sammelt, so legen wir uns im Laufe unseres Lebens unsere persönliche Maskensammlung zu, die weitaus komplexere Ausdrucksformen besitzen als nur Freude und Traurigkeit. Unser Fundus an austauschbaren Masken bleibt in unserem Kopf verborgen. In unserem Gehirn, wo die kleinen Männchen unseren geistigen Computer bedienen, verwahren wir unsere geheime Sammlung von besonderen Erscheinungsformen und sorgfältig aufgebauten Gesichtsausdrücken. Sobald unsere Stimmung oder eine gesellschaftliche Situation sich ändert, malen unsere inneren Helfer den richtigen „Ausdruck" auf unser Gesicht.

Getäuscht von unserer Täuschung

Das Problem liegt jedoch darin, daß wir diese Masken nicht als Ausdruck unseres jeweiligen Gefühls benutzen. Ganz im Gegenteil! Die Maske soll ja verschleiern, wie es uns wirklich zumute ist. Der Name dieses Spiels heißt Täuschung. Hinter unserem glücklichen Gesicht steht vielleicht Enttäuschung und Ärger. Die traurige Maske wird oft aufgesetzt, um Schadenfreude zu verdecken. Und so geht es weiter, unzählige Male am Tag.

Aber wehren Sie jetzt nicht gleich ab! Unsere Maskeraden können bei vielen Gelegenheiten hilfreich und notwendig sein. Wir wollen hier nicht der Unehrlichkeit das Wort reden, aber es gibt viele Situationen, in denen es unangemessen ist, unsere wahren Gefühle öffentlich zu zeigen. Völlige Transparenz würde uns skrupellosen Leuten ausliefern, die vielleicht darauf aus sind, unsere Ehrlichkeit auszunutzen. Auch brauchen wir Zeit, um erste Eindrücke innerlich zu verarbeiten, bevor wir entscheiden, ob unsere ursprünglichen Gefühle richtig waren. Unsere Masken gewähren uns hier einen Aufschub.

Problematisch wird es jedoch, wenn wir den Blick für unsere eigene Täuschung verlieren. Wir halten dann die Maske für die echte Wiedergabe unseres Selbst. Wir beginnen, diesen „Irrtum" äußerlich zu zeigen. Eine Generation kleidet sich wie Hippies, eine andere als Yuppies. Beides sind Karikaturen. Sie haben vergessen, daß die äußere Erscheinung nicht der Realität entspricht.

Manche glauben, sie *müßten* immer dasselbe Gesicht aufsetzen, unabhängig von ihren wahren Gefühlen. Unsere Kindheitsentwicklung gestattet uns nicht, uns außerhalb einer bestimmten Form zu bewegen, in die unsere Eltern unsere Persönlichkeit hineingezwungen haben. Unsere Bandbreite seelischer Reaktionen ist so eingeschränkt worden, daß sie nur in den Aktionsradius einer sehr begrenzten persona paßt.

Wir lernen, die Fingerzeige zu deuten

In all diesen Beispielen haben wir eine „symbolische Existenz" angenommen. Die äußere Erscheinung wird für die Realität gehalten. Wir sind von der Rolle verschluckt worden, die wir spielen. Wir sind bedauernswerte Karikaturen von dem Menschen, der wir nach Gottes Absicht sein sollten.

Wenn wir uns dieses Verhaltens bewußt werden, können wir besser verstehen, daß auch unsere Träume symbolische Aussagen über unsere Person sind. Wie bei einem Silbenrätsel läßt unser Traum einen Film an uns vorüberziehen. Die Besetzung der Filmrollen will uns oft auf ein Problem mit unserer augenblicklichen äußeren Fassade aufmerksam machen. Der Traum benutzt die Lüge, um uns die Wahrheit erkennen zu lassen.

Werfen wir einen zweiten Blick auf die allgemein menschliche Neigung, verschiedene Seiten der Persönlichkeit auszudrücken. Wir haben gesehen, daß es ganz normal ist, zwischen verschiedenen

Erscheinungsformen unserer Person zu wechseln. *Normal* ist jedoch nicht das gleiche wie wünschenswert. Wir sollten vielmehr nach größerer Vervollständigung unserer Persönlichkeit trachten und das Bedürfnis nach Zersplitterung einschränken. Indem er unsere inneren Spaltungen zum Ausdruck bringt, möchte unser innerer Filmproduzent uns zu mehr Ganzheitlichkeit verhelfen.

Und wer oder was ist eigentlich dieser Filmproduzent? Tut uns leid. Darauf können wir keine vollständige oder eindeutige Antwort geben. Viele wissenschaftliche Untersuchungen vergleichen den Traummechanismus mit anderen Aspekten unserer geistigen und seelischen Veranlagung. So wie Furcht, Zorn und Leidenschaft zu unserem Leben gehören, wurde uns auch die Fähigkeit zu träumen in die Wiege gelegt. Andere wie Morton Kelsey halten den Heiligen Geist für den Filmproduzenten.

Wir wollen auch nicht im entferntesten andeuten, daß es sich bei diesem Filmproduzenten um irgendein Geistwesen handelt, das uns leitet, oder um eine andere Form unabhängiger geistlicher Realität. Unser Ausdruck „Filmproduzent" ist ein neutraler Ausdruck, um ein neutrales Phänomen zu beschreiben.

Ohne uns einer bestimmten Theorie verschreiben zu wollen, glauben wir, daß Träume wie unser Gewissen funktionieren und ein natürlicher Teil von uns sind. Auch wenn das Gewissen falsch und verzerrt sein kann, hat es doch die unbestreitbar nützliche Aufgabe, uns zu helfen, zwischen richtig und falsch zu unterscheiden. Der Heilige Geist bedient sich auch unseres Gewissens. In ähnlicher Weise haben Träume keinen Anspruch auf Unfehlbarkeit, aber Gott wirkt in ihnen und durch sie, wie er es mit unserem Gewissen tut. Daher beschreibt der Ausdruck *Filmproduzent* die Orientierung und Erkenntnis, die von Gott und unserem gesunden Menschenverstand herrührt.

Hitler und andere Ungeheuer

Wir wollen nun einmal einen Blick darauf werfen, in welcher Weise Zersplitterung und unangemessene personas uns Schwierigkeiten bereiten. Wenn wir dieses Problem klarer erkennen, werden wir auch besser verstehen, wie unsere Träume versuchen, uns sozusagen innerlich zurechtzurücken, indem sie ähnliche Symbole benutzen.

In seinem Buch *The Inner World of Choice* (Die innere Welt der Wahl) beschreibt Frances Wickes einen neunjährigen Jungen, der mit einem heftigen Temperament ausgestattet ist. Oft entlud sich sein Zorn in Grausamkeit. Er hatte das Gefühl, als würde Hitler in ihm leben. Der imaginäre Hitler schien an Stärke zuzunehmen und das Kind zu noch schlimmerem Verhalten zu zwingen. Eine persona überwältigte den Jungen.

Als Wickes dem Jungen half, in einen Dialog mit der Schattenseite seiner Persönlichkeit einzutreten, wurde dieser zerstörerische Drang unter Kontrolle gebracht. Sein wahrer Feind war nicht seine Mutter, seine Lehrer oder Freunde, sondern er selbst. Langsam begann der Junge zu erkennen, wie die zerstörerischen Triebe ihm zwar ein zunehmendes Gefühl der Stärke verliehen, aber gleichzeitig sein ganzes Leben in Beschlag nahmen. Das Kind begann zu erkennen, daß es die Fähigkeit besaß, sich von dieser persona zu distanzieren. Er konnte zwischen Gut und Böse wählen. Das wahre Selbst dieses Jungen war stärker, als ihm bewußt war.[10]

In Dallas, Texas, hatten wir einen ähnlichen Fall — einen Patienten, der wiederholt träumte, er sei Hitler. Georges intensive Träume waren so überwältigend, daß er daraus schloß, er hätte eine Wiedergeburt erfahren. Er glaubte, er hätte die Seele Hitlers empfangen! Diese Schlußfolgerung war erschreckend und stürzte ihn in große Angstzustände. Er war nahe daran, die entsetzliche Vorstellung als Tatsache hinzunehmen, daß Adolf Hitler von seinem Körper Besitz ergriffen habe.

Im Gegensatz zu seinen Freunden, die lässige Jeans trugen, sah George aus, als sei er dem neuesten Modeprospekt entstiegen. Dem oberflächlichen Betrachter erschienen George und seine Familie als Oberschicht mit hohen Erziehungsidealen, die wohl kaum etwas mit Nazis gemein hatten!

Als wir mit der Traumarbeit begannen, kristallisierten sich in

---

[10] Frances G. Wickes, *The Inner World of Choice* (New York: Harper and Row, 1963).

Georges Leben gewisse Tendenzen heraus. Er war eigentlich ein sehr strenger und unbeugsamer Mensch, der versuchte, sein persönliches Umfeld zu dirigieren wie ein Diktator sein Land. Seine hochmodische Kleidung war eine Art Uniform. Entgegen dem Augenschein besaß er eine bezeichnende Fähigkeit zu Täuschung und Manipulation. Später entpuppten sich Mitglieder seiner Familie als recht bösartige Menschen, die Gerüchte verbreiteten und Rufmord begingen, ja sogar Menschen in der Stadt wie SS-Spione verfolgten! Georges propere Welt war eben nicht das vollständige Bild. Sein Traum enthüllte einen Hang zur Skrupellosigkeit, der sich in Georges Persönlichkeit und seiner Familie zeigte.

Die Träume versuchten, George auf einen verhängnisvollen Aspekt seiner Persönlichkeit aufmerksam zu machen. Die Hitlermaske war eine dramatische Art, George die Bedeutung seines geschniegelten Auftretens bewußt zu machen und ihm sein diabolisches Potential vor Augen zu stellen. Er mußte lernen, „symbolisches Denken" zu seinem Nutzen, statt zu seinem Schaden einzusetzen.

Wortspiele und Poesie

Dazu soll uns auch unser innerer Filmproduzent verhelfen — unser „symbolisches Denken" für, statt gegen uns selbst zu verwenden. Ihm ist jedes Mittel recht, um uns „aufzuwecken". Der Produzent ist zum Beispiel ein außerordentlicher Komödiant und Witzbold. Der Humor in Träumen kennt keine Grenzen. Eine überraschende Wendung in der Metaphorik und die Umkehr eines Satzes können einen tiefgründigen Gedanken andeuten. Wenn Sie erst einmal mit den symbolischen Mechanismen vertraut sind, werden Sie verblüfft sein, wie sie zur Klarheit der Traumbotschaft beitragen.

Nehmen Sie als Beispiel nur einmal diese bildhaften Ausdrücke:

„Ein Wolf im Schafspelz"
„Schiffe, die in der Nacht vorüberziehen"
„Im trüben fischen"
„Den Bus verpassen"

„Sich die Zunge verbrennen"
„An die Decke gehen"

Jede dieser symbolischen Redewendungen hat eine vielschichtige Bedeutung. Das Bild ist das Mittel der Kommunikation. Wenn Sie erst einmal erkennen, daß Sie eigentlich ständig in Symbolen denken, begreifen Sie, wie Traumstrukturen im allgemeinen funktionieren.

Um das zu verdeutlichen, wollen wir uns einmal ein paar Träume vor Augen stellen. Im Traum erscheint ein riesiger Wolf vor Ihrer Tür. Zu Ihrer Überraschung ist er recht friedlich und möchte Ihnen helfen. Sie bemerken, daß der Wolf eine mit Schaffell gefütterte Jacke und teure Wollhosen trägt. Als sie erwachen, fällt Ihnen der Widerspruch in Ihrem Traum auf. Ein gefährlicher Wolf bietet seine Freundschaft an; er ist ein Wolf im Schafspelz. Dieses Bild fordert Sie dazu auf, Ihre Beziehungen zu überprüfen. Vielleicht ist jemand, der Ihnen seine Hilfe anbietet, in Wirklichkeit Ihr Feind.

In der folgenden Nacht beobachten Sie zwei Schoner, die mit vollen Segeln übers Meer gleiten. Es ist Vollmond, und die See sieht ungewöhnlich romantisch aus. Während Sie beobachten, wie die Segelschiffe ruhig an Ihnen vorübergleiten, fühlen Sie tiefes Bedauern. Beim Erwachen befällt Sie Panik, aber Sie können keinen Grund dafür ausmachen.

Denken Sie an das, was Sie bis jetzt gelernt haben, und überlegen Sie, was der Sinn dieses Traums sein könnte. Legen Sie das Buch einmal zur Seite und denken Sie über das Traumbild nach. Nein, warten Sie noch ein wenig, bis Sie den nächsten Abschnitt gelesen haben!

Ist Ihnen der Gedanke gekommen, daß ein Mensch, der Ihnen viel bedeutet, sich von Ihnen entfernt? Könnte Ihnen eine wichtige Beziehung verlorengehen, was Folgen für Ihr ganzes Leben hätte? Gleiten Ihre Schiffe in der Nacht davon?

Machen Sie sich einmal klar, wie viele bildhafte Ausdrücke Sie jeden Tag benutzen: „Das geht den Bach hinunter!", „den Stier bei den Hörnern packen", jemanden „auf den Arm nehmen", etwas ist „wie weggeblasen", etwas „auf Eis legen", „mausetot". Aus dem Zusammenhang gerissen, würden diese Redewendungen keinen Sinn ergeben. Und wenn der Traum solche Bilder auf einem uns unverständlichen Hintergrund malt, ist ihr Sinn nicht mehr erkennbar. Würden diese Wortbilder wirklich in Zeichnungen umgewandelt, entstünden seltsame Bilder, doch sie könnten dieselbe Botschaft enthalten wie die Redewendungen. Träume spielen oft mit solcher Symbolik.

Eine Patientin von Paul Meier erzählte ihm einen Traum von starker symbolischer Aussagekraft. Casey träumte häufig, sie stecke in einer riesigen Abfallpresse. Nach verzweifeltem Kampf gelang es der jungen Frau, sich zu befreien. Das war das Ende des Traums.

Lassen Sie das Bild eine Weile auf sich wirken. Stellen Sie sich vor, Sie säßen in einer Mülltonne, so groß wie Ihr Zimmer. Die Seitenwände kommen immer näher an Sie heran. Wie fühlen Sie sich dabei? Was könnte dieser Traum Ihnen zu sagen haben? Welche Hinweise würden Sie Casey geben?

Pauls Patientin war die Jüngste von fünf Geschwistern. Ihr Stiefvater war ein Alkoholiker, der körperlich und verbal gewalttätig wurde. Casey erwähnte häufig, daß sie sich als Kind durch die Behandlung Ihres Stiefvaters wie „der letzte Dreck" gefühlt habe. Unter anderm kam sie auch wegen ihres gestörten Eßverhaltens in die Therapie. Casey begann allmählich zu begreifen, daß die Nahrungsaufnahme für sie ein Ersatz für Liebe war.

Wie würden Sie im Licht dieser zusätzlichen Information den Traum interpretieren?

Paul half Casey zu erkennen, wie die Umstände Ihrer Vergangenheit auf ihr lasteten. Die Eßstörung war Teil des destruktiven Drucks, der ihrer Heilung entgegenwirkte. Mit Hilfe der Therapie kroch Casey jedoch aus der Müllpresse heraus. Sie mußte erkennen, daß sie nicht zum Müll gehörte, daß sie kein „Dreck" war. Ihr Traum endete positiv. Casey konnte aus der Falle entkommen!

Begreifen Sie nun, was Traumbilder ausdrücken können?

Wir kommen dem Thema auf die Spur

Achten Sie einmal auf die politischen Karikaturen in Ihrer Zeitung. Sie werden merken, wie geschickt der Karikaturist ein aktuelles

Thema oder eine Streitfrage durch Symbole ausdrückt. Da jagen Hunde mit Politikerköpfen den Präsidenten. Internationale Führer werden als Clowns dargestellt. Nach einer Wahl stecken die Verlierer kopfüber in Mülltonnen, und die Bildunterschrift lautet: „Die wären wir los!" Sie erkennen sehr schnell, welche Meinung die Zeitung zu bestimmten Themen vertritt.

In derselben Weise können Sie die Themen oder Leitmotive Ihrer Träume erkennen und sie in einem kurzen Satz zusammenfassen. Je mehr Sie sich mit diesem Ansatz vertraut machen, desto besser werden Sie sehen, was in Ihren Träumen vor sich geht.

Wir schlagen vor, daß Sie möglichst jeden Ihrer Träume aufschreiben und sie, wie im letzten Kapitel beschrieben, zusammenstellen. Nach kurzer Zeit wird Ihnen eine Fülle von Material zur Verfügung stehen. Nachdem Sie das Ihrem Gefühl nach zentrale Thema des Traums festgehalten haben, notieren Sie die Problematik, die der Traum für Sie aufwirft.

Hier sind ein paar Beispiele aus Robert Wises Traumtagebuch:

Thema: Ich befinde mich in einer Kirche voller Menschen, die alberne Spielchen spielen. Sie scheinen sich über mich lustig zu machen.
Problematik: Mache ich mir in bezug auf mein geistliches Leben selbst etwas vor? Ist meine Arbeit in der Kirche töricht und dumm?

Thema: Ich fahre mit Joseph Stalin umher, der nicht möchte, daß jemand von seiner Gegenwart erfährt.
Problematik: Benehme ich mich wie ein Diktator, und bin ich mir meiner Wirkung auf andere nicht bewußt?

Thema: Ich marschiere in einer Musikkapelle mit und versuche, mehrere Instrumente gleichzeitig zu spielen, aber es fällt mir schwer, mit den anderen Schritt zu halten.
Problematik: Versuche ich zur Zeit, zu viele Dinge auf einmal zu tun?

Diese Übungen zum symbolischen Denken werden Ihnen helfen, Ihre Träume zu entziffern.

Spielen wir mit einem Traum!

Wenn Sie die Arbeit mit Träumen lernen wollen, ist es sinnvoll, daß wir das einmal an einem Beispiel durchspielen. Aufbauend auf den Erkenntnissen der vorherigen Kapitel, wird Robert Wise Ihnen nun vorführen, wie er einen seiner Lieblingsträume analysiert, und dabei den Gebrauch des symbolischen Denkens aufzeigen. Hier der Traum, wie er ihn ursprünglich erlebt hat:

„Ich bin mit einem Filmproduzenten zusammen, der religöse Filme macht, und ich versuche, einen Film auszuwählen. Der Filmemacher ist ein protzig gekleideter Mensch mit einer ziemlich unechten Ausstrahlung. Mir wird eine Auswahl von Filmen vorgestellt, indem die Schauspieler der jeweiligen Filme auftreten. Die Schauspieler kommen nacheinander hinter einem Vorhang hervor und versuchen, mich mit ihrer Vorstellung zu beeindrucken. Jeder versucht, mich für die Rolle zu interessieren, die er oder sie spielt.

Die Schauspieler machen einen so unangenehmen Eindruck auf mich, daß ich keinem Vorschlag zustimmen kann. Ich beginne in einer Zeitung zu blättern, ob ich dort nicht andere Filmbeschreibungen finde.

Plötzlich wechselt die Szene, und ich befinde mich in einem Krankenzimmer bei einer krebskranken Frau. Ich stehe bei dem Arzt und dem Verwalter des Krankenhauses. Der Arzt berichtet dem Verwalter, die Frau werde das Krankenhaus wegen ihrer Pflege gerichtlich belangen. Er schlägt vor, ihren ganzen Nachlaß zu hinterlegen, bis das Problem geregelt ist. Wir diskutieren den Fall.

Da ist die Szene plötzlich zu Ende, und ich weiß jetzt, daß ich einen Film auswählen soll mit dem Titel *Vorhänge aus heißem Karamel*. Die Vorstellung von eßbaren Gardinen drängt sich auf. Der Traum ist vorbei."

Das ist schon harter Tobak für den Anfang! Scheint, als hätte Robert sich ziemlich von der Realität entfernt. Mal sehen, ob wir den Unsinn entschlüsseln können:

Auch wenn der Sinn des Traums in diesem Stadium nicht gerade „auf der Hand liegt", läßt sich der Traum leicht in drei Teile gliedern:

Der Hintergrund: Roberts Begegnung mit dem Filmproduzenten und den Schauspielern ist der ursprüngliche Rahmen für den Traum. Er scheint nach dem richtigen Film Ausschau zu halten, indem er auf die Rollen der Schauspieler achtet.

Das Problem: Im Krankenhaus sieht sich Robert nicht nur mit einer kranken Frau, sondern auch mit einem bevorstehenden Gerichtsverfahren konfrontiert. Sieht nach Schwierigkeiten aus.

Die Lösung: Robert kommt ein ausdrucksvoller aber bizarrer Titel für die ganze Geschichte in den Sinn. *Vorhänge aus heißem Karamel!*

Bevor sich Robert mit diesem Schema zufrieden gab, wollte er die ganze Sache noch aus einem anderen Gesichtswinkel betrachten. Hier eine andere Deutungsmöglichkeit:

Der Hintergrund: Robert begegnet einem unecht und gekünstelt wirkenden Filmproduzenten, der ihn bei näherer Betrachtung an einen evangelikalen Produzenten von religiösen Filmen erinnert. Dieser drängt Robert, einen Film auszuwählen.

Das Problem: Die Schauspieler versuchen, Robert zu beeindrucken. Jeder versucht, ihn von sich selbst zu überzeugen, das heißt, seine oder ihre Rolle auszuwählen. Robert gefällt nicht, was er da sieht. Ja, er ist so angewidert von der ganzen Vorstellung, daß er in der Zeitung nachsieht, was es sonst noch für Filme gibt.

Der Grund: Robert begibt sich an einen Ort, an dem Menschen gesund gemacht werden. Dort begegnet er dem, der das Krankenhaus leitet, und einem Heiler. Ihm wird eine krebskranke Frau vorgestellt, die gleichzeitig ein Problem mit ihrer inneren Einstellung hat.

Die Lösung: Durch eine Stimme außerhalb von ihm selbst wird Robert mitgeteilt, daß er den Film mit dem Titel *Vorhänge aus heißem Karamel* auswählen solle.

Welches ist die richtige Methode, den Traum zu entschlüsseln? Möglicherweise sind Sie verunsichert, weil Robert sich nicht sklavisch an sein eigenes Modell gehalten hat. *Es gibt nicht die einzig richtige Methode!* Wir lösen hier keine Mathematikaufgabe, sondern betrachten ein Gemälde. Wir sind nicht auf der Suche nach Formeln, sondern Erkenntnissen. Daher ist alles wertvoll, was uns zum Verständnis des Traums verhilft.

Machen Sie sich immer wieder bewußt, daß die Entschlüsselung eines Traums eine Sache der heraufbeschworenen *Einsicht* ist.

Oft geht uns die tiefere Bedeutung eines Traums erst dann auf, wenn wir aufgehört haben, daran zu arbeiten. Solche Antworten kommen nicht aus dem analytischen, sondern aus dem intuitiven Teil unseres Gehirns. Lösungen ergeben sich nicht so sehr durch deduktive Detektivarbeit, sondern drängen sich als „Ahaerlebnisse" auf.

Wir bahnen uns einen Weg durch den Traum

Dieser Traum war so bizarr, daß Robert einige „Umwege" machen mußte, bevor er wußte, daß er sich auf dem richtigen Weg befand. Weil der Traum uns auf eine Sache stoßen will, der wir uns nicht stellen können, führt unsere Bereitschaft, uns täuschen zu lassen, uns oft auf Umwege.

Robert versetzte sich nun mit Hilfe beider Darstellungen noch einmal in den Traum zurück. Wie immer datierte er die Aufzeichnungen, um feststellen zu können, zu welchem Zeitpunkt in seinem Leben dieser Traum aufgetreten war. Später wurde ihm klar, daß diese Zeitangabe einer der wichtigsten Hinweise für die Entschlüsselung des Traums war. Er schrieb „Vorhänge aus heißem Karamel" als Titel über seine Aufzeichnungen. Es sah richtig absurd aus!

Das Gesamtthema des Traums zu entschlüsseln, war nicht einfach, da im Traum ein Szenenwechsel vom Filmmilieu in ein Krankenhaus stattfand. Robert konnte sich am Anfang überhaupt nicht vorstellen, was der Traum zu bedeuten hatte. Der gesamte Traum erschien ziemlich undurchdringlich.

Er hatte keine andere Wahl, als sich zunächst einmal mit der

Bedeutung des Traumhintergrunds zu beschäftigen. Er wußte jedoch, daß dieses sich Vortasten vom Schauplatz des Traums über seine Problematik hin zu einer Lösung ihm eine systematische Methode lieferte, sein symbolisches Denken zu entschlüsseln. Wenn die Bedeutung des Schauplatzes erst einmal geklärt ist, wird sich das andere auch ergeben.

Robert entschloß sich, mit Hilfe seiner vierteiligen Analyse vorzugehen. Er erstellte ein Arbeitspapier, indem er die verschiedenen Traumkomponenten untereinander auflistete. Auf diese Weise konnte er die einzelnen Traumbestandteile gesondert betrachten. Auf der rechten Seite ließ er Platz für die Bedeutung der Bilder und seine Erkenntnisse. Und das sah dann so aus:

---

18. Februar 1982
Vorhänge aus heißem Karamel

Der Hintergrund:
BILDER (freier Platz für Notizen über den Sinngehalt)
Filmproduzent
„Ich"
Einen Film auswählen

Das Problem:
BILDER
Schauspieler
negativer Eindruck von Schauspielern
Lesen der Zeitung auf der Suche nach anderen Möglichkeiten

Der Grund
BILDER
Krankenhausszene
kranke Frau; Krebs
Arzt
Krankenhausverwalter

bevorstehende Gerichtsverhandlung
den Nachlaß hinterlegen

Die Lösung
BILD
Vorhänge aus heißem Karamel

Nachdem Robert seine Traumbestandteile auf diese Weise zu Papier gebracht hatte, ging er daran, sie nacheinander in Augenschein zu nehmen. Auf der rechten Seite ließ er viel Platz für seine Entdeckungen und Einsichten.

„Da die Auswahl eines Films ein wichtiges Motiv in dem Traum war, fragte ich mich als erstes, welche Bedeutung das Kino in meinem Leben hatte", berichtete Robert. „Diese Frage konnte ich schnell beantworten. Ich sehe gern Filme und gehe mindestens einmal wöchentlich ins Kino. Wenn das Licht ausgeht, führt mich der Film in eine andere Welt. Gott hat mir eine wunderbare Vorstellungskraft verliehen. Ich kann mich in einem guten Film völlig verlieren. Er wird in diesem Moment für mich zur Realität. Filme geben mir die Möglichkeit, in andere Rollen zu schlüpfen, indem ich mich in die Rollen der Schauspieler versetze, und in Rollen, die ich im wirklichen Leben nie spielen kann.

Aufgrund dieser Überlegung erkannte ich bald die Bedeutung des Filmproduzenten in meinem Traum. Filmemacher ermöglichen uns den Einstieg in eine andere Welt. Mein Traum erinnerte mich jedoch an einen unbedeutenden Produzenten, der ziemlich scheußliche religiöse Filme mit niedrigem Niveau produzierte. Dieser Produzent kleidet sich so protzig und benimmt sich so ‚überkandidelt' wie ein Hollywood-Typ aus den vierziger Jahren. Er ist eine kitschige Karikatur. Zudem zeugen seine Filme von schlechtem Geschmack. Ich zweifle nicht an den hehren religiösen Motiven dieses Mannes, aber seine Arbeit ist gekünstelt und unecht.

Allmählich begriff ich, daß der Film symbolisch meine Sehnsucht nach einem anderen persönlichen Weg darstellte. Ich versuchte, eine

Art neue Welt zu finden, aber die ganze Suche war ein religiöser Schwindel wie der Filmproduzent in dem Traum. Der Hintergrund meines Traums stand für den Wunsch, aus meinem jetzigen wirklichen Leben in eine andere Welt auszusteigen."

Diese Einsichten notierte Robert in Stichworten neben die betreffenden Filmbestandteile auf seinem Arbeitsblatt. Auf der Rückseite beschrieb er seine Erkenntnisse noch ausführlicher, damit er später auf dieses Material zurückgreifen könnte. Das Arbeitsblatt sah nun so aus:

Filmproduzent	Film: anderer Lebensstil
	Produzent: einer, der unecht ist
Film auswählen	Sehnsucht nach Änderung des Lebens

Diese Erkenntnisse machten es Robert nun leichter, an der Problematik des Traums zu arbeiten. Er konnte sehen, daß die Schauspieler ihm andere Alternativen aufzeigten, indem sie ihm nahelegten, verschiedene „Rollen" anzunehmen, so wie Schauspieler Rollen spielen. Er schien zu wissen, daß das Ganze wieder eine dieser mittelmäßigen Produktionen des betreffenden Filmemachers werden würde. Er sah, daß die Schauspieler schlecht spielten. Was oberflächlich als gute Idee erschien, entpuppte sich in Wahrheit als Schwindel.

Aber noch konnte Robert nicht erkennen, was die Botschaft des Traums mit ihm selbst zu tun hatte. Jede Art von Anmaßung ist ihm zutiefst zuwider. Nichts würde ihn weniger reizen, als eine unechte Rolle zu spielen. Er wußte, daß er auf dem richtigen Weg war, aber konnte noch keinen Sinn in dem Ganzen erkennen. Er konnte also bestenfalls notieren:

Schauspieler	unechte Rollen

Robert ging nun zu dem Punkt „Lösung" auf dem Arbeitsblatt über, um zu sehen, inwieweit diese Erkenntnisse zu dem neuen Schauplatz paßten und dann vielleicht zu einer endgültigen Deutung führten. Das Symbol des Krankenhauses war ziemlich einfach zu entschlüsseln. Krankenhäuser sind Orte der Genesung. Robert wußte ja nun schon, daß in dem Filmmilieu irgend etwas krank war!

Wenn Männer von Frauen träumen, berühren sie in der Regel die weibliche oder gefühlsbetonte Seite ihres Wesens. Die Frau vermittelte Robert die Botschaft, daß etwas Krebsartiges, Böses in seiner Gefühlswelt heranwuchs. Er mußte die Hilfe der „Heiler" in Anspruch nehmen, oder er würde nicht gesund werden.

Die gefühlsmäßige Seite in Robert ließ keine Quacksalberei, keinen Schwindel zu. Unechte Lösungen würden heftigen Widerspruch ernten. Robert schrieb folgende Erkenntnisse auf das Arbeitsblatt:

Krankenhaus	Heilung ist nötig
Frau	meine Gefühlskomponente
Krebs	das Problem hat eine bösartige, wuchernde Eigenschaft
Arzt, Verwalter	Heiler sind nötig

Erst danach fiel es Robert auf, daß er den „hinterlegten Nachlaß" nicht als wichtiges Symbol aufgeführt hatte, das es zu deuten galt. Da dieses Symbol zu dem „Ursachenteil" des Traums gehörte, könnte es sicher zu der Erkenntnis beitragen, warum er ein Problem hatte. Es lag auf der Hand, daß er an dieser Stelle nicht gut genug auf das hörte, was sein Gefühlssinn ihm vermitteln wollte. Einige seiner besten Guthaben würden sorgfältig bewahrt werden, wenn es ihm gelänge, dieses Problem zu lösen. Aber welche Guthaben?

An anderer Stelle in diesem Kapitel hatten wir erwähnt, daß der Zeitpunkt von Roberts Traum ein wichtiger Anhaltspunkt zu seinem Verständnis sei. An diesem Punkt lehnte sich Robert in seinem Stuhl zurück, dachte an seinen Traum und fragte sich: „Was geht in meinem

Leben vor?" Langsam dämmerte es ihm, daß er an einem wichtigeren Punkt in seinem Leben angelangt war, als er wahrhaben wollte!

„Vor drei Tagen war ich von einem ausgedehnten Aufenthalt im Benediktinerkloster zurückgekehrt, wo ich über die Bedeutung der Seele gearbeitet hatte", berichtete er. „Wochenlang hatte ich ein Leben der Abgeschiedenheit und des Gebets geführt. Jeden Tag hatte ich viele Stunden nicht nur im Lesen über dieses Thema, sondern in tiefem Gebet und Meditation verbracht. In dieser Zeit hatte ich unzählige außergewöhnliche Begegnungen mit dem Heiligen Geist. Ich war bis ins Innerste bewegt und aufgerüttelt.

Als ich aus dieser Abgeschiedenheit zurückkam, war ich im Inneren verändert. Die alltäglichen Geräusche überwältigten mich. Oberflächliches Gerede rief fast körperliche Schmerzen hervor. Ich sah die Menschen sinnlos die Straßen entlanghasten. Ich war entsetzt über den geist- und seelenlosen Lebensstil um mich herum. Fernsehen war banal, langweilig und stumpfsinnig. Mein Inneres hatte eine Art Verwandlung durchgemacht.

Ich fühlte mich anders, und ich dachte anders. Ich war geistlich verändert. Ich war anders. Daher sollte ich vielleicht auch mein Aussehen verändern. Ich war von dem Gedanken beunruhigt, daß ich meine Neuorientierung vielleicht auch durch meine äußere Erscheinung zum Ausdruck bringen sollte. Wie würde ich mich in der traditionellen Kutte der Franziskaner fühlen? Ohne daß ich dessen Bedeutung voll erfaßte, war es mir ein Problem, wie ich meine persona symbolisch zum Ausdruck bringen könnte."

Wir finden den Sinn des Traumes

In der Datierung des Traums lag also der Schlüssel. Drei Tage nach seiner Rückkehr in die sogenannte Zivilisation hatte Robert ein Problem mit seiner Selbstdarstellung. Er wußte nicht, welches Gesicht er für die Öffenlichkeit aufsetzen sollte. Sollte Robert Wise aussehen wie ein Benediktinermönch, ein Franziskaner oder was? Sein Traum versuchte ihn darauf hinzuweisen, sich darüber Klarheit zu verschaffen.

„Jetzt ergab alles einen Sinn!" sagte Robert. „Auf meiner Suche nach der richtigen persona war ich auf dem falschen Weg. Wenn ich versuchen würde, den Eindruck zu erwecken, ich sei ein ‚Heiliger', wäre ich so unecht wie mein Filmproduzent und seine schlechten Schauspieler.

Die ganze Vorstellung von einem besonderen Aussehen oder besonderen Taten mußte im Krankenhaus behandelt werden. Ich ließ ein Krebsgeschwür in meinen Gefühlen wuchern. Statt echt zu sein, wurde ich immer gekünstelter. Der Traum wies mich darauf hin, daß die wahren Schätze meiner Person geschützt werden müßten. Die Lösung lag in meiner Vergangenheit.

In diesem Augenblick begriff ich plötzlich die Bedeutung des Titels *Vorhänge aus heißem Karamel*. Die Erkenntnis drängte sich mir so schnell auf, daß ich nicht einmal daran arbeiten mußte.

Ich war bei einer wunderbaren Großmutter aufgewachsen, die aus allem etwas machen konnte. Sie beherrschte die Kunst, aus alten Sachen etwas Nagelneues herzustellen. Ihre Spezialität waren Vorhänge. Man brauchte keine neuen zu kaufen, wenn Großmutter die Lumpen von gestern aussehen lassen konnte wie Schätze von morgen. Daher wollte ich keine Vorhänge kaufen, als wir in ein neues Haus zogen. Ich wollte lieber überlegen, wie man die alten Gardinen kreativ umgestalten könne. Erkennen Sie die Richtung?

Heißer Karamel? Ich spiele ein kleines Spiel mit mir selbst. Ich habe große Mühe, an einem Eiscafé vorbeizukommen, weil die Kalorien mich sozusagen magisch anziehen. Eisbecherdekorationen sind meine Fett produzierende Nemesis. *Allerdings* ... wenn ich ein lieber Junge war (zum Beispiel, wenn ich ein Buch fertiggeschrieben habe), leiste ich mir einen Eisbecher mit heißem Karamel als besondere Belohnung. Heißer Karamel ist ein Synonym dafür, daß ich mir ein Vergnügen gönne.

Und hier lag die Bedeutung, wie ich meine Guthaben zu hinterlegen hätte. Ich sollte das achten, was mir früher etwas wert gewesen war. Meine früheren Persönlichkeitsmerkmale waren immer noch wertvoll. Der Traum sagte mir, daß es nicht nötig war, meinen Lebensstil radikal umzustellen oder meine äußere Erscheinung zu ändern. Ich sollte sogar äußere Veränderungen meiden, die unecht wirken könnten. Das letzte, was ich brauchte war, irgendeine pseudoreligiöse Rolle zu spielen."

Wenn er sich damit begnügen würde, was er früher schon einmal war, wäre der echte Robert Wise ein Vergnügen. Bewährtes zu erhalten wird sich auszahlen! Roberts Traum ersparte ihm viele peinliche Situationen.

Ihre Aufgabe

Dieses Kapitel war eine Übung, wie man sich in die Welt des symbolischen Denkens einstimmt. Obwohl wir tagtäglich in Symbolen denken, sind die meisten Menschen sich dessen gar nicht bewußt. Die größten Schwierigkeiten mit der Entwirrung von Träumen haben die Menschen, die ihr Leben zu nüchtern, konkret und phantasielos angehen.

Lesen Sie noch einmal, wie Robert Wise seinen Traum in Einzelteile zerlegte. Versuchen Sie diesen Prozeß „nachzufühlen". Dann zergliedern Sie einen Ihrer eigenen Träume in ähnlicher Weise. Lassen Sie Ihrer Phantasie freien Lauf, und es werden sich Ihnen neue Einsichten erschließen.

Aber keine Traumdeutung sollte Sie dazu verleiten, sich über das hinwegzusetzen, was die Bibel sagt — durch sie wird uns der Heilige Geist am ehesten führen und leiten.

Kapitel 5

DIE WINDMÜHLEN IHRES GEISTES

Wir deuten die Puzzleteile

Wie steht es also mit *Ihren* Träumen? Im letzten Kapitel haben wir Ihnen die Aufgabe gestellt, Ihre Träume auseinanderzunehmen. Begreifen Sie nun ein wenig, wie Traumarbeit funktioniert? Wir hoffen, daß Ihnen schon die ersten Erkenntnisse kommen.

Unsere wichtigste Aufgabe ist, zu erkennen, wie Gegenstände für Gefühle, Bedeutung und Bedürfnisse stehen können. Der nächste Schritt besteht darin, die genaue Gedankenverbindung zu diesen Symbolen herauszufinden. Beispielsweise könnte ein Kind symbolisch für unsere Vergangenheit stehen oder aber eine Verheißung für die Zukunft sein. Kindheitserinnerungen gehören zu den glücklichsten, aber auch den traurigsten Erfahrungen des Lebens. Das ist ein großer Unterschied.

Erinnnern Sie sich an Roberts Traum, in einem Feld zurückgelassen worden zu sein? Die Deutung dieses immer wiederkehrenden Traums hing davon ab, welche Bedeutung dem Kind zukam. Der Traum warf eine Reihe von wichtigen Fragen auf: Weshalb wurde das Kind mit den Jahren nicht erwachsen? Was wollte der Traum mit dem Bild des ständig dreijährigen Kindes ausdrücken?

Roberts Traum vom Verlassenwerden bot ihm eine wunderbare Möglichkeit, sich über diese Dimension seiner Persönlichkeit Klarheit zu verschaffen. Robert gilt als sehr komplexe Persönlichkeit. Lieber würde er ein Leben führen, wie es in einer Liedzeile heißt: „Einfach sein ist ein Geschenk", doch diese Möglichkeit wurde ihm genommen, bevor er sechs Jahre alt war! Der Traum lieferte ihm einige Gründe für seine vielschichtige Persönlichkeit.

75

Nachdem er sich mit der Bedeutung des verlassenen Kindes beschäftigt hatte, erkannte Robert, daß ein sehr wichtiger Teil seiner Kindheit nicht in sein Leben als Erwachsener integriert worden war. Das kleine Kind aus der Vergangenheit führte ein eigenständiges Leben. Es war auf der Suche – es suchte in der Wildnis von Roberts Unterbewußtsein nach einem Ort der Sicherheit und Zugehörigkeit. In regelmäßigen Abständen erschien das Kind an der Oberfläche und verlangte Aufmerksamkeit oder übernahm sogar die Verantwortung für Entscheidungen. Es war ein unsichtbarer Faktor in Roberts Gefühlsleben. Auch als Robert schon erwachsen war, war dieses Kind stets gegenwärtig mit all den Ängsten und bösen Vorahnungen eines Dreijährigen, der mutterseelenallein in der Wildnis zurückgelassen wird.

Mit Hilfe von Methoden, die in diesem und späteren Kapiteln beschrieben werden, gelang es Robert, mit diesem Teil seiner Vergangenheit in Berührung zu kommen. Roberts Traumarbeit hatte ihn gelehrt, wie wichtig es war, das Kind, das sich in seinem Unterbewußtsein verloren hatte, aufzustöbern und sich mit ihm anzufreunden. Das Ergebnis war außerordentlich heilsam.

Susan, eine von Paul Meiers Patientinnen, fiel es auf, daß der Schauplatz einiger ihrer bedeutendsten Träume ein Restaurant war. Das Symbol schien jedoch keine Bedeutung zu haben. Erst nachdem sie sich mit vielen ihrer Träume beschäftigt hatte, begriff Susan die Botschaft dieses Traumhintergrunds. In der Stadt, in der sie als Kind aufgewachsen war, gab es ein paar sehr hübsche Restaurants. Susan begriff, daß das Auswärtsessen eine ganz besondere Kindheitserfahrung war, die bewirkte, daß sie sich wichtig und wertvoll fühlte. Bei der Beschäftigung mit ihren Restaurantträumen machte Susan die Entdeckung, daß schön gestaltete Eßzimmer entweder ein Bild dafür waren, daß sie sich wertgeschätzt fühlte oder daß ihr Selbstbewußtsein gefördert werden mußte.

Diese genaue Definition rief ganz neue Einsichten hervor. Sie mußte nur wissen, in welche Richtung sich ihre inneren Windmühlenflügel drehten!

Mit dieser Erkenntnis im Hinterkopf sind wir bereit für die nächste Lektion. Verfolgen wir einmal die Traumpfade eines unserer Patienten. Tom erlebte einen Durchbruch, als die richtigen Gedankenverbindungen in seinem Traum ihm eine tiefe Erkenntnis in Bezug auf seine gegenwärtige Lebenssituation vermittelten.

Tom war an einem kritischen Punkt seiner Therapie angelangt. Er wußte, daß die Zeit für wichtige und weitreichende Entscheidungen gekommen war. Und doch — er konnte es nicht über sich bringen, grundlegende Probleme anzugehen, die ihn in einen Zustand innerer Unruhe versetzten. Seine Depression kehrte zurück, und sein Leben wurde eine einzige Qual.

Um ihm zu einem Durchbruch zu verhelfen, baten wir ihn, sorgfältig auf seine Träume zu achten. Am nächsten Morgen legte er uns den folgenden Traum zur Deutung vor.

Tom las eine Weile in seinen Notizen und begann dann vorzulesen: „Ich muß eine längere Fahrt machen, aber mein Lieferwagen ist bereits seit einiger Zeit in einem bedenklichen Zustand. Ständig habe ich kleinere Reparaturen hinausgeschoben. Ich weiß, wenn ich mit dem Wagen fahre, werde ich in große Schwierigkeiten kommen. Doch ich fahre trotzdem los."

In früheren Therapiesitzungen hatte Tom bereits davon gesprochen, daß er seinen alten Lieferwagen loswerden müsse. Doch aus Gründen, die ihm selbst nicht klar waren, wollte sich Tom nicht von der alten Kiste trennen. Der Wagen schien wie ein altes Paar Schuhe oder ein abgetragener Mantel zu sein, die tröstliche Erinnerungen an bessere Tage heraufbeschwören.

Tom fuhr fort: „Die nächste Szene, an die ich mich erinnere, zeigt, wie ich mit meinem Wagen in eine Werkstatt geschleppt werde. Ich bin erst zur Hälfte in der Werkstatt. Es liegen viele Werkzeuge herum, aber ich möchte sie nicht ohne Erlaubnis des Besitzers benutzen. Ich beginne, an meinem Wagen herumzureparieren, um Geld zu sparen. Der Besitzer der Werkstatt ist freundlich und hat alle Ersatzteile bereit, die ich benötigen würde. Ich sehe jedoch, daß der Beutel mit Ersatzteilen einundfünfzig Dollar kostet. Sofort beschleicht mich das Gefühl, daß man mich ‚übers Ohr hauen‘ will. Ich befinde mich in einer Zwickmühle. Bezahle ich für die Ersatzteile, oder riskiere ich, den Lieferwagen nicht so reparieren zu können, daß ich mit ihm dahin komme, wo ich hinwill?"

Toms Schilderung seiner Unschlüssigkeit kam uns vertraut vor. In den vergangenen sechs Monaten hatte er in ähnlicher Weise über dieses Problem nachgedacht.

„Ich muß mich entscheiden zwischen gar keiner oder einer kurzfristigen Lösung", hatte er gemeint. „Ich bin wie gelähmt und weiß nicht, was ich tun soll. Kleinere Reparaturen schaffen mir nicht das Grundproblem vom Hals. Während ich für die Reparaturen bezahle, ist mir bewußt, daß ich dafür bezahle, mit diesem Problem weiterhin zu leben. Irgend etwas in mir möchte sich nicht von diesem alten Wagen trennen. Er bringt nicht viel, aber einer meiner Brüder sagte, ich solle ihn verkaufen. In den letzten drei Jahren ist in mir eine starke seelische Bindung an den Wagen entstanden.

Plötzlich bemerke ich eine Heuschrecke am Fenster. Da fällt mir ein, daß meine Schwester mir einmal eine Bibelstelle vorgelesen hat: ‚Und ich will euch die Jahre erstatten, deren Ertrag die Heuschrecken ... gefressen haben.'[11] Die Heuschrecke fliegt weg, und ich höre das Vorspiel zum Musikdrama *Parsifal*."

Tom wußte, daß dieser Traum außerordentliche Bedeutung für den Verlauf seiner Therapie hatte, aber er konnte die Bedeutung des Traums nicht entschlüsseln. Er brauchte etwas Ähnliches, Vergleichbares, um dieser Traumerfahrung einen Sinn abzugewinnen.

Wie können wir Tom helfen, die Traumsymbole so genau zu entziffern, daß diese Erfahrung für ihn zum Gewinn wird? Wir müssen eine Form finden, die den verschiedenen Traumbestandteilen die richtige Bedeutung zuweist. Wir müssen die Windmühlenflügel seines Geistes verlangsamen, so daß er die Botschaften, die sie aussenden, besser erfassen kann. So wie er Werkzeuge und Ersatzteile brauchte, um im Traum seinen Lieferwagen zu reparieren, brauchte er auch Werkzeuge, um seinen Traum zu zerlegen. Wir stellten ihm eine Methode vor, die Bildern wie Wagen, Werkstätten, Mechanikern und Heuschrecken eine genauere Bedeutung zuweist.

---

[11] Joel 2, 25

Paradigmen für die Verwirrten

Komplexe, abstrakte Vorstellungen werden verständlich, wenn es uns gelingt, Übereinstimmungen zu finden, die ihre Bedeutung noch konkreter erklären. So vergleichen wir das Herz zum Beispiel mit einer Pumpe und das Gehirn mit einem Computer. Röntgengeräte nehmen Bilder auf. Drogen „benebeln" das Gehirn, während Süßigkeiten uns „anspornen". Rock 'n' Roll „peitscht auf", klassische Musik versetzt uns dagegen in „gedämpfte" Stimmung. Wir benutzen diese Wortmalereien, um komplexere Vorstellungen in einfache Form zu kleiden.

Wir müssen nun noch einen Schritt weiter gehen, um größere Erfahrungsbereiche umfassender erklären zu können, besonders wenn es sich um Gedankensysteme handelt. Diese Muster und Modelle nennt man Paradigmen, Beispiele. Solche Erklärungen sind wie eine Brille, die uns unsere Umwelt wieder scharf sehen läßt. Wir können davon sprechen, daß ein bestimmtes Paradigma eine allgemeingültige Erfahrung erkärt und zu ihrem Verständnis beiträgt. Solche Modelle der Realität verhelfen uns zu neuen oder vertiefen vorhandene Einsichten.

Kein Paradigma ist vollkommen. Jedes Modell ist abhängig von der geschichtlichen Periode, in der es verwendet wird, oder einer bestimmten Denkweise. Dieselbe Sache kann zu verschiedenen Zeiten sehr unterschiedlich erklärt werden. Die mittelalterliche Dreistocktheorie des Universums wurde durch Kolumbus' Weltumsegelung erschüttert. Newtons Erklärung der Schwerkraft, die sich auf einen vom Baum fallenden Apfel stützte, wurde von Einsteins Relativitätstheorie abgelöst: $E = MC^2$. Das Gottesgnadentum der abendländischen Herrscher verwandelte sich später in eine demokratische Staatsform. Unsere Sicht der Realität ändert sich in dem Maße, wie die Welt sich ändert.

Oft benötigt man auch sehr unterschiedliche Paradigmen, um denselben Sachverhalt zu erklären. Wir haben einen Berg erst dann vollständig gesehen, wenn wir in einem weiten Umkreis um ihn herumgefahren oder -gegangen sind und ihn von den verschiedensten Seiten betrachtet haben. In ähnlicher Weise werfen sehr verschiedene Paradigmen oft ein größeres Licht auf dasselbe Phänomen.

Wenige Bereiche haben in so kurzer Zeit so viele plötzliche Veränderungen der Sichtweise und des Ansatzes erlebt wie die Psychotherapie und die Psychiatrie in den letzten fünfzig Jahren. Jedes neue Denkmuster, jeder Prototyp und jede Erklärung hat unsere Vorstellung und Einsicht über unser Seelenleben vertieft. Diese vertiefende Einsicht ist besonders für das Verständnis von Träumen von entscheidender Bedeutung.

Von Wien nach Zürich

Die moderne Traumdeutung beginnt mit den von Sigmund Freud entwickelten Paradigmen. Wie schon vorher erwähnt, war Freud der Ansicht, daß der Traum etwas vor uns verbergen wolle. Da er für die Beweggründe unseres Verhaltens vorwiegend sexuelle Erklärungen hatte, fand er in allen Träumen sexuelle Symbole.

Von seiner psychoanalytischen Couch in Wien aus entwickelte Freud Methoden zur Traumdeutung, die sich vorwiegend um Phänomene wie den Ödipuskomplex, den Elektrakomplex und den Kastrationskomplex drehten. Während Freuds Arbeit das öffentliche Interesse an Träumen weckte, fanden nur wenige seine Paradigmen sehr hilfreich. Analytiker, die sich seinen Methoden verschrieben hatten, klangen oft wie Medizinmänner, die irgendeinen Hokuspokus veranstalteten.

Problematisch an Freuds Arbeit war, daß er dazu neigte, sein vorgefaßtes Persönlichkeitsmodell auf Träume zu übertragen. Seine Vorstellungen von *Ich, Es* und *Über-Ich* dienten als Raster, dem die Traumerfahrung untergeordnet wurde. Statt den Traum für sich sprechen zu lassen, wurde Freud zum Bauchredner.

Der nächste große Fortschritt kam durch Dr. Carl Jungs Analyse Tausender von Träumen. In Zürich katalogisierte Jung systematisch eine Unmenge von Bildern und Symbolen und entdeckte dabei, daß sehr viele Bilder weltweit die gleiche Bedeutung haben. Jung fand heraus, daß Träume von Häusern, Küchen, Bädern, Schlafzimmern, Autos oder Eltern eine starke Ähnlichkeit in der Bedeutung aufwiesen. Seine Erkenntnisse entschlüsselten die Traumbotschaften auf eine neue und tiefgründige Art.

Kürzlich fand man in medizinischen Untersuchungen heraus, weshalb Freud im Unrecht und Jung im Recht war. Untersuchungen über die Traumphysiologie zeigten, daß das Unterbewußtsein nicht ein Dschungel wilder Leidenschaften, sondern ein zusammenhängendes System von systematischen geistigen Prozessen ist. Dr. Jonathan Winson schrieb nach seinen Untersuchungen: „Träume sind nicht verhüllt als Folge von Unterdrückung. Der ungewöhnliche Charakter von Träumen ist das Ergebnis komplexer Assoziationen, die aus dem Gedächtnis entschwunden sind."[12] Jungs Schlußfolgerungen waren in Übereinstimmung mit der Funktion von Gedächtnisprozessen.

Ausgehend von seinen Untersuchungen über Träume war Jung in der Lage, eine neue und einzigartige Sichtweise für die Gesamtpersönlichkeit des Menschen zu entwickeln. Er gestattete den Träumen, für sich selbst zu sprechen und uns das mitzuteilen, was für uns wichtig war. Daher eröffneten uns Jungs Traumerkenntnisse ein ganz neues Verständnis für unsere Persönlichkeit.

Jungs Sicht der Persönlichkeit berücksichtigte auch die Bedeutung der Seele. Er glaubte, daß religiöse Erfahrung für unser ganzheitliches Menschsein notwendig sei. Er erkannte, daß Träume uns wichtige Einsichten über unseren geistlichen Weg zu Gott vermittelten. Seine Paradigmen zur Traumdeutung sind sehr hilfreich, weil sie uns wissenschaftliches Material zum Erkennen der Bedeutung von Traumbestandteilen liefern. Wir werden auf viele seiner Erkenntnisse zurückgreifen, wenn wir versuchen, den Bedeutungsgehalt von bestimmten Komponenten der Traumlandschaft zu klären.

Das Personenparadigma: Lernen Sie den Rest der Truppe kennen

Unter Berücksichtigung dieser Erkenntnisse aus dem Anfang unseres Jahrhunderts haben wir ein ganz besonderes Paradigma für die Traumdeutung entwickelt. Robert Wise hat eine anschauliche Methode ent-

---

[12] Jonathan Winson, Ph. D., „The Meaning of Dreams", *Scientific American,* November 1990, 86-96.

wickelt, das „Personenparadigma", das uns helfen soll, die einzelnen Traumbestandteile zu entziffern. Wir haben Sie bereits mit Ihrem inneren Filmproduzenten bekanntgemacht. Nach demselben Muster werden wir nun beschreiben, wie viele unserer Traumfunktionen ablaufen, indem wir so tun, als sei die Welt unseres Gehirns mit kleinen Männchen bevölkert, die unsere geistigen Prozesse in Gang setzen und steuern.

An dieser Stelle beschreiben wir den subjektiven Traumtypus, der die unbekannten Aspekte unserer Persönlichkeit enthüllt. Später untersuchen wir die objektive Traumvariante, die uns Einsichten über unsere Beziehung zu unserer Umwelt vermittelt. Zudem werden wir Träume unter die Lupe nehmen, die einer Urform entsprechen.

Jetzt beginnen wir jedoch zunächst einmal mit dem so wichtigen subjektiven Traum, der uns hilft, eine ganzheitliche Persönlichkeit zu werden.

Behalten Sie im Auge, daß ein Paradigma lediglich einen Versuch darstellt, abstrakte Erfahrung in konkrete Bilder zu fassen, damit wir unsere Erkenntnisse besser verstehen und zur Anwendung bringen können. Das Personenparadigma ist ein praktisches und einfaches Modell zum Verständnis der Traumbestandteile. Ein Gehirnchirurg würde das alles wohl etwas anders formulieren, aber auch er träumt auf die gleiche Weise mit Hilfe derselben kleinen Freunde, die Ihnen gleich begegnen werden. Lehnen Sie sich zurück und schauen Sie der Truppe zu, die Ihre nächtlichen Vorstellungen in Szene setzt.

Zunächst müssen wir begreifen, warum Träume überhaupt notwendig sind. Träume sind der Versuch, uns in Berührung zu bringen mit einem vergessenen oder verdrängten Bereich unserer Innenwelt. Dieser Verdrängungsprozeß beginnt in der Kindheit, während unsere Persönlichkeit sich herausbildet.

Wir kommen seelisch und geistig ganzheitlich zur Welt, entdecken jedoch bald, daß bestimmte Aspekte unserer Persönlichkeit den Elternfiguren, die unsere Sicherheit garantieren, nicht gefallen. Ihr Gesichtsausdruck, ihre Worte, Schelte, ihr Zorn und Unwille machen uns klar, daß gewisse Komponenten unserer Persönlichkeit verschwinden müssen. Aber Erinnerungen verschwinden nicht. Praktisch jeder wesentliche Bestandteil unserer Erfahrung wird sorgfältig gespeichert. Das Ergebnis ist die Spaltung unserer Welt in annehmbare und unannehmbare Gedanken, Gefühle, Erinnerungen und Wahrnehmungen. Bald konstruierten wir die äußere Welt der bewußten Erfahrungen und ein „Hinterstübchen" mit all dem, was „verboten" war. In diesem geheimen Raum sind die unannehmbaren Teile unserer Persönlichkeit jedoch für einen späteren Zugriff aufbewahrt. Wir entwickeln einen bewußten und unbewußten Bereich unserer Persönlichkeit. Für unsere Zwecke nennen wir diesen unterdrückten Bereich „die Wildnis".

Die Wildnis ist wie die dunkle Seite des Mondes. Wir sehen sie nicht, aber sie hält unsere Persönlichkeit zusammen. Die verworfenen Ideen, Wertvorstellungen und Erfahrungen von gestern werden gezwungen, wie Ausgestoßene durch dieses Hinterland zu wandern. Sie wollen aus ihrer Verbannung erlöst werden. Ihr Druck bewirkt den Traum.

Unsere Aufgabe besteht darin, die abstrakten Erfahrungen aus der Vergangenheit so konkret wie möglich werden zu lassen, damit uns ihr Sinn zugänglich wird. Wenn wir sie uns als „verlorene kleine Männchen" vorstellen, verhilft uns das zu einem besseren Verständnis, wie unsere Gefühle, Gedanken und Launen unsere Vorstellungen von der Wirklichkeit beeinflussen. Nehmen Sie das nicht etwa wörtlich. Wir sprechen nicht davon, daß „Geistleiter", tatsächliche Wesen oder physiologische Strukturen, in unserem Kopf agieren.

Als Robert Wise sich als kleines Kind für die Funktionsweisen des menschlichen Körpers zu interessieren begann, bat er seine Großmutter, ihm zu erklären, wie die Verdauung, der Blutkreislauf, Müdigkeit, die Sprache und das Denken funktionierten.

„Gut, Robert", begann die Großmutter. „Schauen wir einmal, wie die Dinge hier im Haus funktionieren."

Sie öffnete den Sicherungskasten und erklärte dem Jungen die Funktionsweise von Elektrizität. Sie ging in den Keller und erläuterte die Wirkungsweise der Heizung. Dann erklärte sie die Waschmaschine sowie Wasserleitungen und Abwasser.

„Robert", meinte sie, „jetzt stell dir einfach vor, daß dein Körper funktioniert wie die Dinge in unserem Haus. Stell dir vor, daß in deinem Inneren kleine Männchen sind, die Schalter betätigen und deinen

Blutkreislauf in Gang setzen, wie wir einen Wasserhahn aufdrehen. Wenn du dich schlafen legst, drosseln diese Männchen deine Energie und stellen dich ruhig. Weil du erschöpft bist, betätigt jemand die Waschmaschine, um die Müdigkeit aus deinem Blut zu spülen, und wenn du erwachst, bist du voller Energie. Die kleinen Männchen halten dich fit!"

Robert glaubte nicht wirklich, daß eine Truppe von Heinzelmännchen in seinem Inneren hauste, aber er erhielt so ein anschauliches Modell von den Vorgängen in seinem Körper. Schlafengehen hatte Sinn. Müdigkeit bedeutete: „Zeit, die Waschmaschine anzustellen". Abstrakte Funktionen, die für einen Fünfjährigen zu schwer zu begreifen waren, wurden auf diese Weise bildhaft zugänglich!

So haben Sie auch nicht die Zeit, die komplexen Vorgänge in Ihrem Gehirn detailliert zu erforschen. Sie möchten ganz einfach einen Zugang zu Ihren Träumen bekommen.

Durch das Personenparadigma erklärt Robert Wise abstrakte Vorgänge in unserem Gehirn. Von nun an beschreiben wir viele Vorgänge unseres Unterbewußseins, indem wir innere Triebe und Bedürfnisse personalisieren. Wir verleihen abstrakten Komponenten unseres Seelenlebens eine Persönlichkeit.

Botschaften der Arbeitstruppe

Die Wildnis ist ein sehr günstiger Ausgangspunkt. Unsere dorthin verlegten Freunde haben eine einzigartige und sehr scharfsichtige Sicht der Dinge. Sie besitzen unter Umständen eine Weisheit, von der wir keine Ahnung hatten. Wenn wir sie zu uns sprechen lassen, konfrontieren uns diese Verbannten mit wichtigen Wahrheiten über schwierige Situationen, vor denen wir gerade stehen. Zumindest setzen uns diese Freunde in die Lage, unser Verhalten objektiv aus der Distanz zu betrachten. In ihrem Schattenland sehen sie die Dinge im allgemeinen viel klarer, als wir im Licht des Tages. Die Schauspieler vermitteln uns eine Botschaft, indem sie sich verkleiden und einen Film machen. Sie schaffen Träume als Mittel der Kommunikation. Nacht für Nacht rufen sie uns ihre Erkenntnisse zu und versuchen uns davon abzuhalten, Fehler zu begehen und Sackgassen einzuschlagen. Sie drehen die Windmühlenflügel unseres Geistes.

Das Bedürfnis nach Ganzheitlichkeit ist der Antrieb für unsere kleinen Helfer. In jedem von uns wohnt eine von Gott gegebene Sehnsucht nach Ganzheitlichkeit. Diese inneren Mechanismen achten auf Qualitätskontrolle. Wenn Sie ihre Botschaften ignorieren, werden die Meldungen aus unserem Unterbewußtsein sich auf andere Weise überdeutlich bemerkbar machen – durch Depression oder Wutausbrüche zum Beispiel. Unsere Träume sind hochbedeutsame Vorgänge, die unserer Persönlichkeit zu der inneren Einheit verhelfen wollen, die der Heilige Geist uns schenken will.

Der Türhüter

Sie fragen: „Warum können wir nicht einfach die Wand niederreißen, die uns von der Wildnis trennt? Wenn wir wissen, daß es so einen Ort gibt, warum können wir nicht einfach dorthin gehen?" Das ist nicht so einfach. Der Türhüter ist ein wilder, unnachgiebiger Wächter. Wir wollen Sie mit seiner Aufgabe bekanntmachen.

Die Tiefenpsychologie nennt diesen Türhüter das „Ich". In der Umgangsprache wird dieser Ausdruck oft zur Beschreibung von Ich-Bezogenheit oder selbstsüchtigen Persönlichkeitsmerkmalen benutzt. Da dieser Ausdruck mit so vielfältigen und verwirrenden Bedeutungen bedacht wird, benutzen wir statt dessen den Begriff Türhüter.

Der Türhüter ist eigentlich das Zentrum unseres Bewußtseins. Er achtet darauf, daß unser Geist gesund, geordnet und in der Realität verankert bleibt. Wenn überwältigende Erlebnisse auf uns einstürmen, koordiniert der Türhüter unsere Gedanken, Gefühle und Absichten. Seine Aufgabe besteht darin, wegzuschieben, was für uns zu schmerzlich, beängstigend oder bedrohlich wäre.

Ohne die Stärke des Türhüters würden wir überwältigt werden von Aspekten unseres Lebens, die sich unserem Einfluß entziehen. Ein starkes Ich oder ein starker Türhüter ist wichtig für unser Wohlbefinden. Wenn der Türhüter krank wird, hat das geistige Störungen zur Folge.

Wir können uns vorstellen, daß der Türhüter hinter einem großen Computer sitzt, der sich im Zentrum unseres Nervensystems befindet, und die Ereignisse, die auf uns einstürmen, katalogisiert. Er koordiniert ihre Wirkungen mit den angemessenen Reaktionen. Seine Aufgabe besteht darin, daß wir uns sozial in angemessener Weise verhalten. Wenn er seine Aufgabe gut macht, wirken wir ruhig und der Situation gewachsen. Wenn die Umstände den Türhüter überwältigen, wird er müde und labil, und wir erscheinen nervös, reizbar und abwehrend.

Leider ist das Grundproblem des Türhüters ein tiefsitzendes Mißtrauen. Nichts beeinträchtigt sein Wirken so sehr wie Angst, Ablehnung und Scham. Wenn diese Gefühle aufkommen, betätigt er den Alarmknopf und drängt all diese Gefühle in die Wildnis ab. Die bedrohlichen Gefühle sind erst wieder zugänglich, wenn der Türhüter uns einen flüchtigen Blick auf sie werfen läßt. Der klinische Begriff für diesen Vorgang ist Leugnung. In der Regel ist eine Therapie nötig, um uns klarzumachen, daß der Türhüter unser ganzes Leben lang ein Spiel mit uns gespielt hat.

Träume sind möglich, weil der Türhüter Schlaf braucht. Wenn wir einnicken, fällt auch er in Schlaf und läßt die Tür unbewacht. Unser ausgeschaltetes Bewußsein gestattet den Leuten in der Wildnis, die Barrieren der Leugnung zu öffnen. Aus diesen unbewachten Momenten steigen die Träume auf.

Bei den subjektiven Träumen scheint es in der Regel um das zu gehen, was „Sie" tun. Was Sie im Traum zu tun scheinen, ist in Wirklichkeit ein Abbild des inneren Dramas, das sich zwischen dem Türhüter und dem unterdrückten Aspekt Ihrer Vergangenheit abspielt. Sehen Sie das „Ich" in Ihren Träumen als das bewußte, alles sehende Auge des Türhüters, der versucht, jeden Aspekt Ihrer Welt zu begutachten.

Wenn Sie den Unterschied erkennen zwischen dem „Ich" im Traum und wie Sie sich als Mensch darstellen, werden Sie begreifen, warum Sie in entscheidenden Zeiten Ihres Lebens mit sich selbst uneins waren. Vielleicht hatten Sie manchmal den Eindruck, Ihr Verhalten sei eher eine Karikatur als eine genaue Wiedergabe Ihres wahren Selbst. Der Türhüter kann uns so vollständig kontrollieren, daß wir im wahrsten Sinne des Wortes unsere Seele verlieren, ohne es zu merken.

Diese starre Kontrolle des Türhüters macht viele Menschen zu armseligen Zeugen des Glaubens, zu dem sie sich bekennen. Für manche ist das Christsein nur eine andere Bekleidung des Türhüters. In diesem Fall tragen sie nur ein geistliches Mäntelchen über das schmutzige Hemd, das sie wechseln müßten. Unsere Träume verraten uns die Wahrheit über die Absichten des Türhüters. Wenn Sie den Traum entziffert haben, können Sie die Maskerade fallen lassen.

Das Selbst

Und was finden wir am Ende vor? Was bleibt in den Augenblicken, in denen wir wirklich mit uns eins sind? *Das Selbst.*

In dem Maße, wie wir reifen, innerlich wachsen und ganzheitlicher werden, kann der Türhüter unsere Sicht der Wahrnehmung nicht mehr so stark kontrollieren. Unser wahres „Selbst" tritt in den Vordergrund. Wenn wir in uns das Gute und Schlechte, das Starke und Schwache, das Rationale und Gefühlsmäßige, das Männliche und Weibliche, das Bewußte und Unbewußte annehmen, werden wir mit uns selbst eins. Das ist unsere neue Identität, die wir das Selbst nennen.

Das Selbst bildet sich heraus, wenn wir uns in unserer Einzigartigkeit begreifen. Wir erkennen uns als verschieden von unseren Eltern und Freunden, von der sozialen Gruppe oder dem Staatswesen, zu dem wir gehören. Das Bewußtsein unserer einzigartigen Persönlichkeit wird zutreffender, angemessener und deutlicher. Wir beginnen, unsere Stellung im Universum zu erkennen. Das gibt uns ein wunderbares Gefühl der Versöhnung mit unserer Welt.

Weil jeder Mensch im Tiefsten seines Wesens nach Ganzheitlichkeit strebt, kann der Türhüter uns nicht für immer am Wachstum hindern. Wie sich ein Schmetterling langsam aus seinem Kokon befreit, drängt das Selbst mit Macht vorwärts, bis es seine Vollendung erreicht hat. Zudem befähigt der Heilige Geist das Selbst, an Leugnung und Täuschung vorbei an einem ständigen Prozeß der geistlichen und seelischen Entwicklung zu arbeiten. Unsere Träume geben uns einen Zustandsbericht über den Fortschritt dieser Entwicklung.

Das Selbst tritt in vielfältigen Formen in Erscheinung. Oft benutzt der Traum für unsere ganzheitliche Person das Symbol des Hauses oder Autos. Wir träumen vielleicht vom Haus unserer Kindheit oder einem Haus, das angegriffen wird. Die Erscheinung des Hauses kann uns darüber Aufschluß geben, wie wir uns selbst sehen. Die Zimmer des Hauses sind Bilder für unsere verschiedenen Lebensbereiche. (Die Küche kann zum Beispiel ein Ort der Nahrung sein.) Auch unser Traumauto kann uns ein Gefühl für den Zustand unseres Selbst vermitteln. Der Fahrer dieses Autos spricht Bände, wer oder was unser Leben kontrolliert. Unsere Mitfahrer sind Hinweise darauf, was in unser Leben eingedrungen ist. Auch ein Kind oder ein Tier kann das Selbst verkörpern. Das Selbstsymbol ist eine der wichtigsten Darstellung, die wir zu entschlüsseln lernen.

Das andere Geschlecht

Männer träumen von Frauen; Frauen träumen von Männern. Wer sind diese symbolischen Vertreter des anderen Geschlechts, die in unseren Träumen auftauchen? Ähnlich wie das Alter ego, das andere Ich, handelt es sich hier oftmals um unsere gegengeschlechtliche Komponente.

Die Tiefenpsychologie, die sich aus Carl Jungs Werk entwickelt hat, erkannte, daß Männer eine weibliche und Frauen eine männliche Seite in sich tragen. Dieser komplementäre Aspekt unserer Persönlichkeit ist wichtig für unser inneres Gleichgewicht und unsere seelische Gesundheit. Mutige, dominierende Männer brauchen auch die Fähigkeit, Zärtlichkeit und Mitleid zu empfinden. Sanfte, gütige Frauen werden aufgefordert, sich durchzusetzen und die Führung zu übernehmen. Diese Kräfte der Fürsorge und Aggressivität entstehen in Männern und Frauen, sie beeinflussen unsere Sichtweise und Reaktionen.

Der Film *Junior* zeigt uns auf eine bizarre, aber eindrückliche Art, wie jemand mit seinem Gegengeschlecht in Berührung kommt. Es handelt sich um die Geschichte eines kaltschnäuzigen Wissenschaftlers, der zum Objekt seiner eigenen Experimente wird. Arnold Schwarzenegger wird schwanger! Während das Baby in ihm wächst, entwickeln sich durch diesen biologischen Vorgang auch seine weiblichen Eigenschaften, wie Sanftheit und mütterliche Fürsorge. Der Film ist sicher ziemlich albern, aber Arnolds wiederentdeckte Verletzlichkeit ist ein gutes Beispiel zu unserer Thematik.

Wenn Männer die weibliche Seite ihrer Persönlichkeit verleugnen, werden sie wie der herzlose Ebenezer Scrooge. In unser Gesellschaft lassen Männer der gefühlsmäßigen Komponente ihres Wesens in der Regel keinen freien Lauf. Der knallharte Geschäftsmann, der tyrannische Staatsanwalt und der seine Frau unterdrückende Ehemann sind Beispiele dafür, daß solchen Männern der weibliche Anteil ihrer Persönlichkeit verlorengegangen ist.

Charles Dickens' unsterblicher Klassiker *Ein Weihnachtslied* ist die Geschichte des Wiedererwachens der weiblichen Seite eines Mannes. Scrooge begreift in seinem eindrücklichen Traum, daß das Mitleid in seinem Leben erstickt worden ist. Das andere Geschlecht ersteht in der Traumsprache, wenn der mürrische alte Mann an seinem eigenen Grab steht und erkennt, daß er durch seine Hartherzigkeit eigentlich schon tot ist. Ebenezer schlägt das Gewissen, und seine lang verdrängte weibliche Seite wird wieder zum Leben erweckt.

Auf der anderen Seite haben Frauen damit zu kämpfen, daß sie von ihrer maskulinen Seite nicht beherrscht und überwältigt werden. Während Männer ihrem gegengeschlechtlichen Teil nicht genug Raum geben, lassen Frauen sich zu stark von dem ihren beeinflussen. Wenn die männliche Seite einen zu großen Einfluß gewinnt, wird die Frau starrsinnig und herrschsüchtig und neigt dazu, andere zu kritisieren und geringschätzige Bemerkungen über Freunde, Kollegen und Familienmitglieder zu machen. Die von ihrem Gegengeschlecht beherrschte Frau ist streitsüchtig und rechthaberisch. Wohl verhilft die männliche Seite ihres Wesens der Frau, sich mutiger und forscher zu geben, eine zu stark ausgebildete männliche Seite der Persönlichkeit macht Frauen jedoch machthungrig und herrschsüchtig.

Auf diese Weise haben extreme Feministinnen der Sache der Frauenrechte oft mehr geschadet als genutzt. Solche Frauen, die demonstrativ ihre BHs verbrennen, einen einheitlichen Kleidungsstil propagieren und derbe Reden führen, offenbaren eine Persönlichkeit, die von ihrer maskulinen Seite dominiert und gelenkt wird. Solche Frauen erkennen nicht, daß der Feldzug gegen Ungerechtigkeit eine Unausgewogenheit in ihrer eigenen Seele hervorgerufen hat.

Wie erkennen wir das Problem? In unseren Träumen erscheint diese Seite unseres Wesens als ein Vertreter des anderen Geschlechts. Männer träumen von Frauen, die Züge ihrer weiblichen Seite tragen. Die Männer in den Träumen von Frauen verkörpern dagegen ihre eigene maskuline Seite.

Jim, ein Patient von Paul Meier, hatte einen eindeutigen Gegengeschlechtstraum, der ihn aufrütteln wollte. Zu der Zeit hatte er häufige Auseinandersetzungen mit einer Frau in seiner Gemeinde. Wenn er ihr begegnete, sträubte sich alles in ihm. Sie war bedrängend, gehässig und streitsüchtig. In seinem Traum verschenkte Ann allen Umstehenden Grapefruits. Bei der Analyse des Traums erkannte Jim, daß dieses Bild genau ins Schwarze traf. Ann hinterließ stets einen bitteren Nachgeschmack ... zumindest bei ihm.

Dann stellte sich Jim die Gretchenfrage: Warum erschien Anne in seinen Träumen? Sie übte gewiß keinerlei Anziehungskraft auf ihn aus! Langsam dämmerte ihm die unangenehme Wahrheit! Was er an dieser Frau so heftig ablehnte, war eine Projektion von Aspekten seiner eigenen Persönlichkeit. Der Traum warnte ihn vor seiner eigenen Gefühllosigkeit im Umgang mit seinen Mitmenschen. Ann stand für ein negatives Bild vom Gegengeschlecht. Jim mußte die Eigenschaften, die er bei Ann entdeckte, bei sich selbst aufspüren. Sie nahm keine Rücksicht auf die Gefühle anderer Menschen, und Jim handelte oft ebenso!

Die Figur des anderen Geschlechts in unseren Träumen will uns bewußt machen, daß in unserem Seelenleben entweder eine „Über"- oder „Unterfunktion" besteht. In der Regel lenkt dieses Symbol unsere Aufmerksamkeit auf ein unangenehmes Verhalten bei uns selbst.

Viele Leute sind schockiert über sexuelle Episoden in ihren Träumen. Wir kommen automatisch zu dem Schluß, daß sich zwischen uns und der anderen Person etwas Unmoralisches abspiele. In neunzig Prozent der Fälle ist dieser Schluß absolut unzutreffend. Es ist eher so, daß wir versuchen, uns mit der gegengeschlechtlichen Rolle anzufreunden! Um dieses Thema erschöpfender zu behandeln, werden wir in einem späteren Kapitel noch detaillierter auf solche sexuellen Träume eingehen.

Viele Beziehungsprobleme entstehen, wenn die gegengeschlechtliche Komponente unserer Persönlichkeit aus dem Gleichgewicht gerät. Wie die überstrenge Heimleiterin, die die ihr anvertrauten Zöglinge tyrannisiert, verbittert unsere Persönlichkeit, wenn sich ihr gegengeschlechtlicher Teil sozusagen selbständig gemacht hat. Wenn Männer ihre weibliche Seite ignorieren, werden sie anfällig für depressive Stimmungen und unkontrollierte Gefühlsausbrüche. Sie werden rührselig, sentimental oder mürrisch.

Frauen bekommen andere, aber gleichermaßen belastende Probleme. Ein überkritisches männliches Gegengeschlecht trägt dazu bei, daß sich eine Frau minderwertig, unwürdig oder verurteilt fühlt. Wenn das Gewissen von muskelprotzender Dominanz festgehalten ist, werden unerbittliche Schuldgefühle die Folge sein. Wenn der Türhüter jedoch von der männlichen Komponente überwältigt wird, wird die Frau zu einer militanten Feministin mit den Gefühlen eines Gladiators. Unausgewogenheit in jeder Hinsicht wirkt im höchsten Maße destruktiv.

Um Ihnen die gegengeschlechtliche Komponente bewußt zu machen, haben wir eine Liste von negativen männlichen und weiblichen Zügen zusammengestellt. Wenn eine Person des anderen Geschlechts mit diesen Wesenszügen in Ihren Träumen erscheint, haben Sie einen ziemlich guten Anhaltspunkt, worauf der Traum Ihre Aufmerksamkeit richten will.

Negative männliche Eigenschaften. Mit diesen Adjektiven können wir negative männliche Züge beschreiben: aggressiv, dominierend, laut, konkurrierend, grob, brutal, flegelhaft, grausam, hartnäckig, rücksichtslos, lüstern, eifersüchtig, stolz, arrogant, selbstgefällig, sarkastisch, kalt, stur, herablassend, streitlustig, kritisch, gerissen, argwöhnisch und unpersönlich.

Negative weibliche Eigenschaften. Mit diesen Adjektiven können wir negative weibliche Züge beschreiben: schwach, passiv, unterwürfig, bequem, weinerlich, zerbrechlich, seicht, verführerisch, zimperlich,

kokett, wankelmütig, eitel, überspannt, schwatzhaft, töricht, sentimental, naiv, launisch, kleinlich, gehässig, prüde, manipulierend,
besitzgierig, jammernd, nörgelnd, schmollend, erstickend und bos-
haft.

Sind Ihnen solche Gestalten in Ihren Träumen begegnet? Lernen Sie
sie kennen, und sie werden Ihnen helfen, ihr unangenehmes Verhalten
am nächsten Tag nicht zu kopieren. Diese Bewußtmachung ist allerdings erst der erste Schritt zu einer Verhaltensänderung. Wir müssen
uns mit den negativen Komponenten unserer Persönlichkeit auseinandersetzen, bis unsere beste Seite die Oberhand gewinnt.

Nicht alle Männer und Frauen in unseren Träumen sind Vertreter
unserer gegengeschlechtlichen Seite. Oft haben sie eine belehrende
Funktion, es sind Menschen aus unserem realen Leben oder Eltern.
Wir sehen in unseren Träumen eine Vielzahl von Personen des anderen Geschlechts, die sehr unterschiedliche Bedeutung haben können.
Wenn das andere Geschlecht jedoch in Ihren Träumen vorkommt, ist
diese Interpretation ein guter Ausgangspunkt für die Deutung.

Männliche und weibliche Komponenten unseres Wesens entstehen aus kollektiven Erfahrungen der frühen Kindheit mit Vater und
Mutter. Unser Idealbild eines Mannes oder einer Frau entstammt in
erster Linie den frühesten Wahrnehmungen unserer Eltern. Wenn
jemand, der diesem Idealbild gleicht, in unser Leben tritt, fühlen wir
uns zu ihm oder ihr hingezogen. Wenn wir dann noch ihren Vorstellungen des idealen Gegengeschlechts gleichen, hängt der Himmel
voller Geigen, und wir haben die Liebe auf den ersten Blick! Oft ver-
stricken sich Leute in Liebensaffären, weil sie sich der Dynamik dieser
inneren Anziehungskraft nicht bewußt sind. Würden sie jedoch auf
ihre Träume achten, wären die Warnsignale dort nicht zu übersehen.

Der Schatten

Dieses Kapitel kann die Möglichkeiten unserer Traumbilder nicht
erschöpfend behandeln. Aber eine weitere Figur müssen wir doch
noch näher betrachten. Wenn wir von gleichgeschlechtlichen Personen träumen, treffen wir häufig auf die Schattenseite der Wildnis,

besonders, wenn die Gestalt schwach und untergeordnet erscheint oder unangenehme Eigenschaften aufweist

Dieser Schatten kennt die geheimsten Wahrheiten über uns. Wir stellen uns nicht gern dieser dunklen Seite unseres Wesens. Wenn der Türhüter jedoch unangenehme Züge vor unseren Augen verschließt, entsteht aus dem Rest eine Zusammensetzung, die zu unserem Schatten wird. Im allgemeinen wollen Menschen die Existenz einer solchen Dimension nicht wahrhaben, aber ihre Ehepartner können die Eigenschaften dieser unsichtbaren Seite ihres Wesens genau beschreiben. Wenn Sie andere Anhaltspunkte für die Ausprägung dieses Teils von sich selbst suchen, überlegen Sie einmal, welche Eigenschaften Sie bei anderen Menschen zutiefst verabscheuen. Was wir in andere hineinprojizieren, entstammt unserer Schattenseite.

Der Schatten beherbergt unsere primitiven und unzivilisierten Triebe. Das Buch *Dr. Jekyll und Mr. Hyde* beschreibt einen überaus kultivierten Mann, der von seinem verborgenen bestialischen Wesen überwältigt wird. Der Film *Schindlers Liste* schildert, wie dieselben Triebe in Gewaltausbrüchen enden. In beiden Fällen hatten die Hauptpersonen keinen annehmbaren Weg gefunden, mit ihren Schattenseiten zu leben, und wurden so von der Macht des Schattens überwältigt. Unterdrückung des Schattens führt häufig zu moralischen Ausbrüchen, die sich zerstörerisch auf das Leben der Betroffenen auswirken. Doch wenn wir den Schatten ignorieren, führt das zu Heuchelei und Intoleranz, Eigenschaften, die leider oft Christen vorgeworfen werden.

Es erfordert Mut und Demut, sich dem Schatten zu stellen, der in der Wildnis lauert. Aber hier liegt die Überraschung: Wenn wir den „Abfall" sichten, machen wir eine wunderbare Entdeckung. Was zunächst so widerwärtig erschien, stellt sich im Nachhinein meist als pures Gold heraus!

Viele unserer besten Eigenschaften entstehen, wenn wir die primitiven Kräfte in uns bändigen und sie uns nutzbar machen. Wollust und Gier kann zu heiliger Leidenschaft werden; heftiger Zorn wird zu gerechter Entrüstung. Leiden bereitet den Boden, aus dem Kreativität entsteht und sich entfaltet. Wenn wir uns nicht mehr selbst entfremdet sind, können wir zulassen, daß die Erlösung jede unserer Fassaden durchdringt. In unseren Träumen können wir die Schattenbotschaft am schnellsten und wirkungsvollsten erfahren und die Geheimnisse der dunklen Seite unseres Wesens enträtseln.

Ihre Aufgabe

Arbeiten Sie mit dem Personenparadigma

Jetzt, da wir mit vielen der kleinen Männchen bekanntgeworden sind, die in unserem Kopf agieren, haben wir eine klarere Vorstellung davon, mit welchem Material der Filmproduzent arbeitet und was die Windmühlen unseres Geistes produzieren. Gehen wir also an den Anfang dieses Kapitels zurück und schauen wir, ob wir Tom helfen können, die Hinweise zu finden, mit deren Hilfe er seinen Traum entschlüsseln kann.

Aber bevor wir beginnen, wollen wir eines klarstellen: Niemand kann einem anderen sagen, welche Bedeutung seine oder ihre Träume haben. Solche Deutungsversuche weisen auf einen Dilettanten oder Quacksalber hin. Auch Bücher, die die genaue Bedeutung von Traumsymbolen beschreiben, sind so wertlos wie Horoskope. Wir können jedoch Fragen stellen, die Menschen helfen, ihre eigenen Entdeckungen zu machen. Daher ist Traumarbeit eher eine Sache der intelligenten Beobachtung als der dogmatischen Festlegung. In Toms Fall mußten wir ihm helfen, seine eigenen Fragen zu beantworten.

Tom war festgefahren. Sein Leben mußte dringend verändert werden, aber er fürchtete sich, vorwärtszugehen. Die Unfähigkeit, seine Probleme zu verstehen, verwandelte sich in Depression und Verzweiflung. Obwohl Tom ein durch und durch guter und moralischer Mensch war, hielten ihn seine Selbstzweifel im Würgegriff eines schlechten Gewissens. Er konnte nicht begreifen, warum das so war.

Bevor Sie weiterlesen, nehmen Sie ein Blatt Papier, und machen Sie eine Aufstellung von Toms Traum, wie Sie es in den vorherigen Kapiteln gelernt haben. Teilen Sie den Traum in die vier Segmente ein, und notieren Sie, was die auftretenden Personen und Symbole aussagen.

94

Dann wenden Sie an, was Sie in diesem Kapitel gelernt haben und schauen Sie, was Sie mit Hilfe des Personenparadigmas identifizieren können.

Lesen Sie erst einmal nicht weiter! Sie werden Traumdeutung nur durch Übung lernen. Fangen Sie jetzt an.

Und so sieht Ihre Traumdarstellung möglicherweise aus:

Hintergrund
Ich
Fahrt
Lieferwagen
Reparaturen vermeiden
trotzdem losfahren

Problem
eine Reparaturwerkstatt finden
halb drinnen/halb draußen
Werkzeuge
zögern, um Erlaubnis zu bitten
Arbeit beginnen, um Geld zu sparen
Werkstattbesitzer freundlich

Grund
kostet 51$
Gefühl, daß es zu teuer ist
unentschlossen zu zahlen

Lösung
Heuschrecke am Fenster
Bibelstelle
Musikdrama *Parsifal*

Schauen Sie sich diesen Überblick einmal an, bevor Sie die Symbolik untersuchen. Merken Sie, daß der Türhüter aus der Stadt ziehen und sich eine andere Bleibe suchen muß? Es ist an der Zeit, weiterzugehen. Aber da gibt es ein Problem! Das alte Ich ist nicht sicher, ob der Wagen die Fahrt schaffen wird.

Wie sehen Sie den Lieferwagen? Erinnert er Sie an etwas? Sicher. Der Wagen ist ein Symbol des Selbst. Toms Selbst ist kein sportliches Kabriolett, nicht einmal ein praktisches Familienauto. Das beste Bild, das Tom von sich malen kann, ist ein alter, klappriger Lieferwagen. Dieses Symbol spricht Bände im Hinblick auf Toms starke Selbstzweifel.

Tom kann in seinem Leben nicht vorwärtskommen, weil der „Türhüter" verhindert, daß er sein Selbstbild grundsätzlich erneuert. Er schwankt zwischen der Alternative, sich selbst und seinen Problemen mutig zu begegnen oder seine Probleme notdürftig zu „verbinden". Tom wird innerlich sabotiert, obwohl er erkennt, daß das Verbleiben in seiner Situation einen hohen Preis hat.

Wie deuten Sie die Reparaturwerkstatt? Und die Tatsache, daß Tom halb drinnen und halb draußen ist? Ist Ihnen der Gedanke gekommen, daß die Werkstatt vielleicht den Ort symbolisiert, wo Tom seine Therapie macht? Offensichtlich ist Tom nur mit halbem Herzen dabei. Er will sich gar nicht wirklich ändern. Tatsächlich befand er sich drei Jahre lang in einem unfruchtbaren emotionalen Niemandsland. Hier liegt der Kernpunkt des „Problemteils" des Traums und seines wirklichen Lebens.

Toms Leben gleicht einem Weizenfeld, das von einem Heuschreckenschwarm abgefressen wurde. *Heuschrecken?* Ist uns dieses Wort schon einmal begegnet?

Als nächstes kommt das Bild von Toms Schwester. Vielleicht möchten Sie ihm einige Fragen über seine Beziehung zu der Schwester stellen, um herauszufinden, was sie im Traum symbolisiert. Möglicherweise ist sie eine gegengeschlechtliche Figur. Vielleicht ist sie sogar ein Symbol für ein neues Selbst. Wie auch immer, eine Bibelstelle legt nahe, daß Gott erstatten will, was Tom in den letzten drei Jahren verloren hat. Der Gedanke drängt sich auf, daß die weibliche, gefühlsmäßige Seite von Toms Wesen ihm eine Botschaft der Hoffnung anbietet. Er braucht nicht länger ein Opfer der Vergangenheit und seiner erkannten Fehler zu sein. Gott will ihm vielmehr zum wahren Leben verhelfen, wenn er „den Wagen aufgibt".

Als wir diesen Deutungsversuchen nachgingen, überwältigte Tom plötzlich eine Erkenntnis. Er begriff, was für eine große Angst er vor Versagen hatte. Sein „Ich" befand sich in einem Zustand der Verwirrung und versuchte, die Konfrontation mit seinen Befürchtungen zu vermeiden. Es wollte nicht den Preis für die Veränderung zahlen und versuchte, den Therapieprozeß zu untergraben. Tom erkannte, daß er die Fähigkeit besaß, sein Leben in den Griff zu bekommen. Er würde sich nicht länger von der Angst beherrschen lassen!

Die Bedeutung des Vorspiels zu Parsifal war schnell geklärt. Tom liebte klassische Musik und kannte die Geschichte. Das Bühnenweihfestspiel beschreibt die Suche nach dem heiligen Gral als Symbol der persönlichen Erfüllung. Die ganze Gralssage ist im Grunde eine bemerkenswerte Parallele für Toms Sehnsucht nach Heilung seiner Kindheitsverletzungen und einer ganzheitlichen Persönlichkeit. Das Vorspiel war die Aufforderung an Tom, auf die Suche nach seiner heiligen Ganzheitlichkeit zu gehen.

In einer Stunde Traumarbeit bekam Tom den Wagen aus der Werkstatt und auf den Weg zum Schrottplatz. Als Zeichen seiner veränderten Einstellung verkaufte Tom am nächsten Wochenende den Lieferwagen und kaufte sich ein neues Auto. Er war ein neuer Mensch geworden.

Kapitel 6

Der Tunnel zu Ihrer Seele

Noch mehr Puzzleteile

Lied an mein anderes Selbst

Über die Jahre habe ich Blicke von dir erhascht
im Spiegel, böse;
in einem plötzlich schneidenden Ton meiner
eigenen Stimme habe ich gehört,
wie du mich verspottest; ...
Du bist da, lauernd hinter jeder guten Tat,
bereit, mich zu besiegen ...
Ich habe mit anderen Augen nach dir Ausschau
gehalten
deiner Listen bewußt, aber mehr noch,
deines Verwurzeltseins im Leben bewußt.
Komm, ich öffne auch dir meine Arme,
einst-Schreckensfremder.
Komm, als Freund würde ich dich willkommen
heißen ...
So würde ich dich entwaffnen.
Denn ich habe vor kurzem gelernt,
gelernt, dir direkt in die Augen zu sehen;
Die Heiligkeit Gottes ist überall.

ELSIE LANDSTROM,
Inward Light, No. 67
(Inneres Licht, Nr. 67)

„Dr. Meier, bitte helfen Sie mir!" bat die Krankenschwester am Beginn der Sitzung. „Ich hatte einen ziemlich beunruhigenden Traum."

„Ich werde mein Bestes tun", erwiderte Paul. „Erzählen Sie mir Ihren Traum, Sally."

„In meinem Traum war ich verantwortlich für eine Dialyseabteilung, und ich wies eine neue Schwester ein, ohne das sehr umfangreiche Buch mit den Verhaltensmaßregeln zu benutzen. Beim Erwachen fühlte ich mich sehr frustriert. Ich hatte den Eindruck, daß mein Leben außer Kontrolle geraten war, weil die Schwester gar nicht all die erforderlichen Regeln einhalten konnte."

Sally war tatsächlich Oberschwester in der Dialyseabteilung eines örtlichen Krankenhauses. Paul erkannte rasch das objektive Moment ihres Traums. Sallys Kinder hatten erst vor kurzem das Haus verlassen, und so hatte sich ihre familiäre Situation radikal verändert. Während dieser Zeit war auch ihr Lieblingsonkel gestorben. Ihr Leben war tatsächlich aus den Fugen geraten. Zudem war sie so perfektionistisch, daß ihr weder zu Hause noch bei der Arbeit die kleinste Kleinigkeit entging. Daher war es ganz natürlich, daß sie auf der Dialysestation die Stellung mit der größten Verantwortung innehatte. Ihr Traum drückte ihren Unmut darüber aus, daß sie versuchte, alles richtig zu machen!

Paul brauchte nicht lange nach Zusammenhängen zu suchen, weil der Traum sich an Sallys Arbeitsplatz abspielte. Die Schwester mußte erkennen, daß sie sich durch ihren blinden Ehrgeiz unglücklich machte.

Als nächstes schildern wir einen ganz anderen Traum. Versuchen Sie einmal, den Unterschied zwischen beiden zu erkennen.

„Dr. Wise", begann Mae, „ich hatte einen ganz wunderbaren Traum." Tränen traten in ihre Augen. „Aber trotzdem fühle ich mich bitter und leer. Das verstehe ich einfach nicht."

Mae erzählte dann ihren Traum, der davon handelte, daß ihr vor langer Zeit verstorbener Bruder ins Leben zurückkehrte. Sie erhielt ein Telegramm, in dem stand, daß Georges Tod eine Täuschung war. Die Armee hatte einen teuren versiegelten Sarg geschickt, um die Familie irrezuführen. Beim Begräbnis im Traum konnte Mae nicht in den Sarg schauen, weil er versiegelt war. Währenddessen hielt die

Armee George an einem anderen Standort versteckt. Mae war außer sich vor Freude, daß ihr Bruder zu ihr zurückkehren konnte. Er spielte eine sehr wichtige Rolle in ihrem Leben. Als Mae jedoch erwachte, war sie ganz unglücklich und aufgebracht. Der Traum hatte entgegen ihren Erwartungen ein Gefühl des Ärgers bei ihr hervorgerufen. Sie verstand die Symbolik nicht und wußte den Traum nicht zu deuten.

„Was geschah denn tatsächlich beim Begräbnis Ihres Bruders?" fragte Robert. „Haben Sie einen Blick in den Sarg geworfen, nachdem die Armee die Leiche Ihres Bruders überführt hatte?"

„Nein", erwiderte Mae zögernd. „Der Sarg war versiegelt, und niemand wußte mit Sicherheit, wer dort drin lag."

„Hat Ihnen diese Tatsache Probleme bereitet?"

„Auf jeden Fall", gab Mae zurück.

Als sie über ihre Erinnerungen sprachen, wurde es Mae wieder bewußt, wie sehr sie sich auf ihren Bruder verlassen hatte. Sie bedauerte, daß sie nun nicht mehr mit ihm sprechen konnte. Allmählich erkannte sie, was der Traum ihr mitteilen wollte: Sie wünschte so sehr, daß George noch am Leben sei. Mae bewahrte die Existenz ihres Bruders in der Wildnis ihrer Seele.

Der Traum zwang Mae, sich einem ganz entscheidenden Problem zu stellen. Tief in ihrer Seele versuchte sie, eine Illusion mit der Realität zu verkleiden. Die Hoffnung auf die Wiederkehr ihres Bruders war der Kernpunkt einer verwässerten Hoffnung. Mae hatte einen Bruderkomplex. Sie konnte erst innerlich „heil" werden, wenn sie ihren Bruder „zu Grabe trug".

Weil Robert wußte, daß Mae ihre seelischen Bedürfnisse nicht direkt anging, fragte er sie, ob sie bei dem Begräbnis ihres Bruders Trauer verspürt hatte. Zu ihrem Erstaunen erkannte Mae, daß sie nie um ihren Bruder getrauert hatte. Sie hatte von dem Moment, da sie die Todesnachricht erhalten hatte, nicht eine Träne um ihn vergossen. Allmählich kam das ganze Bild ins Blickfeld. Mae war Opfer ihrer unverarbeiteten Trauer. Ihr Bedürfnis nach einem älteren Bruder, an den sie sich anlehnen konnte, hatte die Täuschung aufrecht erhalten.

Damit sie die Traumbotschaft umsetzen konnte, fragte Robert Mae nach einem wichtigen Erinnerungsstück an ihren Bruder. Sie dachte sofort an ein großes Photo von ihm, das mitten an einer Wand ihres Schlafzimmers hing. Robert wies Mae an, das Bild abzuhängen, es einzupacken und es für ein Begräbnis vorzubereiten. Sie sollte die Beerdigung noch einmal nachvollziehen, und dieses Mal würde sie trauern. Wenn das verpackte Bild im Hof begraben werden würde, sollte Mae in Gedanken vor dem geöffneten Sarg stehen und wirklich Abschied von ihrem Bruder nehmen.

Mae ging nach Hause, nahm das Bild von der Wand und begann, das Photo vorzubereiten, als ob sie einen Menschen in den Sarg legen würde. So merkwürdig diese Anweisungen klingen mochten, als Mae diese symbolische Bestattung vollzogen hatte, verschwanden die Folgen ihrer unverarbeiteten Trauer. Sie wünschte sich nicht mehr, der Bruder möge zurückkehren. Doch am wichtigsten war, daß sie den emotionalen Einfluß ihres Bruders auf ihr Leben losließ. Mae war nun in der Lage, allein ihren Weg zu gehen, ohne die alte Abhängigkeit von ihrem Bruder aufrechtzuerhalten.

Erkennen Sie bereits einen Unterschied zwischen den eben vorgestellten Träumen? Maes Traum war subjektiv, während Sally einen objektiven Traum hatte.

Objektive und subjektive Träume

Die vorhergehenden Kapitel haben uns ein Gefühl für die Symbolik von Träumen vermittelt und uns Anhaltspunkte gegeben, wie die einzelnen Traumsymbole zu deuten seien. Aber es gibt unterschiedliche Arten von Träumen. Im folgenden wollen wir uns näher mit der Art des Traumerlebnisses befassen.

Objektive Träume

Sallys Traum hatte einen Bezug zu ihrer unmittelbaren Umgebung. Die Krankenschwester träumte von ihrem Arbeitsplatz. Wirkliche Ereignisse und ihr Einfluß auf die Schwester waren das Herzstück des Traums. Solche Träume nennen wir objektiv.

Maes Traum war dagegen eindeutig subjektiv. Die Traumproblematik griff verborgene und vergessene Dimensionen von einem früheren schmerzlichen Erleben auf. Mae war aufgerufen, die Wildnis zu erforschen und hinter die Schatten ihrer Vergangenheit zu sehen.

Vorsicht! Manche Symbole kann man einfach nicht verstehen, und es gibt Träume die nie entschlüsselt werden. Beunruhigen Sie sich nicht, wenn manche Träume nicht ausgelotet werden können. Wir haben genug Arbeit mit dem Material, das wir tatsächlich erfassen können. Wenn Sie in einem bestimmten Traum gar keinen Sinn erkennen können, macht das nichts. Wichtige Botschaften werden in anderer Form wiederkehren.

Am besten nehmen wir erst einmal an, daß ein Traum objektiv ist und uns etwas ganz Konkretes mitteilen will. Wenn der Traum reale Orte, Personen und Ereignisse aufgreift, denen wir im Augenblick im täglichen Leben begegnen, ist das ein starker Anhaltspunkt, daß die Botschaft eine aktuelle Situation betrifft.

Der objektive Traum hat in der Regel nicht dieselbe symbolische Tiefe wie der subjektive Traum. Man bekommt bald das Gefühl, einen Film über eine aktuelle Situation zu sehen. Der Schauplatz und die Struktur des Traums entsprechen einem Ort, zu dem Sie augenblicklich Bezug haben.

Eine Nonne träumte zum Beispiel, sie fliege im Klassenzimmer über die Köpfe ihrer Schüler hinweg. Sie war die „fliegende Nonne". Zunächst war der Traum verwirrend, da der Schauplatz genau ihrem wirklichen Klassenzimmer entsprach, außer daß sie wie ein Vogel umherflog.

Die Schwester wußte genug über Traumarbeit, als daß sie annahm, der Traum würde nur etwas neu „auftischen", was sich am Tag zuvor ereignet hatte. Wenn ein Traum das Fernsehprogramm vom Vorabend oder Ihr letztes Gespräch aufgreift, so deshalb, weil Sie etwas Wichtiges übersehen haben, daß Ihnen diese Erfahrungen vermitteln konnten.

Als die Nonne sich mit dem Motiv des „über die Köpfe Fliegens" auseinandersetzte, wurde die Botschaft klar. Ihr Unterricht ging „über die Köpfe" der Schüler hinweg! Sie begab sich nicht auf die Ebene ihrer Schüler. Der Traum half ihr, ihren Unterrichtsstil zu ändern, mit dem Ergebnis einer deutlichen Verbesserung der Leistungen ihrer Schüler.

Wenn Sie die grundlegende Botschaft eines objektiven Traums begriffen haben, sind Sie auf der richtigen Spur!

Als Roberts jüngster Sohn Tate sechs Wochen alt war, hatte das Baby ein sehr ernsthaftes und lebensbedrohliches Problem mit dem Verdauungssystem. Eine Blockierung in seinem Gallenblasengang mußte entfernt werden, sonst würde Tate rasch sterben. Robert war völlig verzweifelt, da er von keinem Kind wußte, das diese Operation überlebt hatte. In der Nacht vor der Operation blieb Robert bei Tate im Krankenhaus und weinte die ganze Nacht, da er sicher war, der Säugling würde diesen Eingriff nicht überleben. Er wog weniger als sechs Pfund!

Am nächsten Morgen erschien Roberts Frau in ungewöhnlich zuversichtlicher Stimmung für einen so traurigen Augenblick. In der Nacht hatte sie geträumt, daß der Chirurg die Operation erfolgreich durchführte, und sie beschrieb den Eingriff in allen Einzelheiten. Da keiner von ihnen solche medizinischen Kenntnisse hatte, dachte Robert, sie sei durchgedreht und nahm die Geschichte überhaupt nicht ernst.

Stunden später stürmte ein aufgeregter Chirurg ins Wartezimmer. Die Operation war viel besser verlaufen, als er sich in seinen kühnsten Träumen vorgestellt hatte. Als er den Eingriff beschrieb, fiel Robert fast vom Stuhl. Seine Frau hatte die Operation erst vor ein paar Stunden mit fast den gleichen Worten beschrieben. Gott hatte ihnen durch diesen objektiven Traum Trost zusprechen wollen.

Subjektive Träume

Erst wenn wir die Möglichkeit erschöpft haben, daß es sich um einen objektiven Traum handelt, fassen wir die Möglichkeit eines subjektiven Traums ins Auge. Diese Art des Traums führt uns weit unter die Oberfläche unseres alltäglichen Lebens in den Bereich, der von unserem Türhüter kontrolliert wird. Da Träume uns etwas mitteilen, was wir mit unserem Bewußtsein noch nicht erkannt haben, lassen Sie sich von der mysteriösen, zum Teil sehr verwirrenden Art des Traums nicht verunsichern. Wenn Sie meinen, den Sinn sogleich erkannt zu haben, sind Sie vermutlich sogar auf dem Holzweg. Der Traum benutzt oft ganz gewöhnliche Bilder, um uns ein ungewöhnliches Moment in ihrer Bedeutung mitzuteilen.

Häufig drängen uns subjektive Träume, in Ereignissen unserer Vergangenheit eine neue Bedeutung zu sehen, indem sie uns helfen, alle Bereiche unseres Lebens ganzheitlich werden zu lassen und in eine Beziehung zu Gott zu setzen. Unsere Träume tragen der Tatsache Rechnung, daß wir im tiefsten Wesen religiös sind. Der himmlische Vater hat eine Sehnsucht in uns hineingelegt, die nur in der Beziehung zu ihm selbst gestillt werden kann. Träume wollen uns dazu bringen, jede Erfahrung unseres Lebens dem göttlichen Licht auszusetzen.

Manchmal erreichen Träume eine seelische Läuterung, die schmerzliche Erfahrungen der Vergangenheit heilt. Wir werden dazu aufgerufen, unsere vergangenen Sünden, Vergehen und Schuld zu „bekennen". Traumdeutung hat im allgemeinen erst dann ihr Ziel erreicht, bis unsere unterdrückte Not eine Begegnung mit dem Heiligen Geist erfährt. In solchen Zeiten sind unsere Träume die Fenster zu unserer Seele.

Spektakuläre Träume

Was aber geschieht, wenn Einhörner durch unsere Träume tollen, Elfen auf der Bettdecke tanzen, überwältigende Bilder vor uns erstehen, merkwürdige Kreaturen erscheinen oder furchteinflößende Dinge sich vor unseren Augen entfalten? Wenn Menschen im Traum Gotteserlebnisse haben, fühlen sie sich hinterher vollkommen überwältigt. Wir nennen solche Träume „spektakulär". Träume tragen eine mächtigen Kraft zur Veränderung in sich. Ein Archetyp ist die Ursprungsform einer Kraft, einer Wahrheit, eines Gefühls, eines Lebensstils oder eine Wesensart von Menschen, Tieren, Strukturen und Bildern. Archetypen sind Symbole, die ungeheure Macht haben, unser Verhalten zu beeinflussen. Diese Formen gestalten uns in ihr Bild um.

Langhaarige Jugendliche zum Beispiel, die Sandalen und ausgefranste Jeans tragen und Drogen nehmen, sind vielleicht vom Hippie-Archetyp ergriffen. Ihre Väter, die in Gucci-Schuhen, Designerkrawatten und Zweireiher daherkommen, sind unter Umständen vom Archetyp des leitenden Angestellten besessen.

Diese Grundformen üben eine solche Macht aus, daß sie die Kontrolle über unser ganzes Leben übernehmen können. Leute wie Jim Jones oder David Koresh sind furchtbare Beispiele, was geschehen kann, wenn religiöse Menschen vom Messiasarchetyp besetzt sind. Unsere Träume machen uns darauf aufmerksam, wenn wir eine Doppelrolle ausleben, ein Gegenstück, das nicht unser wahres Selbst ist. Umgekehrt können solche Träume uns mächtige Kräfte bewußt machen, die unser Leben beeinflussen, umformen oder sich seiner bemächtigen können.

Für viele ist die nationale Flagge die Urform von Patriotismus. Eine Flagge beschwört die Liebe zum eigenen Land herauf; eine Welle von Gefühlen steigt in uns auf, wenn wir sie im Wind flattern sehen. Ein Ehering ist der Archetyp von Liebe und Treue. Nach dem Tod des Partners oder einer Scheidung empfinden wir seelische Qual, wenn wir den Ring vom Finger ziehen. Das Kreuz, ein christlicher Archetyp, ist für Christen die Erinnerung an Jesu Sühnetod.

Wir können die Macht des Archetyp mit dem Wetter vergleichen. Wind, Regen, Kälte und Stürme können so unterschiedliche Gefühle hervorrufen wie Depression, Angst oder Glück. Der Wetterbericht bestimmt unsere Erwartung für den nächsten Tag. Unser freier Wille und die Fähigkeit, Entscheidungen zu treffen, werden durch die Vorgänge vor unserem Fenster nicht beseitigt oder überwältigt, doch wir spüren den Einfluß, den die Temperatur oder ein bedeckter Himmel auf uns hat. Archetypen sind wie Stürme, die aus der Wildnis zu uns hereinstürmen.

Welch großen Einfluß die Archetypen auf unser Verhalten besitzen, sehen wir, wenn wir beobachten, wie Kinder oder Teenager von Charakteren im Fernsehen oder Kino beeinflußt werden. Die Kleidung, das Verhalten und individuelle Eigenschaften von Figuren wie den Power Rangers, Barney, Ninja Turtles, Barbie, Rocky, Roy Rogers und Rockstars wie Kiss, Madonna oder anderen sind leicht nachzuahmen.

Kinder und Jugendliche kleiden sich und handeln wie ihre Idole. Sie schneiden sich die Haare und bemalen sogar ihr Gesicht, um wie ihr Held oder ihre Heldin auszusehen. Natürlich geht diese Marotte auch einmal vorbei, aber zunächst einmal ist ihre Vorstellungskraft davon eingenommen. Diese *äußerlichen* Bilder beeinflussen die jungen Leute visuell.

Auf der anderen Seite sind Archetypen *innere* Bilder, die sich nicht nur auf unsere Vorstellungskraft und Phantasie auswirken. Sie haben einen unglaublichen Einfluß auf unser Denken, unsere Ideale und unsere Wertvorstellungen. Mehr noch als die Karikatur sind Archetypen eine Zusammenfassung und Konzentration ursprünglicher und elementarer Vorstellungen. Der Krieger, der Kreuzfahrer, die Mutter, die Verführerin, das Ungeheuer, der Priester, die Amazone und andere sind überlebensgroße Gestalten. Oft erinnert eine zeitgenössische Figur an ein universelleres und älteres Bild. Der Hippie ist beispielsweise eine Karikatur des alten Rebellentypus. Der Herr im teuren Maßanzug, der einen Rolls Royce fährt und besondere Behandlung im Countryclub erwartet, wiederholt vielleicht eine moderne Spielart des Königs. Das Erscheinen solcher Figuren erzeugt spektakuläre Träume.

Robert Wise kennt niemanden, der so häufige und bedeutsame spektakuläre Träume hat wie sein Sohn Tate. Nachdem er als sechswöchiges Baby die riskante Operation überlebt hatte, hatte Tate im Alter von sechs Jahren noch einmal einen sehr unangenehmen Eingriff zu verkraften. Möglicherweise wurde durch so frühzeitige Schmerzerfahrungen eine Tiefendimension seiner Seele aufgetan, die ihn in ungewöhnlichen Kontakt mit den archetypischen Tiefen seines Unterbewußtseins brachten. Als Tate zwölf oder dreizehn war, kam er mit einem außerordentlichen Traum zu seinem Vater. Er befand sich im Jerusalem des ersten Jahrhunderts nach Christus und wurde von der Menschenmenge mitgerissen, die in den Hof der Antoniafestung marschierte, wo Pontius Pilatus an einer Balkonbrüstung stand. Tate wurde von der aufgebrachten Menge vorwärtsgedrängt, die eine Hinrichtung verlangte. Plötzlich erschienen Soldaten, die einen Gefangenen in Ketten vorführten. Das erste menschliche Wesen der Geschichte stolperte zu dem römischen Magistrat hinauf. Der Gefangene war Adam!

Die Menge schrie: „Kreuzigt ihn. Kreuzigt Adam für das, was er uns angetan hat!"

Pilatus löste die Ketten, mit denen Adam gefesselt war, und erklärte der Menge: „Nein! Ich bin schon einmal hier gewesen. Ich will nicht zum zweitenmal denselben Fehler machen. Laßt den Mann frei!"

Adam wurde freigelassen.

Ein solcher Traum läßt sich offensichtlich nicht in eine objektive oder subjektive Kategorie einordnen. Spektakuläre Träume berühren die Ewigkeit und zwingen uns zu begreifen, daß wir einer überweltlichen Wahrheit begegnet sind.

Um solche Begegnungen zu verstehen, müssen wir oft nach historischer oder uralter Bedeutung der Symbole suchen. Erinnern Sie sich an die biblische Erzählung von Joseph in Ägypten? Um beispielsweise den Traum des Pharao zu verstehen, müssen wir uns fragen, was für eine Bedeutung Kühe im alten Ägypten hatten. Wenn ich von Pyramiden träume oder Feuerwagen herabkommen sehe, muß ich nach den umfassenderen, universelleren Bedeutungen dieser Bilder fragen.

Vielen Träumen in der Bibel kommt dieser hohe Rang zu. Dazu gehört zum Beispiel Daniels Traum von den vier Tieren. Die Archetypen sind überwältigend: ein Löwe mit Adlerflügeln, ein Fleisch fressender Bär, ein vierflügeliger Leopard mit vier Köpfen und schließlich eine furchterregende Kreatur mit eisernen Zähnen und zehn Hörnern.[13]

König Nebukadnezars Traum von einem riesigen Baum ist von der gleichen Kategorie. Nachdem ihm im Traum ein Baum erschienen war, der bis zum Himmel reichte, vernahm der König den Befehl, ihn abzuhauen und seinen Wurzelstock in eine Fessel aus Eisen zu legen. Dann folgten Andeutungen von einem Menschen, der in ein wildes Tier verwandelt wird. Es hatte schreckliche Folgen, als Nebukadnezar die Warnung des Traums ignorierte — er bekam eine Psychose.[14]

Josephs Deutung des pharaonischen Traums von den sieben fetten und den sieben mageren Kühen, die Jahre des Überflusses beziehungsweise des Hungers symbolisierten, hatte eindeutig archetypische Züge. Kühe waren in Ägypten heilige Symbole und ein Zeichen für Wohlstand.[15]

---

[13] Daniel 7
[14] Daniel 4
[15] 1. Mose 41

In Bethel träumte Jakob von einer gewaltigen Leiter, die von der Erde bis in den Himmel reichte. Hier war der Ort, wo Gott wohnte. Der Anblick der Engel, die diese Himmelsleiter auf- und abstiegen, vermittelte Jakob das Wissen um den Segen Gottes.[16]

Auch wenn wir dieses Thema nicht erschöpfend behandelt haben, können wir doch erkennen, wie überwältigend solche Erfahrungen sind, die mit der Gewalt eines brausenden Sturmes kommen, der gegen die Küste donnert.

Manchmal vermengen sich die Elemente persönlicher und spektakulärer Träume. Wenn uns keine unmittelbaren Assoziationen zu den Symbolen einfallen oder es in unserer Erfahrung keinen Anhaltspunkt für den Inhalt des Traums gibt, ist die Wahrscheinlichkeit groß, daß es sich um einen archetypischen Traum handelt. Bleiben Sie am Ball! Eine großartige Erfahrung wartet auf Ihre Deutung.

Die hohen Kosten der Inflation

Doch was geschieht, wenn wir von Archetypen überwältigt werden? Im Volksmund heißt es über arrogante oder anmaßende Menschen oft fälschlicherweise, sie hätten ein zu starkes Ich. Tatsächlich kann das Ich gar nicht stark genug sein, denn es sorgt für unser seelisches Gleichgewicht. Was wir hier meinen, ist eine Verzerrung des Ich, die wir Inflation nennen. Der Archetyp hat die Herrschaft übernommen und verzerrt unsere Selbstwahrnehmung.

Ja, Inflation ist mehr als ein wirtschaftliches Problem. In der Wirtschaft spricht man von überhöhtem Wert, wenn der tatsächliche Warenwert entstellt und der Preis zu hoch wird. Wir wissen, daß ein Börsenkrach bevorsteht. In ähnlicher Weise haben wir ein ernstes Inflationsproblem der Persönlichkeit, wenn der Türhüter eine verkehrte Sicht der Realität hat. Eine Katastrophe steht bevor!

Bei einer Persönlichkeitsinflation werden ganz gewöhnliche Menschen von einem übersteigerten Selbstgefühl bestimmt. (Wenn Sie das nicht glauben, beobachten Sie einmal eine politische Versammlung!)

[16] 1. Mose 28, 12. 13. 19

Die Archetypen in unseren spektakulären Träumen geben großen Aufschluß über unser seelisches Gleichgewicht. Wir müssen wissen, durch welche Mächte außerhalb des Traumprozesses unser Leben beeinflußt wird.

Archetypen haben die Macht, unseren inneren Orientierungssinn zu überwältigen und uns zu verleiten, uns so sehr mit ihrer Form und ihrem Inhalt zu identifizieren, daß unsere Identität mit ihrem Bild verschmilzt.

In der Zeit des deutschen Nationalsozialismus wurde das Hakenkreuz zum Archetyp der arischen Weltherrschaft. Das deutsche Volk wurde so besessen von dem Gedankengut Adolf Hitlers, daß es jedes Gefühl für die Realität verloren und sich für unbesiegbar hielt. Selbst als es eindeutige Anzeichen für Deutschlands Niederlage im Zweiten Weltkrieg gab, weigerte es sich, der Realität ins Auge zu sehen. Der Glaube an Geheimwaffen, Hitlers magische Führerkraft, die Unbezwinglichkeit seiner Grenzen — an so unglaublichen Vorstellungen hielt es noch fest, als die Bomben bereits seine Städte zerstörten. Selbst heute ist das Hakenkreuz noch ein verlockender Archetyp für Rassisten, die aus Furcht vor ihren eigenen Schwächen danach streben, die Herrschaft über andere auszuüben.

In Miguel de Cervantes bewegender Geschichte *Don Quijote de la Mancha* lesen wir von einem Menschen, der so überwältigt ist von der Grausamkeit der Welt, daß er sich ganz stark mit dem Ritter-Archetyp identifizierte. Der alte Mann fand eine Form, mit der er diese überwältigende Bürde ausdrücken konnte und wurde der leicht verrückte Ritter mit dem traurigen Gesicht.

Als Robert Wise zum ersten Mal die Broadwayinszenierung *The Man of La Mancha* (Der Mann von La Mancha) sah, die auf diesem Roman beruht, war er verblüfft von der übermächtigen Wirkung des Stücks. Er stand auf und brach in wilden Beifall aus, als die Schauspieler in das bewegende Lied „The Impossible Dream" (Der unmögliche Traum) einstimmten. Erst im Rückblick konnte er den fortdauernden Einfluß der archetypischen Sehnsucht erkennen, den unmöglichen Traum zu träumen, die „unerträgliche Sorge" zu tragen und das „Nichtwiedergutzumachende" in Ordnung zu bringen. Er war bereit, eine Lanze zu ergreifen und loszureiten!

Ein so übersteigertes Selbstbild ist nicht so leicht zu erkennen, wie wir vielleicht glauben. Wir haben gut lachen, wenn ein Don Quijote gegen eine Windmühle kämpfen will, aber wenn wir versuchen, hohe Gebäude mit einem Satz zu überspringen, finden wir das gar nicht komisch. Das momentane Gefühl der Allmacht, die göttliche Fähigkeit, die völlige Beherrschung anderer usw. ist berauschend und im höchsten Maße erhebend. Wir sind so erfüllt von uns selbst, daß wir meinen, den Gipfel der Realität erreicht zu haben. Was wir bei anderen sofort erkennen, ist, soweit es uns selbst betrifft, völlig ausgeblendet. Der Rausch unserer Selbsttäuschung mündet vielmehr in einem gigantischen Katzenjammer, der unser Leben zerstören kann.

Der Film *Quiz Show* vermittelt uns ein erschreckendes Bild eines übersteigerten Selbstgefühls, das die Menschen zerstörte, die in die Skandale der Fernsehquizshows der späten fünfziger Jahre verwickelt waren. Wir sehen, wie anständige Menschen durch Geld korrumpiert werden und mit der Zeit meinen, sie würden landesweit berühmt durch Fähigkeiten, die sie gar nicht besaßen. Wären diese Männer in der Lage gewesen, auf ihre Träume zu achten, wären sie vielleicht vor einer lebenslangen Schande bewahrt geblieben.

Skrupellose Anwälte glauben, ihrer Fähigkeit, Menschen zu zerstören, seien keine Grenzen gesetzt ... bis ihr eigener Verrat sie einholt. Gerissene Börsenmakler machen Millionen, weil sie meinen, das System „austricksen" zu können ... bis sie erwischt werden. Politiker lassen sich so sehr von ihrer überragenden Position blenden, daß sie sich für unbesiegbar halten ... bis sie die nächste Wahl verlieren. Das ist Größenwahn in Reinkultur.

In unseren Unterlagen befindet sich die tragische Geschichte einer Frau, die von der Vorstellung fasziniert war, sie könne ihre Rolle im Leben ändern, indem sie sich bewußt mit einem neuen Archetyp identifizierte. Sie ließ die Rolle der Mutter und Ehefrau hinter sich und wurde eine Verführerin und Kriegerin. Als die Vorstellung, sie habe Kraft wie eine Wölfin, von ihrer Persönlichkeit Besitz ergriff, verwandelte sich die sonst sanfte Frau in eine hinterhältige und gefährliche Person, die großes Unheil verursachte. Ihr so verzerrtes Selbstbild zerstörte ihr früheres Selbst.

Wie oft geschieht es, daß der sonst ruhige Teenager zum Hippie wird, der Geschäftsmann in seiner Midlife-Krise zum Playboy wird, eine gelangweilte Hausfrau sich zur fanatischen Frauenrechtlerin erklärt, einer, der mal ein wenig mehr Geld verdient, sich gleich als reicher Mann aufspielt? Diese Aufzählung von Menschen, die von Archetypen besessen und zerstört werden, ließe sich immer weiter fortsetzen. Der Anfang war meist eine Flucht in exotische Tagträume. Dann tauchten verwirrende Strukturen und merkwürdige Bilder in ihren Träumen auf. Werden die Traumbotschaften mißachtet, verlieren diese Menschen die Sicht dafür, daß ihr angeblicher Aufstieg tatsächlich ein Abstieg ist.

Paul Meier hatte eine Patientin, die ständig davon träumte, sie sei eine große Fußballspielerin. Diese sehr dominante Dame war eine erfolgreiche Geschäftsfrau, die das Gefühl hatte, kein Mann könne ihr das Wasser reichen. Schließlich kam die aggressive Frau in die Therapie. Sie träumte, sie sei Verteidigerin bei den Dallas Cowboys, aber die Gegner griffen sie so hart an, daß sie nicht mehr spielen konnte. Erkennen Sie die Warnung?

Träume warnen uns vor Unheil. Wir träumen, daß Flugzeuge abstürzen, Autos von Klippen fallen oder Ertrinkende nicht gerettet werden. Oft erwachen wir nach solchen Träumen in Panik. Derart beunruhigende Gefühle sollen uns ein Fingerzeig sein, sorgfältig auf die Ereignisse unseres täglichen Lebens zu achten.

Heilung für unsere Seele

Die entscheidende Aufgabe unserer Träume besteht darin, uns unserer selbst vollkommen bewußt zu machen, uns die Wahrheit über uns selbst aufzudecken. Unsere Träume geben uns die aktuellste Information über den Zustand unserer Seele. Entscheidend ist, daß wir uns nicht etwa der Täuschung hingeben, unser bruchstückartiges Leben sei heil und ganz. Träume zielen auf unser seelisches Gleichgewicht. Ganzheitlichkeit ist der Schlüsselbegriff.

In der Bibel wird uns bezeugt, daß der Heilige Geist ganz ähnlich in uns wirkt, er führt uns zur Reife und geistlicher Weisheit, befreit uns von alten Verletzungen und bewahrt uns davor, unsere Ängste und Unzulänglichkeiten auf andere zu übertragen. Wir halten unsere eigenen inneren Stimmen nicht für das Reden Gottes.

Ihre Aufgabe

Schauen Sie sich Ihre nach Datum geordneten Träume noch einmal genau an, und überlegen Sie, wieviele in die objektive, subjektive oder spektakuläre Kategorie gehören. Neigen Sie zu subjektiven Träumen? Oder zu objektiven? Erscheinen Ihnen einige Träume unmöglich, sie zu entschlüsseln? Bekommen Sie ein Gefühl dafür, wie Sie die verschiedenartigen Träume erlebt haben.

Wenn Sie mit Ihren Träumen gearbeitet und sie entziffert haben, überprüfen Sie nochmals Ihre Schlußfolgerungen. Ist es möglich, daß diese Träume noch eine weitere Bedeutung haben, die Sie noch stärker auf Ganzheitlichkeit ausrichten will? Tauchen in Ihren Träumen Probleme auf, die ein Hindernis für diese innere Heilung sein könnten? Fragen Sie nach der geistlichen Bedeutung dieser Träume.

Vielleicht ist der Heilige Geist an der Arbeit!

Kapitel 7

URTEILSVERMÖGEN

Die andere Seite der Erkenntnis

Denn jeder Krieg nimmt seinen Anfang im Herzen und Geist des Menschen. Der Hauptkampf geht gegen den inneren Feind. Bis ein Mensch in sich selbst das besiegt hat, was Krieg hervorruft, trägt er bewußt oder unbewußt zum Krieg in der Welt bei.

FRANCES WICKES,
The Inner World of Choice
(Die innere Welt der Wahl)

Während wir auf verschlungenen Traumpfaden wandeln, erwerben Sie wichtige Hilfsmittel, mit denen Sie sich Ihre Träume erarbeiten können. Das Personenparadigma verhilft Ihnen zur Deutung und Einstimmung auf die Botschaften aus der Wildnis. Jetzt benötigen wir noch mehr Einblick in die Entzifferung von Traumbotschaften. In diesem Kapitel geht es um unser Urteilsvermögen.

Die Bibel sagt uns: „Es ist das Herz ein trotzig und verzagt Ding; wer kann es ergründen?"[17] Das Unbewußte ist kein Reservoir der Unschuld, das nur darauf wartet, uns aus der Tiefe mit Wohlwollen zu überschütten. Es zeigt unsere ständige Neigung zur Aggression, Projektion und Unterdrückung. Wir müssen der schwer faßbaren Wahr-

---

[17] Jeremia 17,9

heit über unsere tatsächlichen Motivationen auf die Spur kommen. Die Entwicklung unserer Wahrnehmungsfähigkeit ist also entscheidend für unser seelisches Wohlbefinden.

Gleichzeitig ist in jedem Menschen eine starke Sehnsucht nach Ganzheitlichkeit. Das Gewissen ist ein Aspekt dieser Sehnsucht, aber wir haben ein noch grundsätzlicheres Bedürfnis, mit uns selbst, mit unserer Seele, eins zu sein. Träume haben einen wichtigen Anteil an diesem inneren Prozeß.

Unser wahres Selbst

Dieser innere Drang nach Echtheit wird oft „Individuation" genannt. Unser wahres Selbst muß freigesetzt werden von der Beherrschung durch den Türhüter. Wir müssen befreit werden von den Mächten der Vergangenheit, die uns gefangenhalten wollen in unangemessenen Vorstellungen, verletzenden Erfahrungen und bedrängenden Ängsten. Daher drängt das Unbewußte nach der Verschmelzung mit dem Bewußtsein. Träume sind nicht nur Ausdruck dieses Drangs, sondern der Versuch, diese Aufgabe zu vollbringen. Daher lautet eine der grundlegendsten Fragen in der Traumdeutung: „Auf welche Weise versucht dieses Erlebnis, größere Ganzheitlichkeit in mein Leben zu bringen?"

Eine attraktive junge Frau kam in die Minirth Meier New Life Clinic, weil sie die Bedeutung eines Traums ergründen wollte. Mary war eine sanfte Person, die sich verzweifelt dagegen wehrte, von einem Familienmitglied „überrannt" zu werden.

„Dr. Meier", begann sie, „in meinem seltsamen Traum fuhr ich mit einer sehr guten Freundin Ski. Ich trug knappe Shorts und fühlte mich so richtig wohl in meiner Haut, als die Freundin plötzlich verschwand und meine Eltern auftauchten. Sie werden nicht glauben, was ich tat!"

Paul dachte daran, wie Mary sonst immer passiv-abhängig reagierte und mußte lächeln. „Ich wette, Sie verhielten sich überraschend aggressiv."

„Genau!" rief Mary aus. „Ich nahm ein Gewehr zur Hand und verbot meinen Eltern, auch nur einen Schritt näher zu kommen. Ich feuerte sogar an die Decke, um sie zu warnen, und schoß weiter, bis ich keine Patronen mehr hatte. Schließlich sagten mir ein Vogel und ein Hund, wie sich meine Familie fühlte, so daß ich ihnen helfen konnte."

„Klingt, als wolle Ihnen der Traum mitteilen, daß Sie drastische Maßnahmen ergreifen müssen, um sich von ihrer Herrschaft zu befreien", bemerkte Paul. „Die Symbolik scheint zum Ausdruck zu bringen, wie wichtig es für Sie ist, sich von ihnen zu trennen."

Mary nickte und seufzte. „Das fürchte ich auch."

Es war tatsächlich so, daß Mary lernen mußte, für sich selbst einzutreten, und doch ein freundlicher, sensibler Mensch zu bleiben. Wenn Mary Individuation erlangen wollte, mußte sie sich von dem Einfluß und der Kontrolle der Autoritätspersonen in ihrem Leben lösen. Die wahre Mary war an den Einfluß ihrer Eltern gebunden. Individuation aber erfordert Distanz!

Wenn wir die Mitte unseres Lebens erreichen, wird unser Streben nach Unabhängigkeit und Lebenssinn immer drängender. Unabhängig von vorherigem Erfolg und Leistungen werden sich Menschen häufig bewußt, daß es ihnen eigentlich an Erfüllung im Leben und einem sinnvollen Ziel fehlt. Während die erste Lebenshälfte von Aktivität und Anhäufung von Besitz ausgefüllt ist, kann die zweite Hälfte ohne klare Orientierung und eindeutigen Sinn nicht befriedigend verlaufen. Das Tun muß schließlich dem Sein weichen!

Unsere Träume stellen uns vielleicht unangenehme Fragen über die hektische Aktivität in unserem Leben, besonders, wenn diese Geschäftigkeit sich in unbedeutenden Dingen verliert. Ein Patient von Paul Meier hatte einen solchen Traum kurz vor der Lebensmitte:

„Im Traum stieg ich aus einem Bus aus, um in einer Band in einem Umzug mitzumarschieren", sagte er. „Jemand rief: ‚Beeil dich. Der Umzug fängt an.'

Ich sah mich um und begriff, daß ich noch in einer anderen Band mitmarschieren sollte. Aber ich hatte nicht die richtige Uniform dafür.

Ich machte mich sogleich auf den Weg, um die Universität zu suchen, wo die anderen Uniformen aufbewahrt wurden. Leider war kein Auto da, so daß ich laufen mußte, was das Zeitproblem noch verschärfte. Ich ging zu dem Haus, in dem ich während meines Studiums gewohnt hatte. Zu meinem Erstaunen fand ich dort Leute, die gerade damit beschäftigt waren, sich eine ganz andere Uniform für eine dritte Band anzuziehen. Sie wollten, daß ich mich ihnen anschließe. Ich erkannte, daß es unmöglich war, in allen drei Bands mitzumarschieren!"

„Zur Zeit dieses Traums", fügt der Patient hinzu, „befand ich mich gerade außerhalb der Stadt und hielt Vorträge."

Begreifen Sie, was das Traumbild sagen will?

„Ich mußte mich widerwillig der Tatsache stellen, die mir der Traum vor Augen malte: Ich war ein ‚Macher', der bei jedem Umzug mitziehen wollte. Obwohl ich schier übermenschliche Anstrengungen machte, all die Verpflichtungen, Anforderungen und Möglichkeiten wahrzunehmen, die auf mich zukamen, wies mich der Traum auf die Grenzen der menschlichen Möglichkeiten hin. Man kann nicht in drei Bands gleichzeitig mitmarschieren! Der Traum wies mich auf die Notwendigkeit hin, meine Aktivitäten einzugrenzen. Ich mußte erkennen, daß ein Umzug ein armseliger Ersatz für das wahre Leben ist. Es war an der Zeit, einige Uniformen gegen etwas anderes einzutauschen. Hier war mein Urteilsvermögen gefragt."

Aber wie kann es uns gelingen, den Unsinn in unserem Leben abzulegen, der sich als echter Wert verkleidet? Hier sind unsere Träume von unschätzbarem Wert. Der Inhalt jeder Episode stellt uns die dringlichen Probleme vor Augen. Aufregende Träume zu haben und mit ihnen zu spielen, ist nicht genug. Traumarbeit hat eine viel größere Bedeutung für unser Leben, als ein paar „Aha-Erlebnisse" hervorzubringen. Wir müssen mit den Botschaftern und ihrer Botschaft ringen, bis wir ihre Einsichten in unserem Wesen verinnerlicht haben. Nur so können wir die Individuation erlangen, die die Vorstufe zur Ganzheitlichkeit ist. Wir müssen wohlvertraut werden mit den Charakteren in unseren Träumen. Wir müssen herausfinden, was den Türhüter auf den Plan bringt und welche Funktion das Gegengeschlecht hat, und wir müssen verstehen lernen, was uns unser Schatten sagen will. Zudem müssen wir die Wildnis zivilisieren. Je besser wir diese Dimensionen von uns selbst verstehen, desto heiler und ganzheitlicher wird unser Leben.

Unsere Entdeckungen müssen wir in die Tat umsetzen, wie Mae das nach ihrem Traum von der Bestattung ihres Bruders getan hat.

Der einzige Weg zur Veränderung bestand für Mae darin, ihre unverarbeitete Trauer auszuleben. Auf diese Weise nahm sie die Botschaft ihres Traums ernst.

So wie wir unweigerlich hungrig werden, wenn wir längere Zeit nichts gegessen haben, stellt sich auch die Sehnsucht nach Individuation wie von selbst ein. Wenn wir ihr keine Beachtung schenken, werden wir nur unzufrieden und unglücklich — ein Dauerzustand in der heutigen Gesellschaft. Unsere Entscheidungsfreiheit besteht darin, ob wir unsere selbstgeschaffenen Blockierungen lassen, wo sie sind, oder unser natürliches Streben nach Ganzheitlichkeit fördern. Hier braucht man Urteilsvermögen.

Unruhig bis ...

Augustinus von Hippo verstand schon im vierten Jahrhundert dieses Problem der Rastlosigkeit, aber er beschrieb es eher im theologischen als im psychologischen Sinn. „Unser Herz ist unruhig", schrieb er, „bis es Ruhe findet in Dir."[18] Augustinus erkannte, daß das Problem der Individuation ein im tiefsten Sinne religiöses Problem ist. Selbst Menschen, die Gott ablehnen, können das geistliche Problem nicht umgehen. Erst wenn wir Frieden mit Gott finden, finden wir auch Frieden mit uns selbst. In diesem Sinne haben Träume auch eine tiefe religiöse Bedeutung und geben in der Regel geistliche Wegweisung. Eine Bestätigung durch göttliche Träume kann das Leben verändern.

Nach einem Wochenendseminar über Traumdeutung erhielten wir eine bemerkenswerte Reaktion von einer Teilnehmerin. Am Tag nach dem Seminar schrieb Amanda diesen Brief:

Lieber Robert,
ich hatte heute morgen einen bemerkenswerten Traum und wußte, daß ich Ihnen davon berichten sollte. Das ganze Abenteuer begann, daß Sie mir erklärten, wie ein Tauchsieder funk-

---

[18] Philip Schaff, ed., *Nicene and Post-Nicene Fathers,* vol. VI (Grand Rapids: Eerdmans, 1991). — (Die nizänischen und nachnizänischen Kirchenväter).

tionierte — ausgerechnet. Während ich Ihnen zuhörte, stand plötzlich einer Ihrer Söhne neben mir, legte seinen Arm um mich und preßte seine Wange an die meine. Ich begriff, daß dies ein romantischer Annäherungsversuch war. Ich fühlte Liebe für Ihren Sohn, wußte aber, daß er viel zu jung für mich war. Ich dachte an mein Alter, meine Falten und wie die Leute über mich reden würden.

Die Szene wechselte, und Ihr Sohn und ich saßen auf einer langen Bank. Wir saßen sehr eng beieinander, und er hielt mich fest umschlungen. Robert, Sie setzten sich an das andere Ende der Bank, und es versammelten sich andere Menschen um uns. Sie begannen sogleich, uns zu lehren, aber Sie sahen immer wieder auf Ihren Sohn, ob er auch mit Ihren Ausführungen einverstanden sei. Sie gaben Ihrem Sohn große Vollmacht, alles zu korrigieren, was an Ihrer Lehre falsch war. Schließlich beendeten Sie Ihre Unterweisung, sahen Ihren Sohn an und fragten: „War das richtig?" Ihr Sohn sagte nichts, aber plötzlich erkannte ich, daß die Person, die mich so fest im Arm hielt, Jesus war.

Von Ehrfurcht ergriffen erwachte ich und war mir bewußt, daß ich eine Liebe erfahren hatte, die alles überstieg, was ich bis dahin gekannt hatte. Jesus war zu mir gekommen als der Liebhaber meiner Seele, und es war ihm gleich, daß ich zu alt war oder was die Leute über mich dachten. Ich fiel auf meine Knie und dankte Ihm von ganzem Herzen. Was war das für ein Beginn dieses Tages, dieser Woche, meines restlichen Lebens! Ich mußte Sie an diesem Erlebnis einfach teilhaben lassen.
Amanda

Amanda erlebte eine machtvolle Begegnung mit dem Heiligen Geist. Sie erfuhr in besonderer Weise eine göttliche Bestätigung und Annahme. Daher konnte sich Amanda nun auch selbst so annehmen, wie sie war. In solchen Träumen verwischen sich die Grenzen zwischen Psychologie und Theologie.

Wenn Gruppen oder einzelne Menschen die spirituelle Dimension mißachten, wird die religiöse Triebkraft nicht etwa verschwinden. Sie wird im Gegenteil in oft furchterregender Weise in eine destruktive

Richtung gelenkt. Menschen, die sich vehement dem Atheismus verschreiben, sind leichte Opfer von fanatischen Bewegungen wie Nazismus, Kommunismus oder anderen „ismen". Sie machen politische Systeme zu ihrer Religion. Kreuzzüge, Religionskriege, Hexenjagden und Inquisition sind die Nebenerscheinungen einer pervertierten Sehnsucht nach dem wahren Gott.

In dem Maße, wie sich der Einfluß des säkularen Humanismus im öffentlichen Schulsystem verstärkt hat, haben Aberglaube und Teufelsanbetung in Amerika zugenommen. Das ist kein Zufall. Wenn der Mensch nicht zu einer inneren geistlichen Einheit kommt, wirkt sich das häufig in verzerrter und morbider Faszination am Okkulten aus. Wenn das moderne Erziehungssystem die Absicht hatte, die Schüler von dem Grundbedürfnis nach Spiritualität und Gott zu befreien, war dieses Experiment ein verheerender Fehlschlag. Leider haben diese Pädagogen nur den Boden bereitet für die schlimmsten Ausprägungen von Animismus, Pantheismus und säkularen Religionsformen.

Von daher erfreut sich die Traumarbeit unter Christen wachsender Beliebtheit. Die Bibel gibt uns Maßstäbe, an denen wir Einsichten und Schlußfolgerungen prüfen können. Althergebrachte und erprobte Rituale helfen uns, unsere inneren Reisen in schöpferischen Grenzen zu gestalten. Wir verfallen nicht in den Irrtum, die Spiritualität als unabhängige Größe zu behandeln. Einer der Irrtümer des sogenannten New-Age-Gedankenguts besteht darin, die geistliche Erfahrung von einer echten Gottesbeziehung abzutrennen, wie sie uns in Jesus Christus offenbart ist. Alte Glaubensüberlieferungen, Bekenntnisse, Katechismen und Lehren helfen uns, ausgewogen zu bleiben und Verirrungen zu vermeiden, die sich als Sackgassen herausstellen.

Auf der anderen Seite können uns Träume helfen, eine grundlegende Aufgabe des Menschseins zu bewältigen. Wir können erst dann ganzheitlich werden, wenn wir unsere religiösen Überzeugungen verinnerlicht haben und wir dem lebendigen Gott in uns begegnen. Wenn unser Glaube nur „äußere Tünche" ist, sind wir geistlich und emotional hoffnungslos unvollständig. Träume können uns ganz entscheidend zu einem geistlichen Erwachen verhelfen. Es ist bemerkenswert, daß Freud und Jung gerade an dieser Stelle eine grundlegend unterschiedliche Ansicht vertraten. Während Freud die Religion als einen neurotischen Überrest betrachtete, glaubte Jung, daß eine Psychotherapie, die das spirituelle Leben des Patienten außer acht läßt, letzten Endes zum Scheitern verurteilt wäre.

Jung schrieb:

„Zu wenig Menschen haben die Gottesebenbildlichkeit als das tiefste Erfülltsein ihrer Seele erfahren. Christus begegnet ihnen nur von außen, nie von innerhalb der Seele; das ist der Grund, weshalb dort noch finsterstes Heidentum herrscht, ein Heidentum das, einmal so offensichtlich, daß es nicht länger geleugnet werden kann, ein anderes Mal in einer allzu fadenscheinigen Verkleidung die Welt der sogenannten christlichen Kultur überschwemmt."[19]

Unsere Träume können der Ort sein, an dem der Heilige Geist uns begegnen will. Unsere Erkenntnis bleibt unvollständig, wenn wir nicht an und mit den religiösen Bedeutungen und Dimensionen unserer Träume arbeiten.

Kritische Fragen

Hier sind fünf Schlüsselfragen, die Sie immer im Hinterkopf behalten sollten, wenn Sie die Traumsymbole einzeln untersuchen:

1. Denken Sie daran, daß das Herz „ein trotzig Ding" ist und daß Sie auch eine Schattenseite haben. Wenn Sie Ihren Traum bedenken, stellen Sie sich also die Frage: *Was verberge ich vor mir selbst?*

2. Denken Sie daran, daß Sie eine unvollständige Persönlichkeit sind. Fragen Sie sich: *Auf welche Weise versucht dieser Traum, größere Einheit in mein Leben zu bringen?*

---

[18] C. G. Jung, „Psychologie und Alchemie", in *Gesammelte Werke,* Bd. 12, Walter Verlag, Düsseldorf, 1994, 7. Aufl.

3. Rufen Sie sich in Erinnerung, daß Sie sich oft nicht darüber im klaren sind, was echt und real ist. Fragen Sie sich: *Auf welche Weise versucht dieser Traum, das aufzudecken, was unverfälscht und echt ist?*

4. Vergessen Sie nicht, daß Sie dazu neigen, Erkenntnisse zu verdrängen. Fragen Sie sich: *Auf welche Weise habe ich bisher versäumt, auf Anweisungen und Einsichten in meinen Träumen zu achten?*

5. Denken Sie daran, daß anhaltende Rastlosigkeit möglicherweise ein religiöses und geistliches Problem ist. Fragen Sie sich: *Auf welche Weise redet der Heilige Geist zu mir?*

Jede dieser Fragen wird Ihnen helfen, Ihre ursprünglichen Einsichten zu erweitern, und Ihre Schlußfolgerungen in den größtmöglichen Zusammenhang zu stellen.

Komplexprobleme

Mit diesem Wissen im Hinterkopf machen wir nun wieder einen Ausflug in die Wildnis. Wir müssen unserem Erkenntnisarsenal noch eine Waffe hinzufügen. Um zu einem genaueren Urteilsvermögen zu gelangen, müssen wir uns näher mit einem merkwürdigen Phänomen befassen, das dort in der Wildnis sein Unwesen treibt – dem Komplex.

Einer der häufigsten Ausdrücke, mit dem Menschen das Verhalten eines anderen bezeichnen, heißt *Komplex*. Jung prägte als erster diesen Begriff, um herauszustellen, wie das Unbewußte mit dem zur Verfügung stehenden „Material" umgeht. Wie *Liebe, Glaube* oder *Existentialismus* wird der Begriff *Komplex* so oft mißverständlich gebraucht, daß wir auf andere Weise ausdrücken müssen, was eigentlich in unseren Traumlandschaften vor sich geht. Um den Begriff klarzustellen, werden wir von *Wirbelstürmen* in der Wildnis sprechen.

Im Volksmund sprechen wir vom Mutterkomplex, Schuldkomplex, Kastrationskomplex und Vaterkomplex und meinen damit, daß unsere Gefühle stark in die betreffende Problematik verwickelt sind. Diese anschaulichen Begriffe beschreiben offensichtlich ungelöste Konfliktbereiche von Menschen, die übersensibel sind oder unter einem ständigen Mangel zu leiden scheinen. Auch wenn die Betroffenen selbst sich offensichtlich des dauernden inneren Drucks nicht bewußt sind, können wir ein schwelendes Problem erkennen. Wirbelstürme blasen in der Wildnis!

Außerordentlich bedeutsame Erfahrungen und ungelöste Probleme werden organisatorische Zentren im Unbewußten. Diese emotionalen Angelpunkte üben eine magnetische Kraft aus und beziehen aktuelle Erfahrungen auf die alten Kernprobleme. Wie der Strudel eines Tornados sind die Heftigkeit und Gewalt des Sturms überwältigend. In der Regel ist uns nicht bewußt, daß unsere Sichtweisen häufig durch den Staub geformt werden, den diese Stürme in unserem Unbewußten aufwirbeln.

Für unser Urteilsvermögen brauchen wir gelegentliche Wettervorhersagen über die bevorstehenden Wirbelstürme, und unsere Träume liefern die meteorologischen Daten, wie sich der seelische Atmosphärendruck aufbaut. Wie Archetypen üben diese Wirbelstürme einen unsichtbaren, aber mächtigen Einfluß auf unsere Gefühle, Entscheidungen und Sichtweisen aus. Zuweilen scheint es so, als würden die Stürme nachlassen, aber in Wirklichkeit warten sie nur auf einen anderen günstigen Moment, um wieder loszubrausen. Wenn das Kernproblem nicht gelöst wird, sind wir nicht innerlich frei. Tatsächlich können solche ungelösten Probleme unsere gesamte Lebensrichtung bestimmen.

Robert Wises Traum, in dem er von seiner Mutter in einem Baumwollfeld zurückgelassen wird, könnte als Verlassenheitskomplex beschrieben werden oder als ein vergessener Wirbelsturm. Jedes Mal, wenn dieser Traum wiederkehrte, war er gewarnt, daß sich in seinem Inneren ein Sturm zusammenbraute. Tatsächlich war seine Kindheit von der Angst und Sorge überschattet gewesen, nirgendwo hinzugehören. Er hatte Schwierigkeiten gehabt, eine gefühlsmäßige Bindung zu seiner Adoptivfamilie aufzubauen.

Wenn ein Traum immer wiederkehrt, können wir davon ausgehen, daß ein Wirbelsturm bevorsteht. Wie Tornados Städte verwüsten, können Komplexe unsere seelische Stabilität zerstören. In ähnlicher Weise tauchen Schlüsselthemen in immer wieder unterschiedlicher Form auf. Zum Beispiel träumen Männer häufig, daß sie an bestimmten Orten ohne Hosen dastehen. Ein Traum spielt vielleicht an einer Straßenecke, ein anderer auf einer Party. Das Strickmuster ist immer dasselbe. Der Träumer wird sich bewußt, daß er im großen und ganzen angemessen bekleidet ist — außer an einer Stelle. Er hat keine Hosen an! Der Mann ist entsetzt. Auch wenn diese Träume in unterschiedlicher Form auftreten, bleibt ihre Botschaft die gleiche. Im Unterbewußten lauert eine ständige Angst, als unangemessen, ungenügend oder nicht richtig vorbereitet dazustehen. Ungelöste Probleme schreien nach einer Lösung.

Unser Urteilsvermögen wird geschärft, wenn wir wiederkehrende Träume und Traumthemen in einen größeren Zusammenhang stellen. Wenn wir gewisse Symbole wiedererkennen (oder wenn bestimmte Themen mit großer Häufigkeit auftreten), können wir sicher sein, daß sich dort draußen ein Wirbelsturm zusammenbraut. Das Logbuch unseres Traums will uns helfen, die Stürme zu erkennen. Wenn wir herausfinden, was sich im Zentrum des Wirbelsturms befindet, sind wir auf dem Weg zu größerer Individuation.

Roberts Zwilling

Als Robert am C. G. Jung-Institut in der Schweiz studierte, hatte er einen überwältigenden Traum. Der Traum stieg aus den Wirbelstürmen seiner Vergangenheit auf und machte deutlich, daß der Sturm des Verlassenseins immer noch aktiv war. Der Traum war so klar und intensiv, daß er mit Sicherheit eine wichtige Botschaft zu übermitteln hatte.

„Im Traum trainiere ich mit Gewichten in einer Kurklinik. Als ich aufsehe, entdecke ich am anderen Ende des Raums jemanden, der genauso aussieht wie ich. Dieser Mann sieht mir zum Verwechseln ähnlich, außer daß er größer ist. Ich bin schockiert! Sofort gehe ich zu ihm hinüber und beginne ein Gespräch, wobei ich merke, daß dieser Mann alles über mich weiß. Lange Zeit reden wir leise miteinander, aber ich weiß, daß dieser Mann tatsächlich mein Zwillingsbruder ist. Er sagt mir, wir hätten die gleichen Eltern gehabt, wären ihrer aber nicht würdig gewesen. Seine Aussagen berühren mich tief.

Wir gehen in mein Büro. Die Hereinkommenden sind erstaunt, daß ich einen Zwillingsbruder habe. Mein Adoptivvater kommt ebenfalls, aber er beachtet meinen Bruder gar nicht. Andere reden mit meinem Ebenbild. Schließlich steigt er in sein Auto und will wegfahren. Meine Frau erscheint und ist ebenfalls verblüfft über unser identisches Aussehen. Sie sagt: ‚Das ist das Erstaunlichste, was ich je gesehen habe‘ — und hier hört der Traum auf.“

Als Robert an diesem Traum arbeitete, entdeckte er mindestens zwei Bedeutungsschichten, denen er gleich nachgehen wollte. Sein erster Gedanke war, dem Traum den Titel zu geben: „Ich finde meinen Zwilling.“ Er machte Aufzeichnungen über den Traum, wie sie im vierten und fünften Kapitel beschrieben wurden, und sogleich kristallisierten sich eindeutige und klare Botschaften heraus.

Der Hintergrund

1. Kurklinik: Hier drängen sich zwei Bedeutungen auf. Dies ist ein Ort, an dem man seine Gesundheit erhalten will — ein gutes Bild für den Umgang mit meinem Leben. Zur gleichen Zeit versuche ich, an meiner äußeren Erscheinung zu arbeiten. Blähe ich mich vielleicht vor anderen auf, so, wie ich hier meine Muskeln aufbaue?

2. Zwilling: Scheint ein Alter ego, eine persona, zu sein. Vielleicht ist dies ein Bild, das ich vor anderen darstellen will. Großartiger, als ich in Wirklichkeit bin. Vielleicht kompensiere ich hier, daß ich im wirklichen Leben kein so großer Mensch bin.

Versuch einer Lösung: Dieser Traum scheint davon zu handeln, wie ich mich nach außen präsentieren möchte. Heißt die Botschaft, daß ich dauernd damit beschäftigt bin, den äußeren Schein zu wahren? Vielleicht halte ich meine äußere Erscheinung irrtümlich für mein wahres

Selbst. Wenn ja, kann ich annehmen, daß die Traumproblematik darin besteht, daß ich den äußeren Robert für den inneren halte.

Problem

1. Ins Büro gehen: Ich begebe mich sofort an den Ort, wo ich „dienstlich" Leute treffe. Das Problem scheint sich zu entfalten, wo ich in der Öffentlichkeit stehe.

2. Erstaunte Menschen: Die Leute sind überrascht und erstaunt, daß es zwei von meiner Sorte gibt. Manche sind verblüfft, daß das Bild und die Person zwei verschiedene Wesen sind.

3. Vaters Gleichgültigkeit: Vater beachtete mich nicht, eine Erfahrung, die sich mit dem realen Leben deckt. Diese Reaktion frustriert mich, vermutlich ein Bild dafür, daß ich niemals seinen Erwartungen gerecht werde. (Wenn Eltern im Traum erscheinen, sind sie in der Regel kein Symbol, sondern sie selbst.)

Versuch einer Lösung: Ich versuche, nach außen etwas darzustellen, was sich nicht mit meiner wahren Person deckt. Die Leute werden verblüfft sein, wenn sie entdecken, daß es noch einen anderen Robert Wise gibt. Doch weder das Bild noch mein wahres Selbst scheint zu genügen.

Bis zu diesem Punkt hatte Robert schon allerhand herausgearbeitet, aber er hatte das Gefühl, noch nicht tief genug vorgedrungen zu sein. Die Deutung blieb zu sehr an der Oberfläche. Er hatte ein wenig im Schmutz herumgewühlt, aber nun mußte er einen Spaten holen und tief graben. Daher gab er dem Traum einen anderen Titel: „Mein wahres Selbst finden" und begann von neuem — mit Hilfe des Personenparadigmas.

Der Hintergrund

1. „Ich": Das „Ich" im Traum ist der Türhüter. Ich hatte versäumt, die Aufgabe des Türhüters zu berücksichtigen. Offenbar wird dem Ego eine Alternative gegenübergestellt.

2. Kurklinik: Der Türhüter will seine Muskeln aufbauen, offenbar, um die Kontrolle nicht zu verlieren. Hier wird etwas „aufgebläht", um die Stärke und den äußeren Schein aufrechtzuerhalten.

Aber Moment mal! Besteht die Möglichkeit, daß der Türhüter versucht, stark genug zu werden, um der Erscheinung eines neuen, echteren Selbst entgegentreten zu können?

3. Zwilling: Personen des gleichen Geschlechts haben oft eine Schattenfunktion. Dieser Zwilling hat sicher eine schattenhafte Dimension. Gleichzeitig war er im Traum überlebensgroß. Fast göttlich, geistlich. Ist der Zwilling etwa mein wahres Selbst? Ist der Zwilling die wahre Alternative zum Türhüter?

Versuch einer Lösung: Der Türhüter wird mit einer persönlichen Realität konfrontiert, die die Imagepflege überflüssig machen würde. Er kann aufhören „Illusionen zu schaffen" und einfach *sein,* wenn er akzeptieren kann, daß das Bild des Zwillings angemessen ist.

Problem

1. Dieselben Eltern: Wir sind biologisch verwandt, Kinder derselben Eltern. Wir fühlen uns jedoch nicht würdig, nicht von ihnen angenommen. Es ist das alte Problem, sich nicht wirklich von den leiblichen Eltern akzeptiert zu fühlen.

Kommt Ihnen diese Diagnose irgendwie bekannt vor? Klingt verdächtig nach Wirbelsturm! Verlassenheit.

2. Leute im Büro: Das wahre Selbst wird von anderen eher akzeptiert als das alte Bild. Das wahre Selbst wird sofort angenommen — eine sehr positive Bestätigung.

3. Vaters Ablehnung: Diese Reaktion würde den Türhüter sofort veranlassen, in den Gymnastikraum zu eilen und seine Muskeln zu trainieren, um den Ansprüchen des Vaters zu genügen. *Diese Reaktion ist ein lebenslängliches Problem!*
Keine Frage, hier habe ich es mit einem Wirbelsturm zu tun. Mich anstrengen, um Bestätigung zu erfahren! Dieser Traum ist Teil eines viel umfassenderen Problembereichs. Ich habe einen Komplex!

Versuch einer Lösung: Während alle anderen Menschen bereit sind, von der Bedeutung meiner wahren Persönlichkeit Notiz zu nehmen, ist die Elternfigur aus der Vergangenheit gar nicht zufrieden. Ich bin immer noch auf der Suche nach meiner wahren Identität. Ein Teil von mir steht immer noch verloren im Baumwollfeld weit draußen in der Wildnis. Das verdrängte Selbst ist jedoch bereit, zurückzukommen und seinen rechtmäßigen Platz einzunehmen. Der Türhüter wartet jedoch noch auf die vollständige Genehmigung, bevor er zuläßt, daß das Problem gelöst wird.

Lösung: Meine Frau erscheint: Eine Figur des Gegengeschlechts tritt auf, die den Zwilling vorbehaltlos bejaht. Es liegt also nahe, daß ich mich in die Annahme meines ganzen Selbst „hineinfühlen" muß. Hier handelt es sich nicht um einen intellektuellen Denkprozeß, sondern um einen seelischen Vorgang, um mit mir selbst eins zu werden.

„Ich stellte nun einige meiner kritischen Fragen: Auf welche Weise versucht dieser Traum, größere Einheit in mein Leben zu bringen? Auf welche Weise versucht der Traum, das aufzudecken, was unverfälscht und echt ist? Was will der Heilige Geist mir durch diese Symbole mitteilen? Jede dieser Fragen trug dazu bei, meinen Blick zu schärfen für die Botschaft meines Zwillings.

Der ganze Traum handelte von Echtheit und Wahrhaftigkeit. Die Tatsache, daß der Zwilling körperlich größer war als ich, brachte mich dazu, noch einmal einen Blick auf meine Gaben zu werfen. Ich hatte immer dazu geneigt, mich und meine Fähigkeiten gering einzuschätzen. Oft war diese Neigung überheblich und anmaßend, wenn ich versuchte, meine Zweifel zu verschleiern.

Auf der anderen Seite nahm ich immer an, andere Leute seien fähiger als ich. Meine eigenen Gaben schienen so selbstverständlich und durchschnittlich zu sein, daß ich ihnen nicht viel Bedeutung beimaß. Natürlich war diese Sicht unrealistisch und führte zu einer falschen Bescheidenheit. Ich würde erst dann Reife erlangen, wenn ich einige meiner Fähigkeiten bewußt anerkannte und bejahte. Der Traum signalisiert dem Türhüter, nicht so hart am äußeren Erscheinungsbild zu arbeiten und mich einfach ‚sein‘ zu lassen.

Im Traum erblickte ich mein wahres Selbst. Es war größer, weil ich dazu neigte, mich selbst geringzuschätzen. Ich habe eine größere Bedeutung, als ich ursprünglich angenommen hatte! Als diese Einsichten sich mir aufdrängten, hatte ich ein überwältigendes Gefühl, etwas geleistet zu haben. Die Bestätigung war fast euphorisch. Ich fühlte mich danach richtig wohl und wußte, ich war auf der richtigen Spur.

Meine Vorstellung einer ablehnenden Elternfigur hinderte mich daran, mit mir selbst eins zu werden und meine Individuation zu erlangen. Ich trug noch immer Gefühle mit mir herum, in den Augen meiner Eltern nicht wirklich wertgeachtet zu sein. Dieser Zweifel machte es mir schwer, einfach nur ‚ich selbst zu sein‘. Bei früherer Traumarbeit hatte ich jedoch die Entdeckung gemacht, daß dieses frühe Trauma einen sehr glücklichen Nebeneffekt hatte. Aus der Abwesenheit einer positiven Vaterfigur entwickelte sich die Sehnsucht nach einem überirdischen Vater. Das war ein großes Geschenk. Ich hungerte förmlich danach, meinen himmlischen Vater kennenzulernen.

Der Zwillingstraum erinnerte mich daran, die letztendliche Bestätigung meiner Person darin zu finden, daß ich von Gott angenommen war. Wenn ich die Botschaft des Zwillings in die Tat umsetzen sollte, brauchte ich die geistliche Hilfe, die ich nur durch eine persönliche

Beziehung zu Gott dem Vater finden konnte. Ich wußte, daß der Heilige Geist zu mir gesprochen hatte.

Ich konnte sehen, daß die Kraft eines alten Sturms schon fast gebrochen war. Der Verlassenheitskomplex stand kurz vor dem Zusammenbruch. Der alte und quälende Sturm verlor seine Schlagkraft!"

Während Robert an der Deutung des Traums arbeitete, wurde er von plötzlicher Erkenntnis überwältigt. Er hatte in dem Prozeß seiner Individuation einen Punkt erreicht, wo das wahre Selbst hervortreten konnte, ohne sich hinter Bildern zu verstecken, die für den Türhüter annehmbar waren. Seine Persönlichkeit konnte in ihrer Einzigartigkeit ans Licht treten.

„Der Traum legte nahe, daß ein Aspekt der Arbeit meiner ersten Lebenshälfte abgeschlossen war. Ich hatte ein neues Einssein mit mir selbst erreicht. Ich brauchte nicht mehr nachzuforschen, wer da in irgendeinem Feld verloren herumstand. Meine Identität wurde nicht mehr von Verlassenheitsängsten verdunkelt.

Ich weinte, weil ich begriff, daß ein alter Dorn aus meiner Seele entfernt worden war. Die Vergangenheit hatte keine Macht mehr über die Gegenwart. Ich war von einer quälenden Angst befreit worden. Ein paar Minuten lang badete ich richtig in dem Bewußtsein, etwas ganz Entscheidendes erreicht zu haben. Ich war aus einem dunklen Abgrund endlich ans Licht gekommen.

Aber ich konnte mich nicht auf meinen Lorbeeren ausruhen. Der Traum drängte mich, nach noch tieferen Einsichten Ausschau zu halten.

Ich konnte die Notwendigkeit, mit mir eins zu werden, auch auf einem anderen Gebiet erkennen. Der Türhüter versuchte immer noch bei jeder Gelegenheit, die Kontrolle über mein Leben zu übernehmen. Wir führten immer noch eine Auseinandersetzung darüber, wem die Herrschaft über meine geistliche und seelische Welt zukam. Die Herrschaft des Ego war noch nicht gebrochen. Der Türhüter dachte sich immer neue Masken und personas aus, um die Erwartungen anderer Leute zu befriedigen. Dem Türhüter sind Masken immer lieber als das wahre Selbst!

Eine weitere Frage mußte nochmals bedacht werden. Auf welche Weise versucht der Traum das Wahrhafte, Echte zu enthüllen? Ein neues Thema kristallisierte sich heraus. Ich fand es immer leichter, anderen Vertrauen zu schenken als mir selbst. Ich mußte härter daran arbeiten, mit mir selbst eins zu werden. Das Traumthema hieß Integrität.“

Als Robert über dieses Problem nachdachte, fiel ihm ein, daß Menschen, die verlassen oder mißbraucht wurden, stets darauf bedacht sind, die Bestätigung wichtiger Bezugspersonen zu erhalten. Dieses Buhlen um Anerkennung ist ihnen zur zweiten Natur geworden. Der Schlüssel zur Aufdeckung unseres wahren Selbst liegt jedoch darin, zu dem zu stehen, wie wir sind, und nicht, wie andere uns haben wollen.

Als Robert den Traum zum dritten Mal durchdachte, fiel ihm noch ein neuer Aspekt auf.

„Ich mußte mich noch einem weiteren Problem stellen, wenn ich echt und wahrhaftig werden wollte. Mein Vater war eine wichtige Figur in dem Traum. Als Kind hatte ich eine sehr schwierige Beziehung zu ihm. Ich begann, sein Auftreten im Traum in einem neuen Licht zu sehen.

Langsam stieg ein anderes Gefühl in mir auf. Je länger ich über sein Verhalten im Traum nachdachte, desto wütender wurde ich. In der Wildnis lauerte mehr Feindseligkeit, als ich wahrhaben wollte. Das Gefühl, von den Eltern zurückgewiesen zu werden, ist immer schwer zu verkraften.

Ich hatte immer geglaubt, ich sei nicht gut genug für ihn, aber auch er hatte an mir versagt. Ich wollte einen Vater, zu dem ich aufschauen konnte, der mich in meinen Unbeständigkeiten und Ungereimtheiten ebenso annahm wie in meinen Erfolgen. Als ihm selbst meine besten Leistungen nicht zu genügen schienen, stellten sich bittere Gefühle bei mir ein. Doch wenn ich weiterhin an diesem Ärger festhielt, würde mein wahres Selbst nicht ans Licht treten können.

Ich mußte meinen Vater aus der Verantwortung entlassen, mir Wertgefühl zu vermitteln. Dazu war er leider nicht in der Lage. Der Zorn würde mich nur weiterhin an ihn fesseln. Solange wir Groll gegen einen Menschen hegen, hat dieser Mensch die Kontrolle über unser Leben. Ich mußte meinem Vater die Zuneigung entgegenbringen, die ich von ihm haben wollte. Erst wenn ich ihn so annahm, wie ich von ihm angenommen sein wollte, konnte ich die Integrität mei-

.ner Person erlangen. Eine geistliche Versöhnung war notwendig, um dieses Ziel zu erreichen."

Sie sind nicht anders

Die Lebensgeschichte von Robert Wise mag vielleicht etwas ungewöhnlich sein, doch unterscheiden sich seine seelischen Bedürfnisse nicht von denen unzähliger anderer Menschen, auch wenn sie keine Adoptivkinder sind. Es gibt unzählige Gründe, Überlebensängste zu entwickeln. Kindheitstraumata und Zurückweisungen können ähnliche Probleme verursachen. Die meisten Menschen hegen einen großen Teil ihres Lebens beträchtliche Befürchtungen, daß sie nicht lebenstüchtig genug seien.

Wegen solcher Ängste tragen wir Masken und entwickeln andere Persönlichkeitsbilder. Mit der Zeit verlieren wir jedes Gespür dafür, wer sich wirklich hinter dieser Fassade verbirgt. Paul und Robert behandelten einmal eine sehr bekannte Schauspielerin, die von schweren Selbstzweifeln geplagt wurde. Sie konnte ihre Rollen so leicht wechseln, weil ihr ihre eigene Persönlichkeit gar nicht mehr im Weg stand. Diese Schauspielerin konnte irgend jemand sein, weil sie tief in ihrem Innern ein Niemand war.

Ziel der Traumarbeit ist es, daß wir eine ganzheitliche Persönlichkeit werden. Wenn Sie erst einmal erkannt haben, welche Wirbelstürme in Ihrem Inneren toben, werden Sie auch in das Innere dieser Stürme vordringen können. Wenn Sie sich Zeit nehmen, sich mit Ihren Problemen auseinanderzusetzen, werden sie sich auch lösen lassen, und Sie werden von nun an vom authentischen Zentrum Ihrer Persönlichkeit aus handeln.

Ihre Aufgabe

Nehmen Sie sich die Träume, mit denen Sie bereits gearbeitet haben, nochmals vor. Vielleicht haben Sie bisher nur an der Oberfläche gekratzt und müssen eine Schaufel zur Hand nehmen. Sind kritische Anfragen nötig? Vielleicht stoßen Sie dort in der Wildnis auf eine Goldmine.

Versuchen Sie zu erspüren, ob ein bestimmter Traum nicht Teil eines größeren Ganzen ist, das auf einen Wirbelsturm hinweist. Gibt es in Ihrem Leben größere, übergreifende Problemfelder, mit denen Sie sich einmal beschäftigen sollten?

Wenn Sie einen Nerv treffen und auf unangenehme Gefühle stoßen, halten Sie inne und versuchen Sie, sich ehrlich mit den Beziehungen im Traum auseinanderzusetzen. Ist an irgendeiner Stelle Vergebung, Versöhnung oder Heilung nötig? Was sollte geschehen, um Sie von negativen Gefühlen zu befreien? Manche Gebiete in der Wildnis zu erforschen, ist mit Sicherheit eine starke seelische Beanspruchung, aber die Mühe lohnt sich!

Vielleicht treffen Sie dort im Hinterland sogar auf Ihren Zwilling. Machen Sie sich mit ihm vertraut. Sie werden es nicht bereuen. Ihr himmlischer Vater hat seine Hand im Spiel.

Kapitel 8

LESEN SIE DIE SCHRIFT AN DER WAND

Interpretation

Wenn ein Mensch sich aus der Erkenntnis heraus betrachtet, daß er eine vielschichtige Persönlichkeit ist, beginnt er, an sich zu arbeiten. ... Aber sobald er anfängt, sich zu beobachten, wird er in diesem Moment zu einer zweigeteilten Persönlichkeit — eine, die beobachtet, und eine, die beobachtet wird.

MAURICE NICOLL,
Psychological Commentaries
(Psychologische Kommentare)

Warnung! Traumdeutung ist kein Gesellschaftsspiel.

Auf den vorhergehenden Seiten war vom inneren Gewinn und den Ergebnissen der Traumarbeit die Rede. Wir hoffen, daß wir Ihnen Hilfestellung bei der Deutung Ihrer Traumbotschaften geben konnten. Doch das Bewußtsein mit dem Unbewußten zusammenzubringen ist kein Kinderspiel oder gar als Hobby zu betreiben.

Bei der Mehrzahl unserer Beispiele ging es darum, daß jemand sich Klarheit über seinen Traum verschaffen wollte. Hier kann sich professionelle Unterstützung als unschätzbare Hilfe für das seelische Gleichgewicht erweisen, denn es ist in vielen Fällen angebracht, sich hochbrisanten Problemen nicht auf eigene Faust zu stellen.

Es geht uns hier nicht darum, Ihren Eifer zu dämpfen! Wir dürfen jedoch nicht verschweigen, daß auch eine gewisse Gefahr darin liegt, auf potentielle neurotische Problembereiche zu stoßen, die dort in der Wildnis lauern. Manchmal ist scheinbar normales Verhalten nur eine Schutzmaske, hinter der sich schwerwiegende Probleme oder gar latente Psychosen verbergen. Dann ist es so, als suche man nach einem Wasserrohr und trifft auf die Gasleitung!

Wir beobachteten einmal eine Frau, die sich übermäßig stark mit Traumarbeit zu beschäftigen begann. Während dieser Zeit hatte Kathy auch einige traumatische Erfahrungen zu verkraften. Sie durchlief im Zuge ihrer Traumarbeit ungewöhnliche Persönlichkeitsveränderungen. Ihr Verhalten wurde immer unberechenbarer, und sie wurde auch merkwürdigerweise in allerlei Unfälle verwickelt. Knochenbrüche und Autounfälle waren Anzeichen für einen Hang zur Selbstzerstörung. Ihr Verhalten wurde sprunghaft und unstet, und es folgten mehrere Selbstmordversuche.

Die Traumarbeit war nicht die Ursache ihrer Probleme! Die Schwierigkeiten dieser Frau bestanden seit ihrer Kindheit. Jedoch war Kathy dieser Reise durch die Wildnis nicht gewachsen. Der Türhüter war nicht stark genug, die Stürme aus ihrem täglichen Leben herauszuhalten. Indem Kathy ohne Unterstützung von außen an ihren Träumen arbeitete, verschlimmerten sich ihre Probleme nur noch.

Die Tatsache, daß Kathy Psychologie studiert hatte, hatte zunächst nichts anderes zu besagen, als daß sie in der Lage war, akademische Arbeit zu leisten. Es geschieht oft, daß Leute Seelsorger, Psychologen oder Psychiater werden wollen, weil sie unterschwellig Hilfe für sich selbst suchen.

Für die Reise in den unbewußten Bereich unserer Seele ist also ein gewisses Maß an seelischer Stabilität vonnöten. Menschen, die seelisch gesund sind, werden gestärkt aus dieser Erfahrung hervorgehen. Menschen mit einer schwachen Persönlichkeitsstruktur sind für diese Reise schlecht ausgerüstet. Wir müssen mit beiden Beinen fest auf dem Boden stehen, wenn wir unseren Kopf in den Wolken haben wollen. Das ist ähnlich wie bei einem Erdbeben. Die Erschütterungen erfolgen, weil im Erdinneren etwas aus dem Gleichgewicht geraten ist. Unsichtbare Erdschichten können das Gewicht und den Druck der

Erdoberfläche nicht mehr aushalten. Früher oder später geben sie nach. Es gibt Menschen, deren Innenleben in ähnlicher Weise gestört ist. Das muß bei der Traumarbeit unbedingt berücksichtigt werden.

Achten Sie auf Steinschlag

Achten Sie auf die Wegmarkierungen. Bedenken Sie bitte folgende Fragen, bevor Sie bei der Traumdeutung in luftige Höhen aufsteigen oder sich in das Tal der Depression hinunterbegeben:

1. Gibt es Dinge, bei denen Sie regelmäßig außer sich geraten? Rasten Sie hin und wieder einmal aus und verlieren dabei völlig die rationale Kontrolle über sich selbst? Brauchen Sie lange, um sich danach wieder zu beruhigen? Wenn ja, ist die Traumarbeit in Ihrem Fall vielleicht nicht der richtige Weg.

2. Neigen Sie zu selbstzerstörerischem Verhalten? Haben Sie einen Selbstmordversuch hinter sich? Waren Sie schon häufig in Unfälle verwickelt? Sind Sie allzu oft von Schicksalsschlägen betroffen? Wenn ja, ist es vielleicht nicht sinnvoll, Traumarbeit ohne professionelle Unterstützung zu betreiben.

3. Haben Sie wilde und furcherregende Träume? Kommen darin beängstigende Symbole vor, wie etwa Feuer? Oder wilde Tiere? Explodierende Autos? Mit Alpträumen werden wir uns später noch beschäftigen. Wenn Sie in Ihren Träumen jedoch das Gefühl haben, als würde Ihr Kopf zerspringen, ist das ein Signal, Hilfe von außen zu suchen.

4. Kennen Sie einen Psychiater, Seelsorger oder Geistlichen, der Ihnen helfen kann, die Probleme aufzuarbeiten, die sich aus Ihrer Traumdeutung herauskristallisiert haben?

Bei vielen Konfessionen erhalten geistliche Leiter eine Ausbildung, die sie befähigt, mit psychologischen und biblischen Erkenntnissen zur Persönlichkeitsfindung umzugehen. Sie können uns helfen, unser seelisches Gleichgewicht und die richtige Perspektive zu erhalten. Vielleicht möchten Sie, daß eine solche Person Sie bei Ihrer Traumarbeit begleitet.

Lassen Sie sich durch diese Warnungen nicht in Angst versetzen, aber nehmen Sie sie bitte ernst. Unverarbeitete Probleme aus der Vergangenheit aufzuarbeiten, ist wahrscheinlich die wichtigste Aufgabe unseres Lebens. Dazu brauchen wir jede Hilfe, die wir von Gott und Menschen erhalten können. Und wir müssen realistisch sein.

Wenn wir diese Vorbedingungen berücksichtigen, sind wir bereit für den nächsten Schritt, nämlich die Traumsymbole zu uns sprechen zu lassen. Wir wollen noch besser lernen, zwischen den Zeilen zu lesen, die Schrift an der Wand zu entziffern.

Expeditionen in die Wildnis

Jetzt wollen wir noch besser lernen, den Bereich des Unbewußten zu erforschen und noch vertrauter werden mit den Gestalten des Personenparadigmas. Vielleicht werden Sie überrascht sein, daß ein Dialog mit ihnen möglich ist! Diesen Prozeß nennen wir eine „Expedition". Sie können sich auf eine interessante Reise gefaßt machen. Und sie kostet weniger als ein Flug nach Übersee! Wir werden Sie mit einer Methode vertraut machen, mit deren Hilfe Sie mit den Traumsymbolen in einen „Dialog" treten können. Um Ihnen eine Vorstellung davon zu vermitteln, wollen wir uns einmal klarmachen, was geschieht, wenn wir tagträumen.

Oft als „aktive Vorstellungskraft" bezeichnet, ist diese Expedition im wesentlichen kaum mehr, als die Kunst des Tagträumens und der Selbstreflektion für die Traumdeutung nutzbar zu machen. Die meiste Zeit lassen wir unserer Phantasie einfach freien Lauf und denken nicht über die eventuelle Bedeutung solcher Träumereien nach. Doch sind solche Tagträume ein wichtiger Hinweis auf unsere unerfüllten Bedürfnisse. Was Ihnen bei einer Tasse Kaffee in den Sinn kommt, spricht unter Umständen Bände über Ihre Ängste, Befürchtungen und seelische Unausgewogenheiten.

Dazu gibt es eine nette kleine Geschichte: „The Secret Life of Walter Mitty" (Das geheime Leben des Walter Mitty). Diese humorvolle Erzählung von Walter Mittys Phantasiereisen in imaginäre Welten voller Abenteuer und Ränkespiele ist ein Spiegel seiner eigenen langweiligen Welt von Unzulänglichkeit und Dummheit. Mitty mußte sich selbst aufblasen. In seinen Tagträumen kompensierte er, was ihm in Wirklichkeit fehlte. Walter Mittys Geschichte weist uns auf die Bedeutung unserer geheimen Gedanken hin. Träume drücken dieselben Gefühle in Symbolen aus.

Nehmen wir einmal an, ich sitze gern am Meer und male mir aus, was für eine wichtige Persönlichkeit ich bin. Plötzlich bin ich der Präsident der Vereinigten Staaten, der in den Kongreß einzieht, während die Kongreßmitglieder mir frenetischen Beifall zollen. Dann ändert sich der Schauplatz, und ich marschiere an Tausenden von Soldaten vorbei, die vor mir stramm stehen und salutieren. Ein anderes Mal bin ich der Generaldirektor von General Motors. Die leitenden Angestellten der Hauptabteilung des Autokonzerns versammeln sich in meinem Büro, um von mir zu erfahren, wie die amerikanische Autoindustrie die japanische überholen kann. Während ich meine Erklärungen abgebe, hören diese hochintelligenten Männer mir gespannt zu und sind beeindruckt von meinen verblüffenden Erkenntnissen. Jede dieser Episoden hinterläßt ein warmes und sehr tröstliches Gefühl. Was geht hier wohl vor? Was wird in meinem Leben wohl nicht geschehen?

Szenenwechsel. Eine Frau hat gerade ihre Kinder zur Schule geschickt. Sie sitzt in der Küche, sieht auf das schmutzige Geschirr im Spülbecken und überlegt, wo ihr Mann sich gerade aufhält. Er ist für eine Woche auf Geschäftsreise. Ihr Haar ist ungekämmt, und sie hat noch immer den Morgenmantel an. Im Geist läßt sie den schmutzigen Geschirrberg hinter sich und schlendert im Bikini am Sandstrand von Waikiki entlang. Sie wiegt natürlich zehn Kilo weniger (die sie eigentlich vor zwei Monaten abnehmen wollte). Da kommt ihr Tom Cruise entgegen und starrt sie an. An seinem Gesichtsausdruck erkennt sie, daß er offenbar noch nie ein so verführerisches Wesen zu Gesicht bekommen hat. Er hüstelt und scheint etwas verlegen. Der Schauspieler ist von so viel Schönheit eindeutig eingeschüchtert. „Bitte", sagt er flehentlich, „verraten Sie mir Ihren Namen. Ich könnte nicht weiterleben ohne die Hoffnung, Sie jemals wiederzusehen."

Man braucht nicht viel Phantasie, um zu erkennen, was in diesen Szenen vor sich geht. Hinter allen steckt ein Bedürfnis, wichtig genommen und anerkannt zu werden, Macht zu besitzen, oder auch der Wunsch, etwas Besonderes, ein Abenteuer zu erleben. An der Thematik dieser Phantasien sehen wir sofort, von welchen Gefühlen die jeweilige Person im Augenblick beherrscht wird. Wie ein Verhungernder, der von einem Festessen träumt, beschreibt jede dieser Szenen ein unerfülltes Bedürfnis, das dort in der Wildnis lauert. Diese Dynamik hilft uns, unsere Traumsymbole besser zu verstehen.

Selbstgespräche

Beim Tagträumen ist uns bewußt, daß wir nicht zu irgendwelchen Kobolden, Elfen, „Geistwesen" oder dämonischen Mächten sprechen. Wenn wir natürlich wirklich glauben, daß wir mit jemanden reden, der tatsächlich unsichtbar zugegen ist, brauchen wir psychiatrische Behandlung! Ganz im Gegenteil: wenn wir tagträumen, wissen wir, daß wir *mit uns selbst sprechen.*

Wenn wir der Sache auch keine besondere Aufmerksamkeit widmen, läuft hier doch ein hochentwickelter Prozeß ab, der uns von Tieren unterscheidet. Wir besitzen die Fähigkeit, über uns selbst nachzudenken. Wir sind gleichzeitig Beobachter und die Beobachteten. Solche Betrachtungen entziehen uns der Kontrolle des Türhüters und eröffnen uns neue Möglichkeiten einer objektiven Sicht.

Wenn wir uns ärgern oder Angst haben, sprechen wir im Geist oft mit uns selbst oder einer anderen, nicht gegenwärtigen Person. Wir beginnen, das Problem zu verarbeiten, indem wir es „ausdiskutieren". Unsere Ohren können hören, was uns im Herzen bewegt, und unser Blutdruck sinkt. Wir bringen die heftige Gemütsbewegung aus unserem Kopf ins Tageslicht, wo Mißverständnisse klargestellt werden können. Der Klang unserer Stimme gestattet uns, uns der Kontrolle unserer Ängste oder Verletzungen zu entziehen und den „Amoklauf der Gefühle" wieder in den Griff zu bekommen. Dabei ist uns bewußt, daß wir nicht mit unsichtbaren Menschen oder Mächten reden. Wir objektivieren einen sehr subjektiven Augenblick in unserem Leben.

Tagträume sind nur möglich, solange wir keine übermäßige Selbstverdammung betreiben. Wir gestehen uns in der Phantasie eine große Auswahl von Möglichkeiten zu. Wir raten zwar nicht dazu, sich erotischen Träumen hinzugeben, doch heben wir einige Augenblicke lang das übermächtige Gefühl von Verpflichtung und Verantwortung auf, um einen kreativen Ausweg aus unserem gegenwärtigen Dilemma zu finden. So können wir durchaus von einem Sommerhaus in Colorado träumen, solange wir nicht überlegen, ob wir uns das leisten können, oder darüber nachdenken, ob es wirklich eine gute Investition ist.

Diese alltäglichen, sehr normalen Gedankenprozesse bilden die Voraussetzung für den Einstieg in den unsichtbaren Bereich unserer Persönlichkeit. Wir werden auf diesen Mechanismus der Selbstbeobachtung aufbauen. Halten Sie diese Erkenntnis fest. Wir werden im Laufe unserer Expedition noch auf diesen Ansatz zurückkommen.

Hier ist noch eine Übung, damit Sie verstehen, wie unsere Expedition abläuft. Versuchen Sie, sich die Gefühle, die sie sonst in Worten ausdrücken, bildhaft vorzustellen. Nehmen Sie beispielsweise die Aussagen: „Ich bin richtig wütend auf dich", oder: „Ich bin so fertig, daß ich sie am liebsten umbringen würde", oder: „Ich bin so traurig, daß ich gleich losheulen könnte". Jeder dieser Sätze ist der verbale Ausdruck eines Gefühls. Überlegen Sie nun, wie Sie dieselben Gefühle durch ein Symbol darstellen könnten. Könnten Sie einem anderen ein Bild zeigen, das genau die gleiche Vorstellung vermittelt?

Hier kommt uns sofort ein Bild in den Sinn. In Lokalzeitungen war das Photo von einer Menschenmenge erschienen, die sich vor einem Gefängnis von Südcarolina versammelt hatte, als die Polizei Susan Smith abführte, die man wegen Ermordung ihrer zwei kleinen Kinder verhaftet hatte. In den Gesichter der johlenden Menge zeigte sich eine Mischung von Entsetzen, Trauer und heftigem Zorn. Manche waren zum Töten bereit, während andere von ihrem Kummer übermannt wurden. Dieses Bild zeigte eine große Vielfalt von Gefühlen. Würde dasselbe Photo als Traum erscheinen, müßten wir sehr sorgfältig seine Botschaft entziffern. Die bestürzten Gesichter könnten ein Ausdruck von Ärger, Bosheit oder sogar Schock sein.

Spielen Sie mit dieser Übung. Suchen Sie anschauliche Bilder, um ein Gefühl auszudrücken. So könnten Sie einen unehrlichen Menschen „mit gespaltener Zunge" darstellen. Wenn ein Freund Sie hintergeht, könnten Sie ihn mit einem flatternden Wimpel in der Hand zeichnen, ein Mensch, der „sein Fähnlein nach dem Wind dreht". Je besser Sie Ihre Gefühle in Bilder kleiden können, desto genauer werden Sie Ihre Träume wieder in Worte fassen können. Sie werden bald erkennen, warum ein Bild mehr wert ist als tausend Worte.

Dialog mit Tiefe

Auf unserer Expedition kehren wir die vorige Übung, bei der Sie Worte und Sätze in Bilder kleiden sollten, ins Gegenteil. Jetzt fassen Sie die Bilder wieder in Worte. Das muß mit der größtmöglichen Genauigkeit geschehen. Wie das Bild der Menge vor dem Gefängnis viele Vorstellungen heraufbeschwört, so haben die meisten unserer Traumbilder eine vielschichtige Bedeutung. Wir werden eine bestimmte Methode entwickeln, um die Botschaft besser zu entschlüsseln.

Jedoch müssen wir die Traumformen zu mehr als bloßen Worten machen. Worte sind gut für den Anfang, aber sie treffen nicht das Eigentliche. Hauptworte, Eigenschafts- und Tätigkeitsworte sind nur die Eimer, die wir versuchen, mit Bedeutung zu füllen. Träume laden uns ein, aus dem Eimer zu trinken. Wir suchen Erkenntnisse, die über bloße Worte hinausgehen.

Sie werden wissen, wenn Sie diese Stufe erreicht haben, denn die Entdeckung wird Sie erfreuen und verblüffen. Ihnen wird im wahrsten Sinne des Wortes „ein Licht aufgehen". Und plötzlich werden Sie alles verstehen. Erst wenn wir diese Ebene der Erkenntnis erreicht haben, können wir voll und ganz begreifen, was der Traum uns sagen will. Traumexpeditionen führen uns zu diesem aufregenden Durchbruch.

Es gibt einen guten Grund, weshalb dieses Reden mit sich selbst so viel bewirkt. Entsinnen Sie sich an den Grund, warum Träume überhaupt möglich sind? Der Türhüter begibt sich zur Ruhe, wenn wir schlafen, und die Tür zum Unbewußten öffnet sich. Ohne seine Überwachung und Zensur kann das, was in der Wildnis verborgen ist, in unser Bewußtsein einsickern. Da vergangene Erfahrungen als Bilder gespeichert sind, erscheinen die Traumsymbole in der Wildnis.

Tagträume funktionieren nach genau dem gleichen Prinzip. Zwar sind wir wach, doch der Türhüter ist eingenickt. Das Drängen und die Triebe aus dem Unterbewußten kommen in einem angenehmen und tröstlichen Gewand daher, deshalb ist ihr Erscheinen willkommen. Unsere Gedanken sind harmlos, und jeder ist dabei glücklich.

Wir machen uns dasselbe Prinzip zunutze, um die größere Expedition zu unternehmen.

Verhaltensregeln für Touristen

Wiederholen wir noch einmal, was wir bis jetzt gelernt haben. Folgende Grundsätze machen die Expedition möglich:

1. Wenn wir mit uns selbst reden und laut denken, können wir mit den im Traum erscheinenden Symbolen unserer Persönlichkeit in einen Dialog eintreten.

2. Diese imaginären Gespräche funktionieren nur in dem Maße, wie wir bereit sind, in einen Prozeß einzutreten, der zunächst ein wenig dumm erscheint. Wir müssen uns ganz loslassen, und unserem Unbewußten Redefreiheit gewähren.

3. Vergessen Sie nicht: Träume haben eine kompensatorische Funktion. Sie versuchen, etwas auszugleichen, das aus dem Gleichgewicht geraten ist. Dasselbe gilt für Tagträume. Wir müssen uns fragen, welche Defizite ausgeglichen werden müssen. Was muß wieder ins Gleichgewicht kommen?

4. Unsere Aufgabe besteht darin, unsere Traumsymbole in Worte zu kleiden, damit sie zu Erkenntnissen werden. Unser Ziel ist, eine größere Einsicht in uns selbst zu gewinnen.

5. Merkwürdigerweise geben Träume ihre Bedeutung nur in dem Maße preis, wie sie ernstgenommen werden. Wir sollten alle Traum-

bestandteile mit Respekt behandeln. Jedes dieser Symbole ist ein Stück von uns selbst. Wir achten unsere eigene Persönlichkeit, wenn wir unseren Traum ernstnehmen.

Alle Mann an Bord!

Jetzt sind wir bereit für die Expedition, aber zuvor müssen wir uns den Traum, den wir entschlüsseln wollen, noch einmal deutlich vor Augen stellen. Dazu sollten wir nicht nur unsere Traumaufzeichnungen mehrere Male durchlesen, sondern auch den Handlungsablauf nochmals in Gedanken durchleben. Vor uns liegt unser Traumtagebuch mit den sorgfältigen Aufzeichnungen über unsere Traumarbeit. Die schwierigen Symbole sind entschlüsselt und die Problembereiche für die Deutung bereits sorgfältig definiert. Wir wissen, wonach wir bei unserer Expedition suchen.

In unseren Seminaren weisen wir die Teilnehmer oft an, die Augen zu schließen und zu versuchen, wieder in den Traum einzutreten, das heißt, ihn vor dem geistigen Auge nochmals ablaufen zu lassen. Wälzen Sie die Traumerfahrung eine Weile in ihrem Geist hin und her, bis sich wieder das entsprechende Gefühl, die richtige Atmosphäre eingestellt hat.

Am Beginn unserer Expedition treten wir wieder in den Traum ein. Wir verstehen vielleicht nicht, weshalb eine bestimmte Person oder ein Tier im Traum auftaucht. Möglicherweise ist uns auch die Bedeutung von manchen Gegenständen noch nicht klar. Trotzdem ist es unser Ziel, in ein Gespräch mit dem Geheimnis zu kommen, damit wir das, was wir nicht verstehen, entschleiern können. Wir treten in einen Dialog mit den Traumbewohnern ein, um ihren Geheimnissen auf die Spur zu kommen.

Die Expedition führt uns in die Welt der Personen aus dem Personenparadigma. Wir werden mit ihnen in einen Gedankenaustausch eintreten wie mit irgendeinem Menschen. Vielleicht müssen wir sogar mit dem Filmproduzenten sprechen, um Klarheit darüber zu gewinnen, warum ein bestimmter Gegenstand für die Geschichte gebraucht wurde. Und wo könnte man besser Auskunft darüber erhalten?

Der Dialog entfaltet sich in einem Frage- und Antwortspiel. Das funktioniert am besten, wenn man handschriftliche Aufzeichnungen macht. Sie stellen dem Traumsymbol Ihre Fragen und notieren dann, welche Antwort Ihnen unmittelbar in den Sinn kommt. Sie schreiben die Antworten der Traumfiguren auf. Denken Sie nicht über das Geschriebene nach; halten Sie nur das Gespräch in Gang. Denken Sie insbesondere nicht darüber nach, wie merkwürdig diese Erfahrung Ihnen vielleicht erscheint. Bringen Sie einfach diese tagträumerische Diskussion zu Papier.

Führen wir uns noch einmal Robert Wises Traum „Vorhänge aus heißem Karamel" vor Augen, den wir im vierten Kapitel beschrieben haben. Er hatte größere Schwierigkeiten, den Traum zu enträtseln, als er zunächst angedeutet hatte. Es wollte ihm einfach nicht gelingen, die tiefere Bedeutung des Filmthemas zu erfassen. Er entschloß sich, zur Quelle zu gehen. Der einzige, der dieses Symbol verstand, war der Filmproduzent selbst. Robert mußte mit ihm in Kontakt treten.

Robert hat für sich eine Methode entwickelt, die es ihm erleichtert, in das Traumgespräch einzusteigen. Es ist ein kleines Spielchen, um sich leichter auf die Traumatmosphäre einzustellen. In seiner Vorstellung ist der Eingang zur Wildnis eine unterirdische Höhle. Er muß in einen imaginären Aufzug einsteigen, um zu dieser Höhle zu gelangen. Er betritt nun im Geist die Aufzugkabine, indem er die Augen schließt und sich den Lift so anschaulich wie möglich vorstellt. Er drückt auf den Knopf, und der Aufzug fährt abwärts. Stockwerk um Stockwerk sinkt der Lift nach unten, bis Robert auf der untersten Stufe ankommt. Langsam öffnet sich die Tür, und er betritt die Höhle.

Die Höhle liegt im Halbdunkel, aber der Weg ist deutlich zu sehen. Direkt vor ihm befindet sich eine behelfsmäßige Rezeption mit einer Gegensprechanlage und einem Mikrophon, das er benutzen kann. Er drückt auf den Knopf und fragt nach der Person, mit der er sprechen will. Entspannt sitzt er im Sessel und wartet auf den Beginn des Interviews. Er läßt die entsprechende Person in seiner Phantasie auftreten und stellt sofort die erste Frage.

Im Fall des Traums „Vorhänge aus heißem Karamel" wollte er besonders die Bedeutung des Schauplatzes herausfinden. Als also der Produzent erschien, stellte Robert ihm sogleich die Frage:

„Ich verstehe nicht, welche Bedeutung der Schauplatz in meinem Traum hat. Warum befinde ich mich an diesem Ort, wo Filme produziert werden?"

Antwort: „Tut mir leid, deine Frage ist nicht präzise genug. Du mußt anders fragen."

Über diese Antwort war Robert sehr überrascht. Einen solchen Gedanken hätte er nicht erwartet. Daher wußte er, daß er sich auf der richtigen Spur befand, da die Antwort eine überraschende Wendung brachte.[20] Er erwiderte:

„Okay. Was hat es zu bedeuten, daß ich einen Film auswählen soll?"

Antwort: „Gute Frage. Robert, warum siehst du dir eigentlich Filme an?"

„Nun, ich gehe gern ins Kino. Vielleicht ist es eine Art Flucht für mich. Es ist wie ... das Erleben einer anderen Wirklichkeit. Ich komme mit einem anderen Lebensbereich in Berührung, den ich sonst nicht kennenlernen würde. Ich komme in Situationen, die ich normalerweise nie erleben würde."

Antwort: „Was findest du also, wenn du dich an einen Ort begibst, wo Filme ausgewählt und produziert werden?"

Robert dachte über diese Frage nach. Und plötzlich wurde er von einer Erkenntnis überwältigt. Er erkannte, daß der Traumhintergrund

---

[20] Die Suche nach Verständnis ist eine normale Funktion der Phantasie, um Erkenntnisse zu gewinnen. Jeder Romanschriftsteller kann von ähnlichen Erfahrungen berichten, wenn die Romancharaktere scheinbar zum Leben erwachen, sich zu Wort melden und ihre Geschichte erzählen. Lehrer machen häufig die Erfahrung, daß ihnen die besten Einfälle spontan kommen, während sie vor der Klasse stehen. Es kommen ihnen neuartige und unerforschte Gedanken in den Sinn, während sie ein Argument anbringen. Aktive Vorstellungskraft ist ein äußerst kreatives Hilfsmittel für neue Entdeckungen.

für die Erforschung eines anderen Aspekts der Realität stand. Er war an einem Ort, an dem er erwog, in eine Welt einzutreten, die er noch nicht kannte. Er wollte einen anderen Aspekt der Realität erkunden, den er bisher noch nicht ausleben konnte. Jetzt verstand er die Bedeutung des Schauplatzes.

Sehen wir uns noch einen anderen Traum an, den Robert vor ein paar Jahren hatte. In der Problemphase befindet sich Robert in einer Bar und unterhält sich mit Tim, einem Mitarbeiter seiner Gemeinde. Ein anderer Mitarbeiter, Tom, taucht auf und unterbricht das Gespräch. Tom benimmt sich wie immer freundlich und etwas unsensibel und merkt nicht, daß er das Gespräch stört. Robert versucht, ihn abzuwimmeln, aber Tom merkt noch immer nicht, wie unerwünscht er gerade ist. Die Szene wechselt zum Lösungsteil des Traums. Doch Robert ist sich nicht über die tiefere Bedeutung von Tim und Tom im klaren. Wieder wendet er sich an den Filmproduzenten.

„Diese Namen, Tim und Tom, klingen so ähnlich, daß die Männer fast Zwillinge sein könnten. Was hat diese Besetzung zu bedeuten?"

Antwort: „Für den Anfang ganz gut. Aber du hast nicht bemerkt, in welcher Weise sie einander sehr ähnlich, aber auch sehr unterschiedlich sind."

„Ich glaube, das verstehe ich nicht. Die Männer erscheinen mir sehr verschieden."

Antwort: „Sie sind beide ruhig und etwas zögernd; sie machen keinen starken Eindruck und bringen sich nicht zur Geltung."

Robert war überrascht. Er hatte nicht erkannt, in welchem Ausmaß das Verhalten dieser beiden Männer sich glich. Beide bemühten sich sehr um Anerkennung, und beide vermieden Konfrontationen um jeden Preis. Robert begann, darüber nachzudenken, warum Tim so anders als Tom erschien, wo ihm jetzt ihre Ähnlichkeit so deutlich vor Augen stand.

„Hmm, ich bin überrascht. Ja, sie sind tatsächlich so etwas wie Zwillinge. Aber in welcher Weise sind sie verschieden?"

Antwort: „Warum ist dir Tim so sympathisch?"

„Er ist ruhig, aber sehr tüchtig. Obwohl Tim nach außen keinen starken Eindruck hinterläßt, ist er doch aufrichtig und echt. Ich weiß, daß er ein wahrer Freund ist, der Vertrauen verdient."

Antwort: „Und was ist mit Tom? Was für einen Eindruck hast du von ihm?"

„Tom ist der größte Speichellecker, den ich kenne. Er ist wie ein junger Hund, der mit dem Schweif wedelt, während er sein Geschäft auf den Teppich macht. Er ist schwach, wirkt aber in der Gemeinde als Unruhestifter. Er lächelt immer, als sei alles in Ordnung, und doch weiß ich, daß sich hinter dieser überschwenglichen Freundlichkeit ein scharfes Messer verbirgt. Was hat das zu bedeuten?"

Antwort: „Woran denkst du bei diesem Treffen in einer Bar? Was will dieses Bild einer Kneipe zum Ausdruck bringen?"

Wieder war Robert verblüfft. Er hätte diese Frage weder erwartet, noch wäre er von selbst darauf gekommen. Er hatte ein sehr offenkundiges und wichtiges Symbol vollkommen übersehen.

„Eine Bar? Ich vermute . . . eine Bar bedeutet etwas Kompromittierendes, Verstohlenes — etwas Zwielichtiges. Ein Ort, an dem fragwürdige Dinge geschehen."

Antwort: „Dann überlege mal, warum du zwei Schattengestalten in einer Bar triffst. Was hat das zu bedeuten, wenn Tom und Tim für einen Aspekt deiner eigenen Persönlichkeit stehen? Was könnten diese beiden Gestalten dir in einer Bar zu sagen haben?"

Jetzt stand Robert vollends vor einem Rätsel. Offensichtlich wollte er einen Aspekt seines Verhaltens nicht wahrhaben, da er ihn nicht sehen wollte.

„Bitte hilf mir. Mir fällt nichts dazu ein."

Antwort: „Robert, du hast Kompromisse geschlossen. Du hast in deinem Umgang mit der Öffentlichkeit öfters dein Fähnlein nach dem Wind gehängt, statt ehrlich und echt zu sein. Hast du dich nicht oft darüber beklagt, daß du dich häufig zu überschwenglich benimmst, wo du doch im Grunde genommen ein eher zurückhaltender Mensch bist? Du magst Tim, weil er eine echte Seite deiner Persönlichkeit widerspiegelt. Tom setzt eine Maske auf, und du vergißt, daß er nur Kompromisse schließt. Tom wird sich immer so verhalten, wie es die Leute von ihm erwarten. Das ist das Problem, dem du dich stellen mußt. Tim und Tom versuchen, dich auf das falsche Spiel aufmerksam zu machen, in das du hineingeraten bist. Versuche jetzt ganz bewußt, ruhig zu sein. Laß dein wahres Selbst hervortreten."

Robert war regelrecht schockiert, als er seine Aufzeichnungen nachlas. Er hatte gar nicht in Betracht gezogen, daß diese beiden Männer Schattenfiguren sein könnten. Er war blind gewesen für ein wichtiges Problem in seinem Leben, und er erkannte plötzlich, weshalb er solche Konflikte mit Tom hatte, der einen Aspekt seiner eigenen Persönlichkeit widerspiegelte, den er verachtete, und doch war er nicht in der Lage gewesen, diese Ähnlichkeit zu erkennen. Der Traum zwang ihn, sich mit den Kompromissen zu beschäftigen, die er eingegangen war. Er mußte ganz er selbst werden, ganz gleich, ob die Leute davon erbaut waren oder nicht.

Kommen Sie ein wenig auf den Geschmack? Solche Einsichten und Erkenntnisse erwarten uns dort in der Wildnis. Manchmal kann dieser Prozeß uns helfen, einen fehlenden Traumbestandteil zu ergänzen. So kam Lisa zum Beispiel in die Beratung, weil sie immer wieder träumte, sie würde von einem gesichtslosen Mann verfolgt. Sie war ganz sicher, daß der Mann ihr etwas antun wollte. Die Tatsache, daß er kein Gesicht hatte, versetzte unsere Patientin in Schrecken.

Lisa wurde angewiesen, sich mit Hilfe des eben beschriebenen Gedankenprozesses wieder in den Traum zurückzuversetzen. Wenn der Kontakt mit dem Mann hergestellt war, sollte Lisa versuchen, mit ihm in ein Gespräch zu kommen, auch wenn seine Gegenwart ihr Angst machte. Als sie sich von dem Mann einholen ließ, hatte dieser plötzlich ein Gesicht. Der Mann war ihr Vater!

Sofort begriff Lisa, daß es sich hier um einen sehr wichtigen Problembereich ihres Lebens handelte. Weil sie sich in der Vergangenheit ihrem Vater entfremdet hatte, hatte sie ihn emotional aus ihrem Leben verbannt und sich geweigert, seine Bedeutung für ihr Wohlergehen zu sehen. Lisa hatte seine Existenz so lange geleugnet, daß er für sie seine Identität verloren hatte. Der Traum forderte Lisa auf, dieser Entfremdung „ins Gesicht zu sehen". Erkennen Sie den Symbolgehalt der Vaterfigur?

Wenn solche Expeditionen für Sie zur Gewohnheit geworden sind, werden Sie überrascht sein, wie schnell sich Ihnen solche Einsichten und Erkentnisse aufdrängen. Wenn Sie mehr Übung haben, wird Ihre Wahrnehmungsfähigkeit zunehmen. Sie werden auch erstaunt sein, in welchem Maße sich ihre Intuition entwickelt. In dem Maße, wie Sie sich selbst besser verstehen, werden Sie auch ein größeres Verständnis für andere entwickeln!

Nehmen Sie den Traum ernst

In unseren letzten beiden Beispielen war die Erkenntnis gleichzeitig eine Aufforderung zum Handeln. Damit wir in diesem Erkenntnisprozeß bleiben und sich der Zweck des Traums erfüllt, ist es wichtig, daß wir unsere Erkenntnisse über uns selbst in die Tat umsetzen. Lisa mußte wieder Kontakt zu ihrem Vater aufnehmen. Robert Wises Traum legte ihm nahe, seinem wahren Selbst wahrhaftigeren Ausdruck zu verleihen.

Oft teilt uns ein Traum mit, welche Schritte wir zur Erreichung unserer Individuation (d.h. unseres Reifungsprozesses im psychologischen Sinne) und Vervollständigung unserer Persönlichkeit tun müssen. Wenn wir eine solche Botschaft mißachten, behindern wir die

Entwicklung unserer Persönlichkeit. Wenn wir die Traumbotschaft ernst nehmen und beachten, so ist das wie ein Abschiedsfest am Ende einer Reise.

Oft muß die Handlung symbolisch erfolgen. Mit dem Vorschlag, das Bild ihres Bruders zu begraben, wurde der Schwester eine Möglichkeit aufgezeigt, ihre Traumbotschaft in die Tat umzusetzen, und sich auf diese Weise von ihrem Kummer zu befreien. Erinnern Sie sich an Jims Traum von Ann, der Frau, die Grapefruits verteilte? (Sie war ein Gemeindeglied, das bei den Leuten einen bitteren Nachgeschmack hinterließ.) Weil er seinen Traum ernstnahm, machte Jim Limonade und bot sie ganz bewußt Leuten an, die er vielleicht verletzt hatte. Von diesem kleinen Spiel wußte niemand etwas außer Jim selbst, aber diese Geste veränderte sein Verhältnis zu seinen Mitmenschen. Wenn wir das, was wir im Traum gesehen und erkannt haben, in eine sinnvolle Tat umsetzen, wird unser wahres Selbst gestärkt, und wir werden durch unser Handeln verändert.

Ihre Expedition ist erst abgeschlossen, wenn Sie Ihre eigene Abschiedsfeier geplant und durchgeführt haben.

Ihre Aufgabe

Nehmen Sie sich Träume vor, mit denen Sie bereits gearbeitet haben, und überlegen Sie, welche Symbole Ihnen noch nicht klar waren. Halten Sie jedoch immer fest, daß es Bilder gibt, die sich uns nie erschließen werden. Wir brauchen also nicht enttäuscht zu sein, wenn etwas gar keinen Sinn ergibt. Auf der anderen Seite haben Sie vermutlich wichtiges Material gefunden, das sich lohnt, noch einmal näher betrachtet zu werden. Versuchen Sie, Klarheit über die Träume zu gewinnen, die Ihnen besonders bedeutsam erscheinen.

Entwickeln Sie Ihren eigenen Einstiegsmechanismus. Robert Wise hat Ihnen die Aufzug- und Höhlenmethode vorgestellt. Sie werden vermutlich mit einem eigenen Einfall mehr Erfolg haben. Spielen Sie ein wenig mit dem Gedanken, wie Sie sich am leichtesten wieder in Ihnen Traum hineinversetzen können. Und wenn Sie den Rückweg in die Wildnis gefunden haben, treten Sie in einen Dialog ein.

Sie werden erstaunliche Gespräche führen.

Kapitel 9

DIE SPRACHE DES GEISTES

Träume in der Bibel

Als nun die Sonne am Untergehen war, fiel
ein tiefer Schlaf auf Abram, und siehe,
Schrecken und große Finsternis überfiel
ihn. Da sprach der Herr zu Abram: Das
sollst du wissen, daß deine Nachkommen
werden Fremdlinge sein in einem Lande,
das nicht das ihre ist; und da wird man sie
zu dienen zwingen und plagen vierhundert
Jahre. ... siehe, da war ein rauchender
Ofen, und eine Feuerflamme fuhr zwi-
schen den Stücken hin. An dem Tage
schloß der Herr einen Bund mit Abram ...

1. MOSE 15,12.13.17.18

Jetzt sagt bestimmt irgendein Leser: „Warten Sie mal! Ich weiß
immer noch nicht, ob ich mit dem esoterischen Charakter dieser
Thematik glücklich bin, diesem ständigen Reden mit sich selbst.
Stellen Sie doch bitte klar, in welchem Zusammenhang die vorigen
Kapitel und Vorschläge mit diesen merkwürdigen neuen Lehren stehen, von denen man dauernd hört. Werde ich hier aufgefordert, in
andere geistliche Bereiche einzutreten?"

Ein Freund stellte einmal die Frage: „Jedesmal, wenn ich in eine
Buchhandlung gehe, finde ich die Traumbücher in der Abteilung für
New-Age-Literatur. Heißt das nicht, daß wir es mit seltsamen Lehren
zu tun haben, mit denen wir uns besser nicht beschäftigen sollten?"

Wir meinten, der Freund solle etwas kritischer urteilen. Loyd C. Douglas' großer christlicher Klassiker *Das Gewand* befindet sich auch in derselben Abteilung wie *Lady Chatterley* von D. H. Lawrence. Inhalt und Bedeutung eines Buches sind nicht von der Zuordnung irgendeines Angestellten abhängig!

In einem Punkt hatte der Freund jedoch recht. Weitverbreitete Vorstellungen sind oft ganz und gar falsch. Wir sehen gerne, was wir sehen wollen! Es gibt Christen, die die Bibel mehrere Male durchlesen, ohne zu merken, welch bedeutende Rolle Traumerfahrungen darin spielen. Auch kann die allgemeine Besorgnis in bezug auf sogenannte New-Age-Gedanken uns blind machen für wichtige geistliche Realitäten, die uns der Heilige Geist zeigen will.

New Age?

Wie steht es also mit der besorgten Frage unseres Freundes, daß Traumbücher häufig bei der New-Age-Literatur zu finden sind? Was genau bedeutet eigentlich der Ausdruck *New Age?* Leider ist dieser Begriff so gebräuchlich geworden, wie vor ein paar Jahrzehnten das Wort „Existentialismus". Unbeliebte neue Vorstellungen wurden abgetan, indem man sie kurzerhand als „existentialistisch" bezeichnete. Auf der anderen Seite nannte man einen populären neuen Trend ebenfalls „existentialistisch", ohne jedoch zu wissen, worum es bei dieser philosophischen Lehre eigentlich ging.

Statt also auf einen bestimmten Bedeutungsgehalt hinzuweisen, wurde dieser Begriff zum Schlagwort für etwas, dem man anhing oder gegen das man sich wehrte. Auch die Begriffe konservativ und liberal werden oft in ähnlicher Weise benutzt. Die Definition dieses Wortes bezieht sich hier einzig und allein auf den Geschmack des einzelnen. Das heißt also, es wird nichts Inhaltliches mit dem Begriff verbunden. Der Ausdruck New Age ist derzeit das neue Schlagwort für Lehren und Vorstellungen, die man ablehnt, womöglich gar nicht versteht, oder als ketzerisch brandmarkt.

Was bedeutet New Age also wirklich? Keiner hat dieses neue Phänomen umfassender behandelt als Douglas Groothuis. Seine Bücher

Unmasking the New Age (Das neue Zeitalter demaskieren), *Confronting the New Age* (Konfrontation mit New Age) und *Revealing the New Age Jesus* (Der New Age Jesus) sind Versuche, dieses Gedankengut sorgfältig zu definieren. Groothuis ist der Ansicht, „New Age" sei ein Überbegriff für eine neue Form der Spiritualität, die einer dem hinduistischen Gedankengut verpflichteten Weltphilosophie entspringt. Die Bandbreite erstreckt sich von der Astrologie bis hin zu okkulten Praktiken und spiritistischen Sitzungen. Somit bestehen hier ganz ähnliche Vorstellungen, wie sie in der *Theosophie, Anthroposophie* und ähnlichen Strömungen vertreten werden.[21]

Professor Thomas Molnar von der Universität Yale hat ein schon zum Klassiker gewordenes Buch geschrieben *The Pagan Temptation* (Die heidnische Versuchung). Diese anspruchsvolle Lektüre beschreibt denselben Trend der westlichen Welt, auf alte heidnische Vorstellungen zurückzugreifen. Molnar hält fest, daß eine radikale formale Kritik an der Heiligen Schrift und der Verlust des Übernatürlichen im christlichen Glauben einer Invasion des Neuheidentums Tür und Tor geöffnet hat.[22] Beide Autoren sind sich einig, daß New Age eine unechte Spiritualität mit sich bringt.

Gebet ist hier nicht mehr ein Gespräch mit Gott, sondern eine Kommunikation mit unserer eigenen Mitte. Die Anhänger von New Age schaffen sich ihre eigene Realität, und sie kommunizieren mit „Geistleitern".

Begleiterscheinung dieser Bewegung ist das wiederauflebende Interesse an dem uralten Schwindel, der Astrologie. Zur Zeit nehmen schätzungsweise dreißig Millionen Amerikaner dieses Gedankengut ernst. In Ihrem Branchenverzeichnis finden Sie sicher einen der über 175 000 stundenweise und 10 000 vollzeitlich praktizierenden Wahrsager in unserem Land. Viele von ihnen benutzen christliche Symbole, obwohl sie vertreten, daß unser Leben von verborgenen

---

[21] Douglas Groothuis, *Unmasking the New Age* (Downers Grove, Ill: InterVarsity, 1986); *Confronting the New Age: How to Resist a Growing Religious Movement* (InterVarsity, 1988); *Revealing the New Age Jesus: Challenges to Orthodox Views of Christ* (InterVarsity, 1990)

[22] Thomas Molnar, *The Pagan Temptation* (Grand Rapids; Eerdmans, 1987)

Kräften oder Gottheiten vorbestimmt wird. Obwohl die Bibel solche Praktiken ablehnt und sie auch jeder wissenschaftlichen Grundlage entbehren, läuft das Geschäft auf Hochtouren.[23]

Offenbar haben wir eine starke Abneigung gegen jede Bewegung, die Menschen von einer lebendigen Beziehung mit dem Gott des Universums abbringt. Gleichzeitig halten wir es für entscheidend, uns nicht durch Fälschungen und Nachahmungen der echten Sache berauben zu lassen. Der Mißbrauch der Spiritualität durch moderne Gurus und Pantheisten hält Christen nicht vom Gebet ab. Und so sollte ein falscher Umgang mit Traummaterial nach New-Age-Manier uns nicht dazu verleiten, uns von diesem Thema zurückzuziehen.

Der Denkansatz und die Philosophie dieses Buches unterscheiden sich in mindestens fünf entscheidenden Punken vom Gedankengut des New Age:

1. Unser Augenmerk richtet sich darauf, die Stimme des einzigen und wahren Gottes zu vernehmen. Wir leiten niemanden zu esoterischer Erforschung des eigenen Seelenlebens an. Träume sind ein Mittel, nicht das Ziel.

2. Wir sind nicht auf der Suche nach einer anderen Spiritualität, sondern befinden uns auf einer Pilgerreise und suchen dabei nach der Weisheit des Heiligen Geistes.

3. Wir trachten nicht nach Selbstverwirklichung, sondern suchen Befreiung von der Bindung an das eigene Selbst und an neurotische Selbstgefälligkeit.

4. Unser Ansatz gründet sich in der Überzeugung, daß die Bibel die erste und letzte Autorität ist, wenn es um die Bedeutung der letzten und grundlegenden Realität geht.

---

[23] Robert Morey, „When Christians Meet Astrology" (Wenn Christen mit Astrologie konfrontiert werden), *The Christian Herald,* December 1988.

5. Unsere Methode beruht auf der Voraussetzung, daß Selbsterkenntnis nicht das letzte Ziel ist. Das höchste Ziel unseres Lebens ist vielmehr, unseren Schöpfer kennenzulernen und sich an ihm zu freuen. Träume helfen uns, Wahrheit und Täuschung voneinander zu scheiden, damit wir noch besser verstehen, was die Gegenwart Gottes in unserem Leben bewirkt. Wir werden in die Lage gesetzt, Täuschungen und Trugbilder aufzudecken, die aus Verzerrungen der Wahrheit und falschen Vorstellungen entstehen.

Die bekannten Gestalten des Alten und Neuen Testaments und die ersten Christen wußten, wie hilfreich sich Träume erweisen konnten, um einen Menschen in das Zentrum der geistlichen Realität zu führen. Wir befinden uns auf demselben Weg.

Was sagt die Bibel?

Sowohl im Alten als auch im Neuen Testament finden wir eine Fülle von Traumerlebnissen. Die erste Traumerfahrung wird uns in 1. Mose 15 berichtet, wo der Herr Abram in einer Vision erscheint und ihm eine große Zukunft vor Augen malt. Als Reaktion darauf richtet Abram bei Sonnenuntergang zum Zeichen des Bundesschlusses ein Opfer aus. „Als nun die Sonne am Untergehen war, fiel ein tiefer Schlaf auf Abram, und siehe, Schrecken und große Finsternis überfiel ihn." In einem darauffolgenden Traum hatte Abram wiederum eine Gottesbegegnung, in deren Verlauf eine weitere Bundesschlußzeremonie stattfand.

Wie es seinerzeit üblich war, legte Abram ein Opfer aus, zum Zeichen, daß er mit dem Bund einverstanden war, den der Gott des Universums mit ihm einging. Er legte sich in dem zuversichtlichen Bewußtsein schlafen, daß er die Regeln befolgt hatte. Doch in der Nacht hatte Abram ein erstaunliches Traumerlebnis. Rauch und Feuer vom Himmel bewegte sich über die Opfertiere. Gott selbst antwortete und bestätigte den Bund! Hier war viel Größeres im Gang, als Abram sich je hätte vorstellen können. Dieser Bund hatte historische Bedeutung.[24]

Welche Bedeutung wird Abram diesem Erlebnis beigemessen haben? Der Traum war für ihn eine Bestätigung, daß Gott geantwortet hatte. Was in diesem Traum geschah, war so real wie jede andere Begegnung mit Gott. Was dieser Patriarch träumte, war geistlich und faktisch so gültig wie ein auf Papier geschriebenes Gotteswort.

Dasselbe galt für die nächste Generation. Jakob hatte in Bethel eine nächtliche Gottesbegegnung. „Und ihm träumte, und siehe, eine Leiter stand auf Erden, die rührte mit der Spitze an den Himmel, und siehe, die Engel Gottes stiegen daran auf und nieder. Und der Herr stand oben darauf und sprach: Ich bin der Herr, der Gott deines Vaters Abraham, und Isaaks Gott . . .“[25] Dieses nächtliche Abenteuer bestimmte den ganzen weiteren Verlauf von Jakobs Leben.

Jakobs bemerkenswerter Sohn Joseph hatte ein ganz besonderes Verhältnis zu Träumen. In seinen Träumen wurde Joseph nicht nur eine herausragende Stellung vorhergesagt, sondern sie gaben ihm später Gelegenheit, eine außerordentliche Machtposition an der Seite des Pharao zu erlangen. Als der Pharao seinen Traum von den sieben fetten Kühen, die von sieben mageren Kühen verschlungen wurden, nicht verstand, konnte Joseph die Symbolik deuten: Auf sieben Jahre des Wohlstands sollten sieben Hungerjahre folgen. Die Deutung dieses Traums brachte ihm nicht nur eine herausragende Stellung ein, sondern bewahrte Ägypten vor der Hungersnot und Josephs eigene Familie dazu.[26] Joseph selbst glaubte, daß richtige Deutung nur in Verbindung mit Gott geschehen könne.[27]

Interessanterweise konnte Jakob erst glauben, daß sein geliebter Sohn noch am Leben war, als ihm Gott in einer Vision begegnete.

Die maßgebliche Bedeutung von Träumen für das Volk Israel geht eindeutig aus einer Anspielung auf die Größe Moses hervor. Der Herr sagte: „Hört meine Worte: Ist jemand unter euch ein Prophet des Herrn, dem will ich mich kundmachen in Gesichten oder will mit ihm reden in Träumen. Aber so steht es nicht mit meinem Knecht Mose; ihm ist mein ganzes Haus anvertraut. Von Mund zu Mund rede ich

[24] 1. Mose 15, 17-21
[25] 1. Mose 28, 12. 13
[26] 1. Mose 41
[27] 1. Mose 40, 8

mit ihm, nicht durch dunkle Worte oder Gleichnisse."[28] Das Haus Israel war wohlvertraut mit der großen Bedeutung von Träumen für die Pläne Gottes.

Nahezu jede wichtige alttestamentliche Gestalt nach Mose hatte bedeutsame Traumerfahrungen. Samuels Dienst beginnt damit, daß der Herr das Kind in einem Traum ruft. Und ein Grund für Sauls große Verzweiflung darüber, daß Gott ihn verlassen hatte, bestand darin, daß Saul Gott nicht mehr in seinen Träumen reden hörte.[29] Salomo hatte bedeutende Träume, auch Elia. Die Psalmen sind voller Träume und Traumbilder. Auch in den Büchern Hiob und Daniel haben Träume eine herausragende Bedeutung.

Aus diesem kurzen Überblick über die Traumerfahrungen im Alten Testament können wir schließen, daß Träume eine wichtige Funktion im täglichen Leben hatten. Weit entfernt davon, als gottlos zu gelten, oder als Erfahrung, die man besser vergißt, waren Träume eine Möglichkeit, die Gott benutzte, um mit seinem Volk zu reden. Leute wie Joseph hatten natürlich eine besondere Gabe der Traumdeutung, aber bei den Juden war auch eine Art Grundwissen vorhanden, wie die dunklen Botschaften Gottes zu entschlüsseln waren. Der Heilige Geist benutzte Träume als Kommunikationsmittel, um Gottes Willen kundzutun.

Und das Neue Testament?

Die Evangelien beginnen mit Traumgeschichten. Joseph nahm Maria als seine Frau an, weil der Engel Gottes ihm im Traum erschien und ihm mitteilte, der Name des Kindes solle Jesus lauten. Die Weisen wurden im Traum vor Herodes gewarnt, und Joseph erhielt im Traum den Auftrag, nach Ägypten zu fliehen. Später erfuhr Joseph im Traum vom Tod des König Herodes, und im Traum erhielt er auch die Anweisung, mit seiner Familie wieder nach Galiläa zurückzukehren.[30]

[28] 4. Mose 12, 6-8
[29] 1. Samuel 3; 28, 6
[30] Matthäus 1 u. 2

Träume und Visionen spielen auch in der Apostelgeschichte eine ganz entscheidende Rolle. Die Prophezeiung des Propheten Joel: „... eure Jünglinge sollen Gesichte sehen, und eure Alten sollen Träume haben" wurde an Pfingsten erfüllt.[31] Nach einem eindrucksvollen Traum im Haus des Kornelius erfolgte bei Petrus ein Sinneswandel in Bezug auf die Stellung der Heiden in Gottes Plan.[32] Paulus wurde in einer nächtlichen Vision nach Mazedonien berufen.[33]

Das Neue Testament mißt der Traumerfahrung also eine große Bedeutung bei. Die frühe Kirche sah Träume aufgrund der alttestamentlichen Erfahrungen als eine Möglichkeit, die der Heilige Geist benutzt, um sich dem Volk Gottes mitzuteilen. Nirgendwo finden wir eine Warnung vor Träumen oder einen Hinweis, daß sie etwa einen schlechten Einfluß auf unser Leben hätten. So können wir unser Thema also mit Zuversicht weiterverfolgen.

Inspiration, Prophetie, Visionen, Gotteserscheinungen und Träume sind sich in vieler Hinsicht ähnlich wie unterschiedliche Muster, die aus demselben Stoff geschnitten werden. Je besser wir verstehen, wie sehr sich Träume und Visionen ähneln, desto besser verstehen wir das Wirken des Heiligen Geistes.

Unsere bisherigen Ausführungen waren sehr oberflächlich. Tatsächlich hat die Bibel ein sehr tiefgehendes Verständnis des Traumprozesses.

Die biblische Weltsicht

Das erste Buch der Bibel macht uns mit der größten Entdeckung der Menschheitsgeschichte bekannt. Im ersten Buch Mose wird uns berichtet, daß der ewige Schöpfer des Universums eine Beziehung mit seiner Schöpfung eingehen möchte. Er will uns Einsicht, Wissen, Weisheit und Verständnis schenken. Selbst in unseren Begrenzungen

---

[31] Apostelgeschichte 2, 17
[32] Apostelgeschichte 10
[33] Apostelgeschichte 16, 9. 10

können wir mit der göttlichen Sicht der Dinge in Berührung kommen. Zu diesem göttlichen Plan gehören auch Träume.

Während der säkulare Mensch die physikalische Welt als endgültig betrachtet, weist uns die Bibel auf den geistlichen Bereich hin als den Ort, wo unser irdischer Lebensbereich letztgültigen Sinn und Bedeutung erfährt und wo wir Ewigkeit finden. Wir halten Worte für Realität und unsere Sinneserfahrungen für vollkommen zuverlässig. Doch die Juden wußten, daß Worte nur Symbole sind und unsere fünf Sinne die gesamte Wirklichkeit noch nicht einmal ansatzweise erfassen. Gottes Welt ist viel größer als die Erde oder der Kosmos. Gott ist Geist, und die Begegnung mit ihm muß im und durch den Geist geschehen. Die Juden wußten, daß geistliche Erfahrungen, wie zum Beispiel Träume, unter Umständen realer und bedeutsamer sein können als alles, was über unsere Sinnesorgane wie Augen, Nase oder Ohren in unseren Geist eindringt.

Das hebräische Wort für Träume läßt noch nicht einmal an Sicht oder Erfahrung denken. *Chalom* heißt „gesund oder stark gemacht werden". Das Wort bezieht sich auf Werte, nicht auf irgendwelche Prozesse. Die beiden grundlegenden hebräischen Worte für sehen *marah* und *chazon* passen nicht in die genauen Unterscheidungen von unterschiedlichen Sichtweisen, die moderne, wissenschaftlich ausgebildete Menschen gerne machen. Visionen und Träume sind sich sehr ähnlich; die hebräische Sprache macht zwischen beiden keinen klaren Unterschied. Träume finden bei geschlossenen, Visionen mit offenen Augen statt. Dasselbe gilt für akustische Erfahrungen.

Die Schrift bezeichnet Traumerfahrungen auch als „Nachtgesichte".[34] Damit wird zum Ausdruck gebracht, daß Träume im Schlaf und Visionen bei Tageslicht geschehen. Es ist, als würden unsere nächtlichen Träume sich ihren Weg in unseren Wachzustand bahnen. Wir können schließen, daß beide, Träume und Visionen, sowohl aus dem unbewußten Bereich unserer Persönlichkeit als auch von Gott kommen.

In der alten Welt wurden der geistliche und innerweltliche Bereich nicht so streng voneinander getrennt. Gott und die menschliche

---

[34] Jesaja 29, 7 und Daniel 2, 19

Wirklichkeit bedingen sich einander wie Ebbe und Flut. Innerweltlich konkrete und geistliche Dimensionen sind gleichermaßen real. Man glaubte, daß Träume eine Brücke zwischen beiden Welten seien.

Träume sind ein ganz natürliches Kommunikationsmittel zwischen Gott und Mensch.

Dieselbe Dynamik finden wir in biblischen Berichten von Begegnungen mit Engeln. Ein *Engel* wird im allgemeinen mit dem Wort *malak,* Bote, beschrieben und kann entweder einen menschlichen oder geistlichen Überbringer der Botschaft Gottes bezeichnen. Häufig erschien der Engel in einer Vision.[35] Bei anderen Gelegenheiten war die Erscheinung eines Engelwesens greifbarer, konkreter. Vom biblischen Standpunkt spielt es keine Rolle, ob die Begegnung mit Gott oder Engeln rational, irrational, über die Sehnerven, im Unbewußten oder durch den menschlichen Geist stattfindet.

Heute nähern wir uns wieder einem biblischen Verständnis von Realität. Mit der Aufklärung und dem Aufkommen der modernen Wissenschaft ist bei vielen Menschen die Fähigkeit, die ganze Wirklichkeit zu erfahren, erheblich eingeschränkt worden. Wir haben irrtümlicherweise die Intelligenz der menschlichen Sinne zum letztgültigen Maßstab von Wahrheit gemacht. Der himmlische Vater ist jedoch unendlich größer als alles, was mit Zirkeln, Computern, Reagenzgläsern und psychologischen Tests gemessen werden kann. Spiritualität ist nicht berechenbar.

Die Kommunikation mit Gott vollzieht sich auf einer höheren, feineren Frequenz, die Geist genannt wird. Musik aus dem Radio oder Fernsehen dringt mittels unsichtbarer elektronischer Wellen von Energie in unser Haus. Warum sollte es so schwerfallen zu glauben, daß Gebet und Träume sich auf einer erhabeneren Ebene der geistlichen Übermittlung vollziehen? Radio und Fernsehen erfordern besondere Empfänger; so auch Träume und Gebet. Glücklicherweise hat der himmlische Vater unsere Persönlichkeit mit geistlichen Empfangsantennen versehen. Das Grundproblem liegt nicht in der menschlichen Fähigkeit, sondern ob wir eingeschaltet und richtig eingestellt sind.

[35] 1. Mose 22, 11; 2. Mose 3, 2; 4. Mose 22, 22; Richter 6, 11

Und das waren die Menschen der Bibel!

Schlüsselworte und wichtige Begriffe

Die Schreiber des Neuen Testamentes benutzten eine Vielzahl von Worten, um die große Bandbreite ihrer geistlichen Erfahrungen zu beschreiben. Jeder Ausdruck vermittelt uns eine andere Dimension und höhere Erkenntnis vom Wesen des göttlichen Redens. Die feinen Nuancen erweitern unsere Vorstellung von der Bedeutung der Träume im Leben dieser Menschen.

Blepo: Sehen

Eines der ersten Worte, die jeder beim Studium der griechischen Sprache lernt, ist *blepo,* was so viel bedeutet wie „sehen". Anfänger übersetzen das Wort so, wie sie eine Fibel der Grundschule lesen würden: „*Sieh* Spot. *Sieh* den Ball. *Sieh,* wie Spot den Ball schnappt." Aber selbst das Wort „sehen" hat einen weitaus größeren Bedeutungsgehalt als den, den wir gemeinhin in Anspruch nehmen. Die Jünger „sehen" die Verklärung Jesu. Doch dasselbe Wort wird auch von Johannes benutzt, um das zu beschreiben, was er „sah", als er auf der Insel Patmos durch den Geist „hörte", wie es uns in Offenbarung 1, 2 und 1, 10. 11 beschrieben wird. *Blepo* kann das Schauen einer Vision bedeuten, aber auch das Beobachten eines herrlichen Sonnenuntergangs.

Onar: Träumen

Onar kommt unserer Vorstellung von *träumen* noch am nächsten. Es kommt viele Male im Neuen Testament vor. So beschreibt das Matthäusevangelium mit dem Wort *onar* Josephs Traumerfahrungen und die Warnung der Weisen vor Herodes. Bei dem Wort *onar* kann man im allgemeinen darauf schließen, daß im Traum etwas Göttliches am Werk ist. Eine besonders faszinierende Bedeutung von *onar* wird uns in Matthäus 27 berichtet, wo Pilatus' Frau ihren Mann warnt: „Habe du nichts zu schaffen mit diesem Gerechten; denn ich habe heute viel erlitten im Traum um seinetwillen."[36]

Horao: Vision

Horao ist die Verbform des Grundwortes, das im allgemeinen mit „Vision" übersetzt wird. Jedoch ersehen wir erst aus dem Zusammenhang, ob es sich um eine Vision oder einen Traum handelt, denn *horao* kann sowohl für physische als auch geistliche Begegnungen stehen. *Horao* wird für Visionen im Schlaf- und Wachzustand benutzt. Dieses Wort finden wir sehr oft in der Apostelgeschichte.

Horasis hat eine ähnliche Bedeutung, kann aber eine Vision sein, die wir mit den Augen sehen und gibt damit einen Hinweis auf eine physische Erfahrung. Jedoch liegt die Betonung einer solchen Stelle auf dem Inhalt der Vision. So wird für die Beschreibung von Pferden und Reitern in der Offenbarung das Wort *horasis* benutzt.[37]

Auch eine im *Aorist* gebrauchte Ableitung der passiven Verbform von *horao, optasia,* beschreibt eine Vision. Die Betonung liegt auf der Selbstoffenbarung Gottes. Der Schöpfer läßt etwas sichtbar werden, was dem Menschen normalerweise verborgen ist. Lukas benutzte dieses Wort, um eine Begegnung mit dem Engel Gabriel zu beschreiben.[38]

Ein besonderes Wort, *enupnion,* bezeichnet eine Vision, die sich im Schlaf ereignet. Das Wort wird in der Apostelgeschichte beim Zitat des Propheten Joel benutzt und stellt damit klar, daß die Pfingsterfahrung die Erfüllung einer Verheißung ist. Joel hatte die Erwartung, daß Schlafende neuartige und dramatische Gottesbegegnungen haben würden.[39] Auch im achten Vers des Judasbriefes stoßen wir auf dieses Wort.

---

[36] Matthäus 27, 19
[37] Offenbarung 9, 17
[38] Lukas 1, 22
[39] Apostelgeschichte 2, 17

Apokalupsis: Offenbarung

Ist es möglich, dem Heiligen Geist im Schlaf zu begegnen? Das jeden-
falls besagt das gebräuchlichste griechische Wort für Offenbarung,
apokalupsis. Dieses in der Bibel gebrauchte Hauptwort bedeutet „aufdecken, enthüllen" oder „die geistliche Welt der Begegnung mit dem
Menschen öffnen". Der Schleier über dem göttlichen Bereich wird
gelüftet, und wir empfangen ein besonderes Wissen, das empirischer
oder wissenschaftlicher Forschung nicht zugänglich ist.

Zur Zeit des Neuen Testaments glaubte man, daß zwei Bereiche
nebeneinander existieren, zwischen denen eine unüberwindliche
Grenze besteht, da Schöpfer und Schöpfung von grundsätzlich anderer Art sind. Die ersten Christen lehnten jedwede Art von Pantheismus ab. Mit Bäumen reden, den Duft von Blumen wahrnehmen und
der Kontakt zu Mutter Natur lagen nicht auf der gleichen Ebene, wie
mit Gott zu sprechen — das war ihnen bewußt. Der einzige Zugang
zur Welt Gottes mußte durch *apokalupsis* geschehen. Inspiration,
Träume und Visionen waren die Brücken, die die Verbindung von
geistlicher und physikalischer Welt herstellten.

Offensichtlich mißt die Bibel Träumen einen hohen Wert zu und
ermutigt uns zu solchen „nächtlichen Gesprächen". Zwar wurde die
Bibel zu einer vorwissenschaftlichen Zeit geschrieben, bevor es so
etwas wie eine psychologische Sprache gab, doch setzen die griechischen und hebräischen Worte das, was wir heute als das Unbewußte
oder Unterbewußte bezeichnen, als gegeben voraus. Unsere Erfahrung läßt sich nicht säuberlich in rationale und emotionale Bestandteile aufgliedern. Die sichtbaren und unsichtbaren Bereiche unserer
Persönlichkeit sind Teile des einen nahtlosen Gewandes. Gott kann
auf beiden Ebenen mit uns in Kontakt treten.

Die Leitung wird unterbrochen

Wann verloren Christen das Gespür dafür, Träume als Mittel der
geistlichen Kommunikation und Erkenntnis zu betrachten? Diese
Frage ist nicht leicht zu beantworten. Die frühen Kirchenväter führten

die Praxis der Apostel und der Juden fort und rechneten damit, daß Gott in Träumen zu uns spricht. Paul Meier bemerkte in einer Ecke von Robert Wises Kirchenbüro einmal eine besonders auffällige Sammlung von Büchern.

Diese achtunddreißig Bände der gesammelten Werke der Kirchenväter umfassen das wesentliche Schrifttum der ersten fünfhundert Jahre christlicher Kirchengeschichte. Die Schriften dieser Heiligen, Märtyrer und ersten Theologen bilden die Grundlage der christlichen Dogmatik. In jedem Band gibt es eine Fülle von Hinweisen, die darauf schließen lassen, daß diese Männer die gleiche Vorstellung von der Bedeutung von Träumen hatten, wie wir sie im Neuen Testament finden.

Der Hirt des Hermas, eines der ersten Bücher, das nicht in den christlichen Kanon aufgenommen wurde, beginnt mit einem Traum. Justinus der Märtyrer, der große Apologet, maß Traumerfahrungen eine hohe Bedeutung bei, ebenso Irenäus von Lyon. Klemens von Alexandria glaubte, Träume würden der Tiefe unserer Seele entspringen, und Tertullian schrieb über die Bedeutung von Träumen. Fast jeder bedeutende Kirchenvater hat positive Aussagen über Traumbotschaften gemacht. Ambrosius, unter dessen Einfluß sich Augustinus bekehrte, glaubte, daß der Heilige Geist uns im Traum vor Gefahren warne.

Der Bruch geschah bei Hieronymus (340-420 n.Chr.), der durch seine lateinische Übersetzung der Bibel bekannt wurde, der Vulgata. Nach seiner eigenen außerordentlichen Traumvision machte Hieronymus einen Sinneswandel durch. Der reiche junge Mann floh in die Wüste und suchte dann Gregor von Nazianz auf, um sich von ihm in christlicher Theologie unterweisen zu lassen. Schließlich ließ er sich in Bethlehem nieder und lebte in der Grotte, in der Jesus geboren wurde. Hier vollendete er seine lateinische Bibelübersetzung, deren Revision schließlich bis auf den heutigen Tag zur offiziellen Bibelausgabe der Römisch Katholischen Kirche wurde. Und hier beginnt unser modernes Problem!

Bei Hieronymus finden wir eine *falsche Übersetzung* des Wortes *anan* in 3. Mose 19 und 5. Mose 18, wo er Träume mit verbotenen Praktiken gleichsetzt.[40] Unglücklicherweise machte diese Ungenauig-

---

[40] 3. Mose 19, 26 und 5. Mose 18, 10

keit den reichen Schatz an Traumerfahrungen der Christenheit vor ihm für spätere Zeiten unzugänglich. Es ist nicht klar, warum dieser Irrtum geschehen konnte, aber der Fehler ist nun in anderen Bibelausgaben richtiggestellt.

Anan bedeutet Hexerei, Zauberei oder Wahrsagerei. Jeder, der anan praktizierte, wurde gleichgestellt mit Magiern, Totenbeschwörern und Hexen. Das Wort kommt zehnmal im Alten Testament vor. In sieben Fällen übersetzt Hieronymus *anan* als „Hexerei". Merkwürdigerweise übersetzte er das Wort in den beiden obengenannten Schriftstellen als „Träume beobachten". Auf diese Weise wird in der Vulgata des Hieronymus Traumdeutung verurteilt.[41] Seine Übersetzung verschloß tragischerweise die Traumarbeit für die zukünftige Kirche.

Wir können uns Hieronymus' Fehler nicht eindeutig erklären, aber wir haben guten Grund zu der Annahme, daß er aus Sorge um den christlichen Lebensstil seiner Tage so handelte. Statt zu versuchen, in ihren Träumen die Botschaft Gottes zu vernehmen, versuchten die Menschen, Gottes Gabe für ihren persönlichen Vorteil zu mißbrauchen. Wie Hananias und Saphira in der Apostelgeschichte versuchte man, Gott zu manipulieren, um größeren Reichtum zu erlangen. Savory, Berne und Williams schreiben:

„Während sich die Beschäftigung mit Träumen in der frühen Kirche darauf konzentriert hatte, Gottes Plan für die Kirche zu erkennen, und wie die Gemeinschaft der Christen auferbaut und geistlich ausgerichtet werden könne, war die Traumarbeit bei den Christen des fünften Jahrhunderts zu typischen Mittelklasse-Anliegen eines abgesicherten und selbstsüchtigen Volkes entartet."[42]

Die Tatsache, daß die Beschäftigung mit Träumen zu bloßer Wahrsagerei verkommen war, hat Hieronymus offensichtlich dazu veranlaßt, diese Verurteilung von Traumdeutung in den Text hineinzulegen. Wir können diese falsche Übersetzung zwar nicht gutheißen, ver-

---

[41] Louis M. Savory, Patricia H. Berne und Strephon Kaplan Williams, Dreams and Spiritual Growth, A Christian Approach to Dream Work (Träume und geistliches Wachstum, Eine christliche Einführung in die Traumarbeit), (New York: Paulist Press, 1984), 51
[42] ebd., 53

stehen jedoch seine Besorgnis. Träume sind zu unserem geistlichen Nutzen da, nicht, um geschäftliche Interessen zu verfolgen!

Während die Kirche der westlichen Welt sich aufgrund von Hieronymus' Übersetzung nicht mehr mit Traumdeutung beschäftigte, schlug die Orthodoxe Kirche einen anderen Weg ein, und folgte damit großen Vorbildern wie Johannes Chrysostomos und Basilius dem Großen. Gott redet auch weiterhin durch Träume. Heute geht es darum, die westliche Kirche zur biblischen und apostolischen Praxis zurückzuführen.

Ihre Aufgabe

Lesen Sie dieses Kapitel noch einmal durch und achten Sie auf die vielen Hinweise auf Bibelstellen. Vielleicht schlagen Sie die Stellen einmal selbst nach und lesen sie im Zusammenhang. Sie müssen selbst zu der Überzeugung gelangen, ob es gut und richtig ist, sich mit diesem Thema zu beschäftigen. Verlassen Sie sich nicht auf unsere Ausführungen, sondern überprüfen Sie die biblischen Aussagen selbst.

Vielleicht möchten Sie sich auch näher mit wichtigen Texten beschäftigen, in denen Träume eine entscheidende Rolle für die Kommunikation mit Gott spielen. Lesen Sie dazu einmal 1. Mose 15 und 28, das erste und zweite Kapitel des Matthäusevangeliums und das Traumerlebnis von Petrus in Apostelgeschichte 10.

Wenn Sie sich intensiver damit beschäftigen wollen, wie Prophetie sich in Träumen und Visionen vollzog, lesen Sie dazu folgende Texte: 1. Mose 15 (Abraham); Richter 7, 9 – 15 (Gideon); 1. Könige 3, 5 – 15 (Salomo); Jesaja 1, 1 und Jesaja 2; 6; 13 - 23; 52 – 53; Jeremia 1; 30; 31; 46 - 51; Daniel 7 – 12; Offenbarung des Johannes 1 (Menschensohn), 2 – 3 (die Gemeinden), 4 – 5 (die triumphierende Anbetung Gottes, die sich gerade jetzt vollzieht), 6 – 20 (das Gericht über die Schöpfung und der Sieg des Christus).

Je mehr Sie in der Heiligen Schrift forschen, desto mehr wird in Ihnen die Überzeugung wachsen, daß Träume eine außerordentlich wichtige Bedeutung in Gottes Plan hatten.

Kapitel 10

GOTTES STIMME HÖREN

Offenbarung in Träumen

Ich lobe den Herrn,
der mich beraten hat;
auch mahnt mich mein Herz
des Nachts.

PSALM 16,7

Im Oktober 1959 machte John Freeman, ein Reporter der British Broadcasting Company, ein Fernsehinterview mit dem weltbekannten Psychiater Dr. Carl Jung, in dessen Verlauf er beiläufig fragte, ob Jung an Gott glaube. Stellen Sie sich die Aufregung vor, die Dr. Jung in einem seiner letzten öffentlichen Interviews verursachte, als er eine gänzlich unerwartete Antwort gab.

Freeman hatte offenbar erwartet, daß Jung sich zum Skeptizismus und Agnostizismus der modernen Wissenschaft bekenne. Zweifel, nicht Glaube war die allgemein verbreitete und politisch angemessene Haltung. In der akademischen Welt war Gott bestenfalls ein Objekt der theroretischen Betrachtung. Kein bekannter Wissenschaftler hatte einen nachweisbaren Kontakt mit Gott beschrieben, zumindest nicht vom wissenschaftlichen Standpunkt aus.

Der Psychiater lachte leise. „Glauben?" entgegnete Jung, „ich glaube nicht, ich weiß, daß es ihn gibt!" Freeman war so schockiert, daß er rasch das Thema wechselte. Er verpaßte so die günstige Gelegenheit, Jung zu befragen, wodurch dieser Sinneswandel hervorgerufen wurde.

Dr. Jung, Sohn eines Pfarrers der Schweizer Reformierten Kirche, war tief berührt von der Tatsache, daß sein Vater den Glauben verloren hatte. Als ein Opfer des Liberalismus des vergangenen Jahrhunderts war der Pfarrer Johann Paul Jung als desillisionierter Mann gestorben. Carl Jung war in der Folge sehr beunruhigt über den Verlust von Vitalität und Gotteserfahrung in den protestantischen Kirchen Europas. Der Psychiater wußte, daß eine persönliche Begegnung mit Gott nötig war, damit der Mensch ganzheitlich werden könne.

Wohl ist manches aus dem religiösen Gedankengut Jungs aus biblischer Sicht nicht annehmbar, doch stieß er im Verlauf seiner Traumarbeit auf wissenschaftlich nachweisbare Gottesbegegnungen, die bei ihm jeden Zweifel an der Realität des Göttlichen ausräumten. Jungs Traumerfahrungen veranlaßten ihn zu der Lehre, daß der Mensch Gottes Stimme vernehmen könne, und verursachten die bestürzte Reaktion des BBC-Reporters.

Die Stimme des Meisters erkennen

Erinnern Sie sich an den Hund, der über einen alten Plattenspieler auf die Stimme seines Herrn lauschte? Die Aufnahmequalität war so hervorragend, daß nicht einmal einem Hund der Unterschied zwischen der aufgezeichneten und der echten Stimme seines Herrn auffiel. Uns geht es jedoch darum, Gottes Stimme ganz genau zu hören, mehr als ein Hund die Stimme seines Herrn über einen Plattenspieler. Unsere Aufgabe besteht darin, ein tiefes Bewußtsein für die Stimme Gottes zu erlangen. Wie also redet der himmlische Vater zu uns?

Bei Christen besteht Einmütigkeit darüber, daß Gott sich in der Heiligen Schrift und der Tradition der christlichen Kirche offenbart hat. *Eine Trauminterpretation, die im Widerspruch zur Lehre der Heiligen Schrift steht, ist unhaltbar.* Gott widerspricht sich nicht selbst. Jede Lehre von Träumen oder Traumdeutung, die biblischen Richtlinien widerspricht, muß verworfen werden.

Auf diesem Hintergrund können wir weiter untersuchen, wie der Geist Gottes in unseren Träumen am Werk ist. Wir können auf zweierlei Arten der Kommunikation gefaßt sein: direkte und indirekte.

Wir können unser Leben neu gestalten

Indirekte Botschaften erhalten wir durch Träume, die wir an anderer Stelle als subjektive Träume beschrieben haben. Vermutlich fallen 95 Prozent aller Träume in diese Kategorie; Thema unserer Träume ist hier in erster Linie ein Bereich unseres eigenen Lebens. Da es in Gottes Absicht liegt, uns zu einem ganzheitlichen Menschen zu machen, besteht der Sinn solcher Träume darin, uns zu einer reiferen Persönlichkeit umzugestalten. Daher wollten wir bewußt nicht den Eindruck erwecken, es handele sich hier lediglich um psychologische Erfahrungen. Zwar können die Ergebnisse solcher Traumarbeit als psychologischer Anpassungsprozeß beschrieben werden, der letzte Sinn solcher Träume geht jedoch viel mehr in die Tiefe. Gott gestaltet in indirekter Weise unser Leben um.

Diese Träume können uns zu größeren Höhen führen, als es in irgendeiner psychologischen Praxis möglich wäre. Das letzte Ziel ist die vollkommene Entfaltung unserer Seele. Unsere Persönlichkeitsentwicklung ist erst abgeschlossen, wenn die Seele in ihrer ganzen Fülle zutage getreten ist. Daher sprach die frühe Kirche nicht von Selbstverwirklichung, sondern von geistlicher Entwicklung. Nur auf diesem Weg können wir die Bestimmung finden, die Gott für uns vorgesehen hat. Irenäus hat das mit folgenden Worten ausgedrückt: „Er wurde, was wir sind, damit wir werden können, was er ist. … Es gereicht Gott zur Ehre, wenn die Menschheit zu vollem Leben erwacht."

Daher haben subjektive Träume zwangsläufig geistliche Konsequenzen. So zielen die Fragen über den Sinn indirekter Träume letztendlich nicht auf unsere Selbstverwirklichung oder Erfüllung. Die Grundfrage lautet vielmehr: „Was versucht mir Gott in diesem Traum mitzuteilen, damit ich so werde, wie er mich gemeint hat?"

Direkte Botschaften haben wir als objektive Träume bezeichnet. Die ungefähr 5 Prozent unserer Träume, die in diese Kategorie fallen, gehören zu unseren eindrucksvollsten und denkwürdigsten Traumerfahrungen. Wir sind uns bewußt, daß wir direkt vom Bereich des Göttlichen angesprochen wurden.

Berührung mit der Ewigkeit

Woran können Sie erkennen, daß es sich bei Ihrem Traum um eine spektakuläre Gottesbotschaft handelt?

Diese Traumerfahrung paßt nicht in die subjektive Kategorie. Die Struktur des Traums läßt sich nicht in das vierteilige Drehbuch von Hintergrund, Problem, Grund und Lösung aufgliedern. Der Traum ist unmittelbarer und hat ein einziges Thema.

In der Regel handelt es sich hier um „große" Träume. Oft sind wir schier überwältigt von dieser Erfahrung. Der Eindruck des Traums verflüchtigt sich auch nicht so leicht. Die Traumbilder stehen uns außerordentlich deutlich und lebendig vor Augen. Wir sind uns bewußt, daß hier eine Weisheit am Werk ist, die über unser eigenes Vermögen hinausgeht.

Der Wendepunkt in Hieronymus' Leben wurde durch einen solchen Traum hervorgerufen. Der reiche Zeitgenosse von Augustinus im vierten Jahrhundert war der Faszination der heidnischen Klassiker verfallen. Obwohl er Christ war, ließ er sich von den intellektuellen Schriften eines Plautus und Cicero beeinflussen. Mit dieser Faszination wurde er im folgenden Traum konfrontiert:

> Plötzlich wurde ich im Geist erfaßt und vor den Richterstuhl Christi gezerrt. Dort erschien alles in einem so gleißenden Licht, und die um den Thron standen, strahlten einen solchen Glanz aus, daß ich mich zu Boden warf und nicht aufzublicken wagte. Eine Stimme fragte mich, wer und was ich sei.
>
> „Ich bin ein Christ", entgegnete ich.
>
> „Du lügst" sagte der Richter. „Du bist ein Nachfolger Ciceros, nicht Christi. Denn wo dein Schatz ist, da ist auch dein Herz."
>
> Sofort verstummte ich. Er befahl, mich zu geißeln, und mit den Peitschenhieben wurde ich noch stärker vom Feuer meines Gewissens geplagt. ...
>
> Ich begann zu schreien und wehzuklagen: „Hab Erbarmen mit mir, o Herr, hab Erbarmen mit mir." Mein Schreien war mit dem Klang der Peitschenhiebe zu hören.
>
> Schließlich fielen die, die danebenstanden, zu Füßen des Rich-

ters nieder und baten ihn, Mitleid mit meiner Jugend zu haben und mir Gelegenheit zur Buße zu geben. Der Richter könne mich immer noch geißeln, so meinten sie, sollte ich jemals wieder die Werke eines Heiden lesen. ...

Folglich schwor ich einen Eid, in dem ich mich auf den Namen Gottes berief: „Herr, wenn ich je wieder im Besitz weltlicher Bücher bin oder je wieder solche lese, habe ich dich verleugnet!" Als ich diesen Eid geschworen hatte, wurde ich freigelassen.[43]

Als er erwachte, brach Hieronymus in Tränen aus, denn er war überzeugt, Gott selbst habe ihm diesen Traum geschickt. Der Gelehrte kehrte mit neuem Eifer zu den Heiligen Schriften zurück und beendete schließlich die Bibelübersetzung, die für Jahrhunderte einen Einfluß auf die Kirche haben sollte.

Oft sind die Details eines objektiven Traums aus unserem täglichen Leben gegriffen. Der Traum vermittelt uns das Gefühl, von der Poesie zur Prosa gewechselt zu haben. Oft stehen wir sogar in einer emotionalen Beziehung zur Hauptperson oder den Hauptpersonen des Traums. Wir haben den Eindruck, daß die Traumfiguren nicht für einen Aspekt unserer eigenen Persönlichkeit stehen, sondern eine tatsächliche Darstellung dieser betreffenden Menschen sind. Die Traumbotschaft kann von einer Person oder einer Personengruppe handeln.

Zudem haben die Traumsymbole oft ungewöhnliche oder eindeutig göttliche Bezüge. Der Traum kann eine geradezu mystische Atmosphäre haben. Gott erscheint vielleicht als Licht oder strahlende Helligkeit. Der Schauplatz des Traums ist womöglich eine Kirche, Kathedrale, ein Kloster oder ein Gottesdienst. Wir haben das Gefühl, mit der Ewigkeit in Berührung zu kommen.

Häufig erscheinen in solchen Träumen Kreuze oder Kruzifixe. Da das Kreuz sowohl ein Symbol des Leidens als auch der Heilung ist, bedeutet sein Erscheinen in einer schwierigen Zeit oft ein außergewöhnliches Eingreifen des Heiligen Geistes. Das leere Kreuz des Protestantismus steht häufig für das Zusammentreffen der geistlichen

---

[43] Saint Jerome, *Letter XXII, to Eustochium,* (Heiliger Hieronymus; Brief XXII, an Eustochius); 30

und irdischen Sphäre, wenn das Geheimnis Gottes einbricht. Das Kruzifix mit dem Leib Christi kann auf der anderen Seite eine Veranschaulichung von Tod und neuem Leben sein. Oft ist das Traumkruzifix ein Zeichen dafür, daß in einem Bereich unseres Lebens, der bislang nur von Schmerz, Leiden und Tod gekennzeichnet war, eine Auferstehung bevorsteht. Solche Träume hinterlassen bei uns eine tiefe Überzeugung, daß Gott zu uns gesprochen hat.

Einige Jahre vor seiner Ordination zum Priester der Anglikanischen Kirche hatte Robert Wise einen überwältigenden Traum, in dem er im Gebet in einer englischen Kathedrale kniete. Aus hohen bunten Glasfenstern strömte die Helligkeit und erfüllte den Raum mit einem herrlichen vielfarbigen Licht. Flaggen, auf denen mittelalterliche Wappen abgebildet waren, hingen an den Wänden. Robert hatte das Gefühl, von alten Schätzen umgeben zu sein, die auf ihre Nutzung warteten. Ein Bischof im Priestergewand und Bischofshut rief Robert nach vorne und legte seine Hände auf seinen Kopf. Priester erschienen und legten ihm Gewand und Stola um. Der Traum endete mit einem überwältigenden Gefühl von Berufung und Mission. Als Robert erwachte, war ihm in der Tiefe seines Wesens bewußt, daß er in seiner Ordination zum geistlichen Amt die Nachfolge der Apostel anstreben solle.

In objektiven Träumen will der Heilige Geist uns eine Botschaft übermitteln. Das kann auf vielerlei Weise geschehen.

1. Unterweisung. Wenn im Traum Bibelstellen vorkommen, ist das ein klarer Hinweis, um welche Art Traum es sich handelt. Oft beinhalten die Verse eine klare Handlungsanweisung. Im ersten Kapitel berichtete Paul von zwei Träumen, in denen Bibelverse eine bedeutende Rolle spielten. Hier ist ein weiteres Erlebnis, das Paul in Sankt Petersburg in Rußland hatte, wo er Vorträge über Psychiatrie und Seelsorge hielt.

An einem Abend wurden Paul und ein Kollege in eine ungewöhnliche Diskussion mit einer russischen Psychologin verwickelt. Andrea war eine offenbar intelligente fünfundfünfzigjährige Frau, die eine äußerst schwierige Zeit durchlebt hatte. Ein zwanzigjähriger russischer Student fungierte als Dolmetscher. Als das Gespräch sich geistlichen Themen zuwandte, sagte die Psychologin sehr entschieden: „Sie beide werden mich nie davon überzeugen, daß es einen Gott gibt!"

Paul bemerkte den angespannten Tonfall und die herausfordernde Haltung der Frau und daß ihre momentane seelische Befindlichkeit nichts zu tun hatte mit ihrer berufsbedingten wissenschaftlichen Einstellung zum Leben. Er hatte sofort den Eindruck, daß sie unterschwellig zornig war. Er ahnte, daß Andrea die verdrängte Feindseligkeit gegen ihren irdischen Vater auf Gott übertrug.

Paul fragte: „Wie alt waren Sie, als Ihr Vater starb?"

Die Psychologin war schockiert. „Woher wissen Sie das?" Sie überlegte einen Moment. „Als ich siebzehn war, starb er auf See."

„Er war viel auf Reisen, nicht wahr?" fragte Paul weiter. „Sie haben wahrscheinlich nicht viel Zeit mit ihm verbringen können. Das hat Sie sicher gekränkt. Sie hatten das Gefühl, daß Ihr Vater Sie vernachlässigt und nicht wichtig nimmt. Hat seine dauernde Abwesenheit Sie sehr zornig gemacht?"

Die Augen der russischen Psychologin füllten sich mit Tränen. Sie murmelte etwas, das wie „ja" klang.

Paul fuhr fort: „Sie waren vermutlich nicht in der Lage, sich der Tiefe dieser Gefühle zu stellen. Ich bin sicher, Sie haben sich davor gefürchtet, ihm oder sich selbst diesen Ärger einzugestehen. Als Ihr Vater starb, wurde es noch schwieriger, mit diesem Zorn umzugehen."

Andrea nickte. „Ja, ja", sagte sie immer wieder.

„Sie verlagerten Ihren Zorn, indem Sie ihn auf Ihren himmlischen Vater richteten. Sie konnten nicht zulassen, daß Ihr logischer Verstand Sie zu dem offensichtlichen Schluß führen würde, daß Gott wirklich existiert. Statt dessen mußten Sie alles daransetzen, seine Existenz zu leugnen."

Andrea sah verblüfft aus. Zögernd rang sie nach Worten. Als ob sie den Eindruck von Pauls Worten für einen Augenblick abwehren wollte, stellte sie seinem Kollegen, Doug, eine theologische Frage. Er reichte ihr eine russische Bibel. Doug zitierte aus dem Gedächtnis einen Vers, der eine sehr genaue Antwort auf ihr Anliegen gab. Doch mitten im Zitat wußte er nicht mehr weiter. Obwohl er keine Mühe hatte, sich Texte zu merken, konnte er sich einfach nicht mehr erinnern, wie die Stelle weiterging. Obwohl auch Paul diesen Vers einmal auswendig gelernt hatte, war auch er nicht in der Lage, sich an den Wortlaut zu entsinnen. Eine peinliche Stille trat ein.

Plötzlich griff der junge russische Dolmetscher spontan nach der Bibel. Ohne zu wissen, warum oder was er da tat, schlug der junge Mann die Bibel auf. Ohne eine einzige Seite umzublättern, las er den Rest des Abschnitts, an den Doug sich vergeblich zu erinnern versuchte. Der Dolmetscher stand mit offenem Mund da. Seine Hand begann zu zittern. „Wie hab' ich das gemacht?" murmelte er. „Ich kenne diesen Text gar nicht! Ich habe noch nie in meinem Leben davon gehört."

Paul gab die einzig mögliche Erklärung: „Gott."

Andrea war sichtlich erschüttert. Sie sagte: „Nicht nur gibt es einen Gott, er ist offensichtlich heute abend in diesem Raum und spricht zu mir."

Als Paul voll innerer Freude in sein Hotelzimmer zurückkehrte, legte er sich mit einem Gefühl tiefster Zufriedenheit schlafen. Ganz entgegen seiner Erwartung hatte er einen äußerst beunruhigenden Traum. Der Traum stellte ihm die große Diskrepanz zwischen seinem sündigen Wesen und Gottes Güte vor Augen. Vergangene Verfehlungen zogen an ihm vorbei. Der Traum zwang ihn, die tiefe Bedeutung von Sünde zu erfassen.

Paul rief aus: „Ich bin ein sündiger Mensch! Ich habe kein Recht, in dieser Woche gebraucht zu werden, um so vielen Leuten zu helfen. Ich bin der wunderbaren Dinge nicht würdig, deren Zeuge ich war."

Obwohl seine Augen fest geschlossen waren und das Zimmer stockdunkel war, hatte Paul das Gefühl, als würde ein wunderbares Licht durch seine Lider scheinen. Er hatte den Eindruck, als würde Gott ihn mit den Worten des Apostels Paulus ansprechen: „Meine Kraft ist in den Schwachen mächtig."[44] Während ihm dieser Satz immer wieder im Kopf herumging, fiel Paul wieder in einen friedlichen Schlaf. Beim Erwachen am nächsten Morgen dachte er immer noch über diesen wunderbaren Vers nach.

[44] 2. Korinther 12, 9

An diesem Morgen hielt einer der Lehrer in seiner Gruppe nach dem Frühstück die Morgenandacht. Er begann: „Letzte Nacht hatte ich das Gefühl, als würde der Herr mir im Traum etwas mitteilen wollen. Ich möchte Ihnen den Vers nennen, der mir heute nacht gegeben wurde." Dann begann er zu lesen: „Meine Kraft ist in den Schwachen mächtig." Erst dann berichtete Paul dem Lehrer, daß Gott ihm in der vergangenen Nacht denselben Vers gezeigt hatte.

Diese zeitliche Abstimmung der identischen Traumbotschaften war sehr ungewöhnlich. Auch solche Gleichzeitigkeit ist oftmals Zeichen für einen direkten Traum. Paul wußte, daß es sich bei diesem ganzen Erlebnis um ein direktes Eingreifen Gottes handelte.

2. Klarstellung. Einer der unschätzbarsten Aspekte von direkten oder indirekten Träumen liegt darin, in Zeiten der Verwirrung und des Umbruchs Klarheit zu schaffen. So ist uns vielleicht nicht klar, in welcher Beziehung Menschen zueinander stehen. Wir sind verwirrt, bis uns ein Traum ungewöhnliche Anhaltspunkte gibt, „was eigentlich gespielt wird". Wenn diese Einsicht von Gott stammt, sind wir in der Lage, die Sache wieder klarzusehen.

Eine unserer Mitarbeiterinnen suchte unseren Rat, als in ihrer Gemeinde ein ziemlicher Aufruhr stattfand. Rose war besorgt, die Gemeinde würde zusammenbrechen, weil verschiedene Gerüchte und Unterstellungen zu beträchtlichen Kontroversen Anlaß gaben. Rose versuchte verzweifelt, zwischen Wahrheit und Illusion zu unterscheiden. Wer und was stand hinter dieser allgemeinen Verwirrung? Als das Problem sich zuspitzte, hatte sie diesen bemerkenswerten Traum.

Der Traum begann damit, daß Rose auf dem Parkplatz ihrer Gemeinde stand. In der Mitte des Parkplatzes war ein kleines Zirkuszelt errichtet. Durch die hochgeklappte Plane traten Leute in das Zelt. Doch Rose konnte nur drei oder vier echte Zuschauer im Inneren des Zeltes erkennen.

Die Darsteller betraten in verschiedenen Kostümen die Manege. Rose erkannte sie rasch als Mitglieder einer Familie ihrer Gemeinde. Ein Zirkusdirektor erschien in der Mitte mit einer Peitsche in der Hand. Als die Darsteller vortraten, dirigierte sie der Direktor hierhin und dorthin, knallte mit der Peitsche und kommandierte die Leute herum.

Die Familie führte verschiedene Rollen vor. Einer war ein Jongleur, ein anderer ein Clown. Eine Schwiegertochter versuchte sich als Seiltänzerin. Sie zogen eine gewaltige Show ab. Als die Vorstellung zu Ende war, wandte sich der Zirkusdirektor Rose zu und lächelte. Sie erkannte ihn sofort als den Hilfspastor der Gemeinde! Als er sich zurückgezogen hatte, brach das Zelt in einer Wolke von Sägemehl über den Darstellern und den wenigen Zuschauern zusammen. Im Hintergrund stand die Kirche so fest wie eh und je.

Dieser Traum verschaffte Rose sofortige Klarheit. Das kleine Zelt und die wenigen Zuschauer waren ein Zeichen, daß der Aufruhr innerhalb der Gemeinde von einer kleinen Gruppe ausging. Nur eine Familie und ein paar Zuschauer waren in die Sache verwickelt. Rose wurde plötzlich bewußt, daß der Hilfspastor eine Schlüsselrolle in dem Ganzen spielte. Sein Weggang würde der ganzen Aufregung ein Ende machen. Erstaunlicherweise reichte der Zirkusdirektor ein paar Wochen später seinen Rücktritt ein, und das Zelt „fiel zusammen". Mit seinem Weggang verließen auch die anderen Unruhestifter die Gemeinde, und die Kirche stand noch gefestigter da als zuvor.

Rose hatte keine Schwierigkeiten, diesen Traum zu erarbeiten, da die Personen und der Sinn so eindeutig waren. Sie war sehr erleichtert, als sie erkannte, daß ihr Problem sich sicher bald klären würde. Sie konnte nun sinnvoll für die Gemeinde beten und in der Übergangszeit ganz gelassen sein.

3. Führung. In der Bibel wird uns häufig geschildert, wie Gott Menschen im Traum den Weg zeigte, den sie einschlagen sollten. Gute Beispiele dafür sind Abraham und Joseph. Diese göttliche Leitung kann sich auf verschiedene Bereiche erstrecken, von geschäftlichen Entscheidungen bis hin zum Umgang mit persönlichen Nöten. Solche Träume machen uns innerlich gewiß und vermitteln uns Hoffnung.

Vor ein paar Jahren durchlebte Robert Wise eine schwere Zeit, die von persönlichem Verlust und tiefem Leid gekennzeichnet war. Seine ganze Welt schien aus den Fugen geraten zu sein. In dieser Zeit hatte er einen bemerkenswerten Traum.

„Im Traum schlief ich in meinem Zimmer im zweiten Stock. Ich habe dieses Haus gebaut und wohne noch immer darin. Das Bett, das Zimmer und das Haus selbst waren genauso wie sie damals waren und heute noch sind. Drei Männer weckten mich und zeigten aus dem Fenster. Einer sagte: ‚Alles, was erschüttert werden kann, wird erschüttert werden.‘ Ich war mir bewußt, daß diese Aussage wie ein Bibelvers klang und die drei Männer heilig waren. Mir fielen die drei Männer ein, die Abraham bei den Eichen von Mamre besucht hatten. Auch wenn ich momentan nicht wußte, was das alles zu bedeuten hatte, war mir klar, daß ich gerade eine ganz besondere Botschaft empfing.

Plötzlich begann das Haus zu beben. Als ich aus dem Fenster sah, begann das Land sich in Wellenbewegungen auf und abzubewegen, wie ein Teppich, der aufgeschüttelt wird. Bäume wurden aus dem Boden gerissen, und ich wußte, daß ich mich mitten in einem schrecklichen Erdbeben befand. Das ganze Haus begann heftig zu schwanken. Mein großes Wasserbett erhob sich vom Boden, und ich war so entsetzt, daß ich aus voller Kehle zu schreien begann. Obwohl ich immer noch schlief, fühlte ich mein Herz klopfen. Die drei Männer verschwanden, und ich dachte im Traum: ‚Diese Katastrophe werde ich nicht überleben.‘ Von irgendwoher antwortete eine Stimme: ‚Doch, das wirst du. Die beste Zeit deines Lebens steht unmittelbar bevor.‘ Das Haus drehte sich um seine eigene Achse und war nun in eine andere Richtung ausgerichtet.

Das Beben ließ nach, und das Haus stand auf einem neuen Fundament. Ich sah aus den Fenstern auf die Felder jenseits meines Grundstücks und war erstaunt, daß das ganze Land vollkommen umgestaltet war. Bäume, Seen und Straßen waren ganz anders als vorher. Alles war friedlich und wohlgeordnet.“

In den schweren Tagen, die auf diesen Traum folgten, hatte Robert eine tiefe innere Gewißheit, daß Gott sein Leben noch immer in seiner Hand hatte und ihn an einen unbekannten Ort führte. Der Traum vermittelte ihm eine unglaubliche Zuversicht, daß bessere Zeiten kommen würden, sobald das Erdbeben vorüber war. Und so war es dann auch.

4. Erkenntnis. Früher oder später wird die Frage aufgeworfen nach der Möglichkeit der Konfrontation mit dem Bösen in unseren Träumen. Gewöhnlich meint man damit eine Verführung oder eine Täuschung durch das Böse, das sich als Licht verkleidet. Ganz im Gegenteil ist eine Begegnung mit dem Bösen entweder furchterregend oder eine Warnung. Furcht, nicht Verführung, ist bei diesen Träumen angesagt.

An dieser Stelle sprechen wir nicht von Alpträumen. Diese spezielle Form des Traums werden wir später gesondert untersuchen. Auch sexuelle Träume gehören nicht in diese Kategorie. Die Bedeutung sexueller Affären in Träumen ist in der Regel eine ganz andere, als wir gemeinhin annehmen; auch mit solchen Traumbildern werden wir uns an anderer Stelle beschäftigen. Hier geht es um das Phänomen des Bösen an sich. Der Traum kann uns Erkenntnis und Einsicht vermitteln, welchem Druck und welchen Angriffen wir in unserem Leben ausgesetzt sind.

Ein anschauliches Beispiel eines solchen geistlichen Durchbruchs lesen wir in der Biographie John Newtons, Verfasser des beliebten Liedes „Amazing Grace". Newton war viele Jahre lang Sklavenhändler gewesen, der menschliche Fracht aus Afrika importierte. Nacht für Nacht legte er sich schlafen und hatte das Ächzen und Stöhnen der sterbenden Männer und Frauen im Ohr, die im Laderaum seines Schiffes dahinsiechten. Nach jahrelanger Mißhandlung seiner Mitmenschen brach sich die Last des Bösen in einem gewaltigen Traum Bahn, der Newton mit der Bedeutung des Bösen konfrontierte, dem er Vorschub leistete. Dieser Traum war der Wendepunkt in seinem Leben:

„Die eindrucksvollste Warnung erhielt ich durch einen Traum. Wer sich zur Schrift bekennt, weiß, daß dort immer wieder warnende und übernatürliche Träume geschildert werden — Prophezeiungen für die Zukunft. Und wer mit der Geschichte und den Erfahrungen des Gottesvolkes vertraut ist, weiß auch, daß solche Schreckensträume immer wieder in der Geschichte der Christenheit vorkamen, bis in die heutige Zeit ... Ich habe aufgrund der Erfahrungen, die ich seither gemacht habe, keinerlei Zweifel, daß dieser Traum eine direkte und klare Beziehung zu meinen eigenen Umständen hatte, zu den Gefahren, in die ich mich im Begriff war hineinzustürzen, und zu der unverdienten Befreiung und Gnade, die mir Gott zur Zeit meiner Verzweiflung gerne zu gewähren bereit war."[45]

Kurz nach der Niederschrift dieser Traumerfahrung wurde Newton Priester der anglikanischen Kirche. Mit der Zeit wurde er durch seine Seelsorgetätigkeit und seine Lieder so bekannt, daß er einer der meist verehrten Geistlichen des neunzehnten Jahrhunderts wurde. Er war der Meinung, daß es Gottes Absicht gewesen war, durch diesen Traum sein Leben vor der Zerstörung zu bewahren.

Hier ist noch ein anderes Beispiel mit derselben Wirkung: Meg kam mit einem Traum zu uns, der sich mehrere Wochen lang in unterschiedlicher Form wiederholte, doch letztendlich immer mit derselben Botschaft. Meistens befand sie sich in einem Haus und schaute aus dem Fenster, während gewalttätige Menschen versuchten, in das Haus einzudringen. Manchmal waren es Einbrecher, ein anderes Mal feindliche Soldaten. Am Ende jedes Traums sah sie stets böse, geisterhafte Gestalten, die um das Haus herumschwirrten und eine Stelle suchten, an der sie eindringen konnten. Diese Träume machten Meg Angst.

Nach einiger Zeit der Erklärung und Untersuchung des Traums begann Meg, seinen Sinn zu erkennen. Da ein Haus fast immer ein Symbol für uns selbst ist, begriff sie schnell, daß ihr Leben bedroht war. Meg gab zu, daß sie mit dem Gedanken spielte, Kokain zu nehmen. Auch ihr Sexualverhalten gestaltete sich reichlich verantwortungslos. Meg begriff die grundlegende Botschaft ihrer Träume und geriet fast in Panik. Was sie als einen Ausflug in die große Freiheit betrachtet hatte, entpuppte sich ganz eindeutig als ein Einfallstor für das Böse, das ihr Leben zerstören würde. Die Verarbeitung dieser Träume änderte Verlauf und Richtung ihres Lebens.

Aber stellen Sie sich einmal folgenden bizarren Traum vor. Was würden Sie mit einer solchen Traumsituation anfangen? Ein Pastor bat uns um Rat, da er einen grausamen Traum hatte. Im Traum hatte er die Aufgabe erhalten, in einem Nazi-Konzentrationslager die Leichen zu beseitigen. Jack stapelte die Leichen aufeinander, bis der Hau-

---

[45] *The Life of the Rev. John Newton* (Das Leben des Pfarrers John Newton), (Oradell, N.J.: American Tract Society), 28 ff.

fen so hoch war, daß er und sein Helfer die Körper hochschleudern mußten.

Der Pastor konnte sich überhaupt nicht erklären, welche Bedeutung dieser Traum haben sollte. Aber es war ihm bewußt, daß Hunderte guter und unschuldiger Menschen auf irgendeine Weise dahingeschlachtet wurden.

Keiner von uns war in der Lage, ihm bei der Deutung dieses seltsamen Traums zu helfen, der scheinbar keinen Mittelteil und kein Ende hatte. Der einzig offensichtliche Anhaltspunkt war der, daß alles an diesem Traum bösartig war.

Einen Monat, nachdem Jack versucht hatte, den Traum zu entschlüsseln, wurde seine Gemeinde von einer großen inneren Unruhe erschüttert. Seine Glaubwürdigkeit und Integrität wurden in Frage gestellt, und kaum jemand ergriff Partei für ihn. Seine Feinde hatten ihre Angriffe auf ihn wie einen SS-Sturm auf das Warschauer Ghetto organisiert. Die große Gemeinde, in der Jack Pastor war, geriet in mächtigen Aufruhr. Gute Menschen, die Jack zum Glauben geführt hatte, verließen verwirrt und desillusioniert die Gemeinde. An diesem Punkt erkannte Jack, daß der Traum eine Warnung war vor diesem Konflikt, der sich bereits anbahnte, bevor die öffentlichen Ausmaße der Gemeindespaltung bekannt wurden.

In beiden Beispielen diente die Erkenntnis des Bösen und die Gegenwart des Dämonischen als klare Vorwarnung. Guten Menschen würden böse Dinge geschehen. Wird diese Warnung erst einmal als solche erkannt, begreift der Betroffene meist schnell, was er tun muß, um weiteres Unheil zu verhindern.

5. Voraussage. Prophetische Träume als verlockendste aller Traumformen sind in Wirklichkeit ziemlich selten. Oft unterstellt man einem subjektiven Traum eine zukunftsweisende Bedeutung. Wenn wir beispielsweise von einem Autounfall träumen oder daß unser Haus in Flammen steht, besteht die Warnung vermutlich eher darin, unsere ausgedehnten Tätigkeiten einzuschränken, als daß am nächsten Tag unser Haus abbrennen oder wir in einen Unfall verwickelt werden könnten. In sehr vielen Fällen kann man einen prophetischen Traum erst verstehen, wenn das betreffende Ereignis eingetreten ist. Aus all dem können wir schließen, daß der Sinn eines prophetischen Traums nicht darin liegt, uns einen Blick in die Zukunft zu gewähren, als vielmehr die Werke Gottes zu erkennen, wenn sie sich ereignen.

Erzbischof Randolph Adler, Primas der Charismatic Episcopal Church, hatte beispielsweise einen bemerkenswerten Traum von einem Freund, der einen neuen grauen Cadillac kaufte. Er schaute auf den Wegstreckenmesser und sah, daß der Meilenstand 1,648 betrug. Als der Erzbischof den Wagen bewunderte, sagte der Freund: „Hier sind die Schlüssel. Er gehört dir." Zu Adlers großer Überraschung rief eben dieser Freund am nächsten Tag an und meinte, er würde einmal vorbeikommen, da er dem Erzbischof etwas zeigen wolle. Als der Mann in einem grauen Cadillac vorfuhr, war Adler schier überwältigt. Er sagte jedoch kein Wort von seinem Traum, sondern bewunderte den herrlichen Wagen. Auf Drängen des Freundes setzte er sich ans Steuer und sah, daß der Meilenstand 1,648 betrug. Der Freund legte die Wagenschlüssel in die Hand des Erzbischofs und sagte: „Er gehört dir. Mein Geschenk für all das Gute, das du mir erwiesen hast."

Normalerweise besteht der Sinn prophetischer Träume wohl eher darin, uns die Werke Gottes erkennen zu lassen, als genaue Vorhersagen über die Zukunft zu machen. Doch gibt es auch Zeugnisse von bemerkenswerten Ausnahmen. Kurz vor seiner Ermordung träumte Abraham Lincoln von einem Sarg, der feierlich im Weißen Haus aufgebahrt lag. Als er einen Wächter fragte, wer denn gestorben sei, lautete die Antwort: „Der Präsident". Mindestens zwei Passagiere der *Titanic* erlebten deren Untergang vor dem Auslaufen des Schiffes im Traum. Einer trat die Reise nicht an und überlebte! Meistens geht es bei Träumen von Tod oder Sterben jedoch um eine innere Verwandlung des Träumenden.[46] (In einem späteren Kapitel werden wir näher auf diese Symbole der inneren Umwandlung eingehen.)

Träume vom eigenen Tod vermitteln in der Regel ein tiefes Wissen um die Bedeutung der Traumbotschaft. Jung sah in einem seiner letzten Träume einen großen runden Stein mit der Inschrift: „Als Zeichen für dich von Einheit und Ganzheitlichkeit."[47] In solchen Fällen hilft

[46] Savory, Berne, Williams, *Dreams and Spiritual Growth,* 210
[47] Aniela Jaffe', C. G. Jung, *Bild und Wort, eine Biografie,* Walter-Verlag, 1983

uns der Traum, vorauszuplanen und uns auf das Kommende vorzubereiten.

Die Bibel legt nahe, daß sich prophetische Träume ereignen, wenn Gottes Plan in irgendeiner Weise gefährdet ist. Der Inhalt solcher Träume versetzt Menschen in eine beobachtende Haltung, und sie können auf diese Weise überlegen, wie sie auf schwierige, unvorhergesehene Umstände reagieren. Auf der anderen Seite geben uns prophetische Träume Wegweisung und Ermutigung, wenn sich ein neuartiger und entscheidender Plan Gottes entfaltet.

Paul Meier hatte Gelegenheit, mit einem sehr bekannten amerikanischen Evangelisten zusammenzuarbeiten. Er hatte den älteren Evangelisten ärztlich zu betreuen, dessen früherer Dienst sowohl Großevangelisationen als auch Vorträge an höheren Schulen und Universitäten umfaßte. Während eines Einsatzes wohnte der Evangelist in einem Hotel am Ort. In der Nacht hatte er einen so lebendigen und furchterregenden Traum vom Abbrennen dieses Hotels, daß er aufstand, seinen Koffer packte und sich an der Rezeption abmeldete. Mitten in der Nacht zog er in ein anderes Hotel in derselben Straße. Am nächsten Morgen erwachte der Evangelist und erfuhr, daß das erste Hotel bis auf die Grundmauern abgebrannt war!

Im Herbst 1974 hatte Roberts Bekannte, Retha, einen außergewöhnlichen Traum. Zu der Zeit war ihre Gemeinde auch für eine Schule verantwortlich, und sie gehörte zu den Lehrern. Alles schien wunderbar zu verlaufen. Retha beschrieb ihren Traum mit den folgenden Worten: „Mein normales Traummuster wurde von einem besonderen Traum unterbrochen, der außer der Reihe schien, so, wie man eine Nebenbemerkung in Klammern setzt. Noch nie hatte ich einen solchen Traum erlebt, in dem jeder Bestandteil so vollständig erschien und jede Einzelheit mit einer solchen Genauigkeit zutage trat. Es war, als würde eine große Schriftrolle entrollt, auf der eine Serie von Ereignissen aufgezeichnet war, die alle zur gleichen Zeit abliefen. Vor meinen Augen schien sich eine Multimedia-Produktion zukünftiger Ereignisse zu entfalten.

Das erste Ereignis auf der Schriftrolle war eine sehr angespannte Gemeindeversammlung. Die Gemeinde war gespalten im Hinblick auf die weitere Betreibung unserer Konfessionsschule. Das nächste

Bild war eine Versammlung der Eltern, die ihre ungeteilte Unterstützung der Schule erklärten und weiterhin auf einer christlichen Erziehung ihrer Kinder bestanden. Dann sah ich, wie die Schule in drei Zweigen fortgeführt wurde: als Grundschule, weiterführende Schule und Sonderschule. Die nächste Szene auf der Rolle war eine ganz normale Schule, die mit großem Erfolg arbeitete. Im letzten Bild erschienen drei Schüler der höheren Klassen. Die Mädchen zeigten herausragende Leistungen, aber der Junge war ein schwieriger Hippietyp. Als ich mir jeden Schüler genau ansah, rollte sich die Rolle zusammen, und ich erwachte.

Der Traum war so eindrucksvoll, daß ich ihn meinem Mann und dem Direktor erzählte. Nach einem kurzen Gespräch ging der normale Schulalltag weiter. Der Direktor schien nicht sonderlich beeindruckt. Drei Wochen später stand er völlig aufgelöst an meiner Tür. Er hatte soeben erfahren, daß die Gemeinde wegen der Schulfrage vor einer Spaltung stand!

In den folgenden Wochen entfaltete sich jeder Aspekt dieses Traums vor unseren Augen, so wie ich ihn geschildert hatte. Im Laufe der nächsten Jahre erfüllte sich auch der Rest des Traums. Die drei Schüler standen symbolisch für den Bestand der Schule. Ein Mädchen wurde in ihrem Bundesstaat bekannt für herausragende akademische Leistungen, das andere Mädchen verhalf der Schule zu einer gesunden Schulgemeinschaft, und das Leben des aufmüpfigen Jungen wurde durch die Schule verändert. Heute ist er ein Pastor in Kalifornien. Ich glaube, daß der Traum eine wortwörtliche Gottesbotschaft war, die uns vor den bevorstehenden Konflikten warnte und uns die wunderbare Zukunft unserer Schule vor Augen führte."

Rethas Traum war eine Quelle der Ermutigung in einer wichtigen Übergangzeit, als die Schule sich von der Kirche trennte und ihren eigenen Weg einschlug. Heute ist diese Schule eine herausragende Institution in einer Hauptstadt.

Erzbischof Adler hatte einen weiteren ungewöhnlichen Traum während der Zeit der heftigen Stürme an der Küste von Florida 1979. Die Wettervorhersage hatte für das Gebiet, in dem der Erzbischof lebte, einen starken Hurrikan angekündigt. Die Lage war angespannt, und die Leute befanden sich in großer Sorge.

In dieser Nacht enthüllte sich vor seinem geistigen Auge ein bemerkenswertes Bild. Vor ihm ausgebreitet lag eine große Karte von der Küste Floridas. Adler beobachtete, wie der Sturm sich auf der Karte fortbewegte, an Orlando vorbeizog, an der Küste entlangbrauste und dann plötzlich zum Meer hin abdrehte.

In diesem Traum sah Adler den Verlauf des Sturmes wie in einem Film. Er erwachte am folgenden Morgen mit der Gewißheit, daß alles genau so ablaufen würde. Die nächsten paar Stunden zeigten, daß die Voraussagen der Meteorologen falsch waren und Adlers Traum sich als richtig erwies.

Was ist der Grund dafür, daß manche Leute solche Traumerfahrungen haben und andere nicht? Darauf gibt es keine Antwort. Vielleicht waren dieselben Träume potentiell auch anderen zugänglich, aber nur jene Träumer waren darauf eingestimmt. Auf der anderen Seite scheinen manche Leute mit solchen Träumen regelrecht begabt zu sein, so wie andere gut malen oder schreiben können. Andere machen Gott für Träume verantwortlich, mit denen er nichts zu tun hatte. Wir haben es hier nicht mit einer Rechenformel, sondern mit dem Geheimnis der Gnade Gottes zu tun. Das Auftreten prophetischer Träume hat seine eigene unergründliche Logik. Aber solche Träume haben mit Sicherheit Auswirkungen.

Paul entdeckte vor kurzem, wie groß diese Auswirkungen sein können. Seine sechsundachzigjährige Mutter hatte im Alter von siebenundzwanzig einen wichtigen Traum. Zu der Zeit warb ein junger Mann um Elisabeth Meier, der sehr zwiespältige Gefühle in ihr hervorrief. Eines Nachts beschien ein romantischer Vollmond ihre Traumlandschaft. Der Mond sah aus wie ein riesiges, wunderschönes Goldfischglas, und die Goldfische hingen gleichsam in der Luft. Dieses Bild hinterließ in Elisabeth ein überwältigendes Gefühl des Wohlbefindens, und sie hatte den Eindruck, daß eine glückliche Heirat unmittelbar bevorstand.

Am nächsten Tag erzählte Elisabeth ihren Arbeitskollegen den Traum. Als sie noch über ihre bevorstehende Romanze lachten, klopfte es an der Tür. Zu ihrer Überraschung erkannte Elisabeth in dem Besucher einen Spielkameraden aus ihrer Kindheit. Der junge Mann war mit ihr in einer deutschen Gemeinde in Rußland aufgewachsen, aber sie hatten sich mehr als zehn Jahre lang nicht mehr gesehen. Elisabeth traute ihren Ohren nicht, als der flotte junge Mann berichtete, er habe die lange Reise nur aus einem Grund gemacht, nämlich, um sie wiederzutreffen. Alex Meier verlor keine Zeit. Innerhalb einer Woche waren die beiden verlobt.

Sechzig Jahre später ist Frau Meier noch immer davon überzeugt, daß dieser Traum prophetischen Charakter hatte und auf wunderbare Weise in Erfüllung ging.

Ihre Aufgabe

Seien Sie nicht überrascht, wenn Sie in Ihren bisherigen Traumaufzeichnungen keine direkte Gottesbotschaft ausfindig machen können. Prüfen Sie jedoch sorgfältig die Struktur jener Träume, die nicht in die subjektive Erscheinungsform passen. Möglicherweise lassen sie sich in eine der fünf Kategorien einordnen, die wir für objektive direkte Träume aufgestellt haben.

Da Gott in Ihren Träumen direkt und indirekt redet, sehen Sie sich Ihre bisherigen Aufzeichnungen noch einmal an und überprüfen Sie nochmals den Lösungsteil. Überdenken Sie noch einmal im Licht des eben Ausgeführten Ihre Entdeckungen.

Haben Sie zu früh aufgegeben, an Ihren subjektiven Träumen zu arbeiten? Vielleicht können Sie noch in eine weitere Ebene der Untersuchung einsteigen. Verschaffen Sie sich einen Überblick über Ihre gesamte Traumarbeit und suchen Sie nach Hinweisen, an welcher Stelle der Heilige Geist Sie zu neuer Ganzheitlichkeit führen will. Der letzte Schritt in der Traumarbeit ist, Ihre Entdeckungen im Gebet vor Gott zu bringen. Wo sollten Sie Fürbitte tun?

Kapitel 11

VERWANDLUNG

Hilfen zur Veränderung

Ich habe nicht viel Erfolg bei der Arbeit an meinem inneren Menschen. Sobald ich aus meiner Tür trete oder in meinem Büro ankomme ... sind meine guten Vorsätze schon wieder vergessen. Ich verirre mich, ich reagiere mechanisch. Ich werde ein Sklave. Ich werde von meinen Eindrücken umhergestoßen. Ich werde von äußeren Ereignissen bestimmt, und mein inneres Ziel geht verloren. Irgendein äußeres Ziel nimmt seinen Platz ein. Ich werde ein anderer Mensch.

Robert S. De Ropp,
The Master Game
(Das Meisterspiel)

Während Paul Meier ein Seminar über Beziehungen in der Familie in St. Louis hielt, hatte er einen außergewöhnlichen Traum. In diesem Traum hielt Paul Vorträge vor Deutschen, die nach 1945 geboren wurden. Er wies seine Zuhörer an, nicht nur Mitleid mit den Juden zu haben, sondern alles zu tun, was in ihrer Macht stand, um einen Ausgleich zu schaffen für das, was mit den Juden während des Holocaust geschehen war. „Gleichzeitig aber", so beteuerte Paul gegenüber den Zuhörern, „tragen wir keine persönliche Schuld für die Taten Hitlers. Wir waren zu jener Zeit noch nicht auf der Welt und sind nicht für die Taten der Nazis verantwortlich."

Am nächsten Tag dachte Paul gründlich über diese unerwartete Traumbotschaft nach. Paul war nicht nur einmal im Jahr nach Israel gereist, sondern hatte in Tel Aviv therapeutische Kurse gehalten, um seelisch belasteten Juden zu helfen. Es gab also keinerlei Grund, weshalb er sich schuldig fühlen sollte. Ihm kam seine Reaktion auf den Film *Schindlers Liste* in den Sinn. Der Film hatte ihn derart überwältigt, daß er heftig geweint hatte, und in den Szenen, die von großem Leid und Schmerzen handelten, kaum atmen konnte. Paul hatte mit Sicherheit ganz großes Mitleid mit den Juden. Aber der Name *Meier* klingt natürlich so deutsch wie kaum ein anderer.

Als Paul das Kino verließ, hatte der Film einen tiefen Eindruck in ihm hinterlassen. Die Szenen blieben in seinem Geist verankert und in seine Seele eingebrannt. Langsam begriff Paul, daß dieses Traumseminar zu seinem eigenen Besten diente.

Paul hatte die Behandlung der Juden durch die Deutschen zu persönlich genommen. Falsche und unangemessene Schuldgefühle schlichen sich in sein Denken ein. Er hatte seine Betroffenheit über das Schicksal der verfolgten Juden bis zur Selbstanklage verinnerlicht. Der Traum wies Paul darauf hin, daß seine ethnische Abstammung ihn nicht für Taten verurteilte, die andere zu einer anderen Zeit und an einem anderen Ort begangen hatten.

Das Traumseminar ließ Pauls Herz leichter werden, es lehrte ihn, sich nicht selbst für die Schandtaten anderer zu verurteilen. Diese Erfahrung war ein heilender Traum, der zu einer inneren Verwandlung führte.

Ganzheitlich werden

Niemand entkommt dem gezackten Messer der Lebenserfahrung. Wir sind alle an irgendeiner Stelle verwundet. Manchmal haben wir Schuld auf uns geladen, manchmal halten wir uns nur für schuldig. Aber wie dem auch sei, wir alle brauchen innere Heilung.

Unterschätzen Sie nicht Ihre Fähigkeit, die Wahrheit vor sich selbst zu verbergen. Wir besitzen die verbissene Fähigkeit, eine Sache, der wir uns nicht zu stellen bereit sind, zu leugnen. Diese hartnäckige Tendenz beobachtete Paul bei einem depressiven Patienten.

Da Paul annahm, die Ursache des Problems sei verdrängter Ärger oder Schuld, befragte er den jungen Mann über seine Erfahrungen und Erlebnisse der vergangenen Monate und Jahre, aber George war sich sicher, daß bei ihm keinerlei Grund für Groll oder irgendeine Verdrängung bestand. Er konnte sich nicht erinnern, irgendein Ereignis bedauern zu müssen. Dann machte Paul dem Patienten den Vorschlag, auf seine Träume zu achten, um zu sehen, was hier an die Oberfläche kam.

George berichtete ihm beim nächsten Mal einen merkwürdigen Traum. Er fuhr per Anhalter und wurde von einem Paar in einem Auto mitgenommen, das nur noch aus einem äußeren Rahmen bestand. Die Seitenteile waren kaum noch vorhanden. Als das Auto sich in Bewegung setzte, saß George neben der Frau, bis ein heftiger Stoß den Mann aus dem Auto schleuderte und George das Steuer übernahm. Der Mann rannte die Straße entlang und versuchte, den Wagen einzuholen. Nach einer Weile hielt George an und ließ den Mann wieder einsteigen. Dann fuhr das Paar davon, und George blieb einsam und allein auf der Straße zurück. George erkannte in den Leuten im Auto ein Ehepaar, bei dem er vor ein paar Monaten für kurze Zeit gewohnt hatte.

Paul war die Bedeutung des Traums sofort klar, und er fragte George nach seiner Beziehung zu der Frau während der Zeit, als er bei dieser Familie gewohnt hatte. George gab beiläufig zu, daß er damals tatsächlich in eine sexuelle Affäre mit der Frau hineingeraten sei, er sah aber keinen Grund, weshalb diese Erfahrung die Ursache für seine Depression sein sollte. Wollte sich George selbst etwas vormachen oder was?

Da ein Auto ein starkes Symbol für das eigene Selbst ist, war dieser Traum eine überdeutliche Aufforderung an George, seine Mitschuld zu erkennen, die er auf sich geladen hatte, indem er den Mann aus seiner angemessenen Rolle stieß, auch wenn die Ehe brüchig war wie ein Auto, das nur noch aus einem Rahmen besteht. Auch wenn George nicht bereit war, Verantwortung für sein Handeln zu übernehmen, bestand der Traum darauf, daß er sich dieser Schuld stellte. Der Preis für diese Verdrängung war eine tiefe Depression.

Warum haben Träume einen Problem- und einen Lösungsteil? Warum sind Konflikte und ungelöste Konfrontationen so unverwüstliche Traumthemen? Weil der Schmerz der Vergangenheit nach Befreiung und Heilung schreit!

Irgendwann in einer problematischen Zeit unserer Entwicklung wurde eine Handgranate in unserer Seele deponiert. Ihre Explosion rief eine seelische Erschütterung hervor, von der wir uns allmählich erholten. Doch noch lange, nachdem sich die Rauchwolken verzogen hatten, dröhnten die Explosionswellen noch durch unsere Seele. Die Zeit entfernte die Sprengladung in unserer Seele nicht. Wie bei alten Stichwunden tief unter der verheilten Haut, breitet sich der Entzündungsherd aus wie eine psychologische Zeitbombe. Narben bedecken die alte Verletzung, aber sie können nicht verhindern, daß die verborgene Infektion unser geistliches und seelisches Leben verseucht. Wenn diese infizierten Wunden nicht aus unserer Seele geschnitten werden, werden wir unser ganzes Leben lang versuchen, den Schaden irgendwie auszugleichen.

Hier liegt eine weitere Bedeutung unserer Träume. Träume können als chirurgische Instrumente fungieren, die unseren seelischen Schaden beheben, indem sie uns mit Problembereichen unseres Lebens in Berührung bringen, die wir vor langer Zeit in die Tiefen des Unterbewußtseins abgedrängt haben. Daher ist es hilfreich, sich mit dem Lösungsteil des Traums zu beschäftigen, der die Aufgabe hat, den Schaden zu beheben und zu korrigieren. Im folgenden stellen wir Bereiche vor, die in vielen Fällen unsere Aufmerksamkeit erfordern, und wir geben Anregungen, wie wir mit bestimmten Abschnitten unserer Vergangenheit umgehen können.

Alpträume entschlüsseln

Diese galoppierenden Pferde des Schreckens donnern um zwei Uhr morgens durch unsere Träume und bringen uns dazu, vor Schrecken und Seelenqual aufzuschreien. Die Probleme schreien nach einer Lösung. Um solche nächtliche Schrecken richtig zu verstehen, müssen wir sie unterscheiden lernen.

Beginnen wir mit sogenannten Alpträumen. Besonders Kinder haben solche Träume und erwachen nach Luft ringend, schreiend oder zitternd. Niemand scheint dieses Phänomen völlig zu verstehen, das wohl im wesentlichen körperliche Ursachen hat und relativ selten ist. In der Regel tun wir am besten daran, das Kind zu beruhigen und gar nicht erst zu versuchen, den Inhalt solcher Träume zu analysieren. Sie gehen vorüber.

Auch Erwachsene werden gelegentlich von solchen Träumen heimgesucht, die jedoch keine bleibenden Folgen haben. In der Regel gibt es noch nicht einmal genügend Traummaterial, um solche Alpträume überhaupt sinnvoll zu zergliedern.

Wiederkehrende Alpträume stehen auf einem anderen Blatt. Bei diesen Träumen fehlt der Lösungsteil am Schluß. Sie treiben uns an den Rand der Katastrophe, und wir erwachen, kurz bevor sie eintritt. In der Regel steht ein überwältigendes Trauma hinter den Bildern. Wir gelangen jedoch nicht bis zur Ursache der Verletzung, weil der Türhüter solche Angst vor der Ursprungserfahrung hat, daß er die Aufarbeitung dieses Problems verhindert. Über diesen „toten Punkt" kommen wir erst hinweg, wenn wir den alten Schrecken ausfindig machen können.

Um eine Unterscheidung zu treffen zwischen den seltenen Alpträumen und solchen, die uns auf die Notwendigkeit einer seelischen Operation hinweisen, nennen wir die letzteren Tote Punkte. Wenn hier keine innere Verwandlung geschieht, werden diese Traumerfahrungen sich mitnichten von selbst erledigen, sondern uns im Gegenteil oft heimsuchen. Unsere erste Aufgabe besteht also darin, nach ihrem Ursprung zu forschen.

Erinnern Sie sich an Robert Wises schrecklichen Traum, als kleines Kind in einem Feld zurückgelassen worden zu sein? Dieser Verlassenheitstraum donnerte wie eine Herde von Wildpferden immer wieder durch seine Nächte.

Wir müssen immer in Betracht ziehen, daß solche Traumata vielleicht auch Zeichen für eine Persönlichkeitsspaltung sind. Eine gute Faustregel ist, daß die Spaltung umso tiefgreifender ist, je entsetzlicher sich der wiederkehrende Traum gebärdet. Doch sind solche Träume nicht notwendigerweise Zeichen für eine Persönlichkeitsspaltung. Das Problem liegt vielleicht bei einer uns sehr bedrohlich erscheinenden Person in unserer unmittelbaren Umgebung oder in einer Lebenssituation, in der wir gerade stehen. Wir müssen der Ursache der Angst auf die Spur kommen. Wie auch immer, Roberts Erfahrung will uns Mut machen. Jede Verletzung aus der Vergangenheit kann geheilt werden, und es ist möglich, innere Verwandlung zu erfahren.

Wie ein sich abschwächender Hurrikan zu einem bloßen tropischen Sturm wird, wurde der Inhalt von Roberts Kindheitstraum mit der Zeit auf ein vertrauteres und erträglicheres Maß heruntergeschraubt. Mit dieser Veränderung in seinen Gefühlen konnte Robert sich an den Inhalt des Traums heranwagen und sehen, was dort zutage gefördert wurde. Schließlich vermutete er ein bestimmtes Ereignis als Ursache des Traums. War er nun tatsächlich in einem Feld zurückgelassen worden, oder stand das Feld symbolisch für eine andere Erfahrung? Diese veränderte Haltung dem Traum gegenüber war ein Schritt zur Aufdeckung des Problems. Die Arbeit mit dem Traum hatte ihm zumindest ein großes Stück Angst genommen, die mit dieser Erfahrung verbunden war.

„Als Erwachsener hatte ich viele Träume, in denen ich von immer wieder anderen furchterregenden Gestalten gejagt, verfolgt oder angegriffen wurde", berichtete Robert. „Diese Art des Alptraums ist mir sehr vertraut. Als ich eine Zeitlang mit Träumen gearbeitet hatte, begann ich zu erkennen, daß viele dieser Verfolgungsträume direkt oder indirekt mit dem Verlassenheitstraum zu tun hatten.

Vor ungefähr zehn Jahren nahm ich mit einer Gruppe Geistlicher an einer Konferenz in Glendale in Kalifornien teil. Ich träumte, daß ich einem Jungen zur Flucht verhalf. Einer der Geistlichen, der starre, gesetzliche Ansichten hatte, begann, den Jungen zu verfolgen. Ein Mädchen erschien und warnte uns, daß Pfarrer Jones hinter uns beiden her sei. Ich bemerkte, daß er immer näher kam. Gerade, als Jones mich packen wollte, drehte ich mich zu ihm um und forderte ihn auf, zurückzutreten. Ein Handgemenge folgte, und zu meiner Überraschung gelang es mir mit Leichtigkeit, Jones zu überwältigen. Ich hielt ihn am Boden fest, legte einen Bügel aus Stacheldraht um sein Gesicht und machte ihn darauf aufmerksam, daß die Stacheln ihn verletzen würden, wenn er sich bewegte. Ich forderte ihn auf, nie wieder zu versuchen, mich zu fangen. Ich erwachte mit der Gewißheit, daß ich stärker war, als ich geglaubt hatte.

Meine Verfolgungsträume hatten alle das gleiche Thema, nämlich den Wunsch, aus gefängnisähnlichen Umständen zu entkommen. Ich wußte, daß dieses Thema mit meiner Adoption zu tun hatte. Eine mißbrauchte Autorität hatte bei mir einen inneren Konflikt hervorgerufen. Viele tatsächliche Vorfälle in meiner Kindheit hatten in mir dasselbe Gefühl hervorgerufen, das ich im Traum empfand, als ich von dem gestrengen Pfarrer verfolgt wurde. Obwohl der Verfolgungstraum mir Angst machte, vermittelte mir die Aufarbeitung des Traums die Gewißheit, daß ich mich meinen Ängsten und Befürchtungen stellen und sie überwinden könne."

Hier ist noch ein anderer Gesichtspunkt im Hinblick auf Verfolgungsträume. Calvin Hill schreibt in seinem Buch *The Meaning of Dreams* (Die Bedeutung von Träumen):

„Hier handelt es sich allesamt um Bestrafungsträume. Warum wird der Träumer bestraft? Weil er ein Gebot seines Gewissens übertreten hat. Er hat sich gegen eine Autorität aufgelehnt, er hat sich einen verbotenen Wunsch erfüllt, oder er hat eine Untat begangen. Der Alptraum ist der Preis, den er für sein Vergehen bezahlt. Solche Träume zeigen uns, welche Vorstellungen der Träumer von den Strafen hat, die ihm auferlegt werden, sollte er nicht auf die Stimme seines Gewissens hören."[48]

Wenn Sie solche Traummuster bei sich entdecken, brauchen Sie nicht unbedingt daraus zu schließen, Sie seien bei einem schlimmen Vergehen ertappt worden. Es geht vielmehr darum, auf welche Weise Sie gegen Ihren eigenen inneren Kodex verstoßen haben. Vielleicht haben Sie einem verbotenen Gefühl wie Ärger oder Furcht nachgegeben. Irgendwann sind Ihnen diese Gefühle verwehrt worden. Oder Sie machen sich wirklich vor, mit einem ernsthaften moralischen Vergehen davonzukommen. Ihre Seele protestiert und hört nicht mit ihren Anschuldigungen auf, bis Sie sich Ihrem Verhalten stellen und einen anderen Weg einschlagen.

---

[48] Calvin Hill, *The Meaning of Dreams* (Die Bedeutung von Träumen), (New York: McGraw-Hill, 1966), 36

Hier ist noch eine ganz unerwartete Sichtweise. Verfolgungsträume können eine sehr überraschend positive Bedeutung haben. Robert Wise erinnert sich an einen solchen wiederkehrenden Traum.

„Vor ein paar Jahren träumte ich des öfteren, daß ich von einem Leopard verfolgt werde", erinnert sich Robert. „Voller Entsetzen erwachte ich jedesmal, gerade als dieses wilde Tier mich verspeisen wollte. Nach einem langen Gespräch mit meinem Seelsorger versuchte ich, mich innerlich darauf einzustellen, dem Tier in die Augen zu sehen, sollte der Traum wiederkehren. Zu meiner Überraschung erkannte ich, daß ich eine Ausweichmöglichkeit hatte, als das Tier auf mich zustürzte. Ich hielt inne und sah dem Tier in die Augen.

,Was willst du?' fragte ich.

Zu meinem Erstaunen antwortete der Leopard: ,Ich dachte, du würdest nie aufhören, fortzulaufen. Ich möchte dir die Kraft des Leoparden geben!' (Natürlich ist das Bild und die Sprache symbolträchtig.) Der Tote Punkt wurde zur Quelle der Kraft.

Erst später erkannte ich, daß der Traum ein Geschenk meines Schattens war. Ich floh vor der neuen Stärke und Fähigkeit, die mir aus einem Bereich meines Lebens angeboten wurde, den ich leugnete und ablehnte. Fast immer weisen Träume auf die positive Möglichkeit im Problembereich hin."

Bei allen Tierträumen müssen wir sorgfältig auf die Vorstellung achten, die mit dem betreffenden Tier verbunden wird. Ruft das Tier Angst hervor, müssen wir dem Ursprung der Angst auf den Grund gehen. Sind wir von einem solchen Tier einmal gebissen worden und haben jetzt ein Trauma? Erinnert uns das Symbol an ein Haustier? Könnte dem Haustier etwas geschehen sein? Bei der Suche nach dem Sinn des Tiersymbols überlegen wir genau, was hier eigentlich durch das Tier dargestellt wird. Bei Leoparden und riesigen Löwen stellt man sich beispielsweise vor, daß sie angreifen oder aus dem Hinterhalt hervorspringen. Lauert da etwas im Hinterhalt? Der Angriff eines Nashorns gleicht dagegen dem Vordringen einer Planierraupe. Werden wir von jemandem überrannt? Vielleicht müssen wir stark sein und selbst zum Angriff übergehen.

Tiere stehen auch für Charakterzüge, die wir entwickeln müssen oder erwerben sollen. Das Auftauchen solcher Symbole verschafft uns vielleicht neue Energie. Ein Adler steht für die Fähigkeit, sich in neue, erhabene Höhen aufzuschwingen, während eine Taube eher ein Bild für Sanftheit und Frieden ist. Ein Fuchs steht vielleicht für Schlauheit, und ein Hund kann ein treuer Kamerad sein. Tiere aus dem Zoo oder einer Tierschau können in unseren Träumen Geschenke überbringen.

Wie können wir die wilden Tiere zähmen?

Was können wir tun, um diese wilden Pferde zu zähmen? Wie verwandeln wir die Toten Punkte?

Eine Möglichkeit haben wir bereits vorgestellt. Wir versuchen, den bewußten Entschluß zu fassen, den immer wiederkehrenden Traum nochmals zu erleben. Bei Tageslicht treffen wir die Entscheidung, wem oder welcher Sache wir uns im Traum stellen müssen und nehmen uns ganz fest vor, das zu tun, wenn der Traum wiederkehrt. Wie wir einem Kind beibringen, sich gegen den Schultyrannen zur Wehr zu setzen, rüsten wir den Türhüter mit neuen Alternativen aus, sich dem Trauma zu stellen, das in der Wildnis verborgen ist. Der Türhüter empfängt durch unsere sorgfältige und hilfreiche Analyse seines Dilemmas neue Lebenskraft.

Um den Türhüter so zu stärken, müssen wir das Gefühl ausmachen, das den Toten Punkt verursacht. Was liegt dem Ganzen zugrunde? Ärger? Furcht? Schuld? Wenn wir uns darüber im klaren sind, welche Energie hinter der Verfolgungsjagd steht, haben wir einen Anhaltspunkt, ob Konfrontation oder Verständnis, Widerstand oder Willfährigkeit angesagt ist. Im Fall von Robert Wises Leopardentraum lag das Problem in seiner Angst, von einem Gefühl überwältigt zu werden, das er nicht beherrschen konnte. Diese Erkenntnis verhalf ihm zu dem Entschluß, dem Tier in die Augen zu sehen.

Diese Methode funktioniert, da in den allermeisten Fällen der Verfolger ein Freund ist, der sich als Feind verkleidet hat. Das Problem liegt in der Wahrnehmung des Türhüters. Wird der Konflikt beigelegt, ändert sich das ganze Drehbuch. Wenn wir erkennen, daß der angebliche Feind eigentlich gar keiner ist, können wir die Spielregeln ändern. Wenn wir auf diese Weise unserem seelischen Schmerz oder Problem auf der Spur bleiben, wird sich das auszahlen!

Auf der anderen Seite sind Tote Punkte so schwierig, weil sie keine Lösung anbieten. Wir erwachen ohne Erleichterung. Das Problem unserer Seele ist Unvollständigkeit. Wir müssen den unbefriedigenden Traum selbst zu Ende schreiben. Hier ist noch eine hilfreiche Technik. Wir beginnen mit dem erneuten Einstieg in die Traumsituation. Wir raten Ihnen, ähnlich wie im achten Kapitel, eine weitere Expedition in die Wildnis zu unternehmen. Versuchen Sie, sich die Traumerfahrung so anschaulich wie möglich vor Augen zu führen und achten Sie sorgfältig auf jede Einzelheit. Es hat sich als hilfreich erwiesen, sich durch diese Expedition hindurchzubeten. Bitten Sie den Heiligen Geist, Ihr Führer und Freund auf dieser Reise zu sein.

Wenn Sie sich mitten im Traum befinden, lassen Sie sich von der Traumgeschichte mitreißen. Doch hören Sie nicht an der Stelle auf, wo der ursprüngliche Traum endete. Lassen Sie Ihre Vorstellungskraft und Phantasie die Geschichte weiterspinnen. Sie versuchen nicht so sehr, sich ein Ende auszudenken, als vielmehr mit Hilfe der Eigendynamik des Traums die Handlung auf natürliche Weise zu beenden.

Wenn Sie Schrecken oder Furcht befallen, bitten Sie den Heiligen Geist, Ihnen zu helfen, auf dem eingeschlagenen Weg zu bleiben. Verfolgen Sie mit geschlossenen Augen, wohin die Logik des Traums Sie führt. Wenn Tote Punkte überwunden werden, eröffnen sie im allgemeinen neue Möglichkeiten, oder sie werden zu heilenden Träumen.

Wir können diese Technik am besten anhand eines weiteren von Roberts Verfolgungsträumen veranschaulichen. „Der Traum beginnt in einer Kleinstadt, wo ich ein Haus als Geldanlage kaufe. Ein kleines Kind verfolgt mich, und ich versuche, nicht von ihm eingeholt zu werden. Ich befinde mich im Rathaus, wo gerade ein Umzug beginnt. Was ich auch tue, das Kind ist immer hinter mir her. Ich laufe fort und verstecke mich in einer Tankstelle, aber das Kind gibt nicht auf. Ich renne weiter, bis ich in eine andere Straße komme.

Diesen Traum träumte ich in der Nacht, nachdem ich mich wieder einmal in das Pecos-Kloster zurückgezogen hatte. Pecos ist eine Kleinstadt, und ich arbeite an meiner Persönlichkeit, meinen eigenen ‚Anlagen', wenn ich dort bin. Der Hintergrund war also klar. Als ich über das Symbol des Umzugs nachdachte, erkannte ich, wie sehr ich meinen Seelsorger beeindrucken wollte mit den Fortschritten, die ich bei meinem inneren Wachstum und der Entwicklung meiner geistlichen Reife machte. Ich war nun bereit, an die Arbeit zu gehen ... bloß das Kind kam mir immer in die Quere!

Als ich mir das Kind vor Augen stellte, wurde mir bewußt, wie sehr ich einen wichtigen Teil meines Lebens vernachlässigte. Das Kind in meinem Inneren wurde ziemlich oft übergangen, so wie an dem Tag, als es in dem Baumwollfeld zurückgelassen wurde. Das Kind wollte wahrgenommen werden. Ich neigte dazu, diese Problematik durch Beschwichtigung und Besänftigung zu ignorieren. Es galt also, diesem Bereich meiner Vergangenheit Geltung zu verschaffen.

Mit der Absicht, den Traum zu Ende zu führen, begab ich mich also im Geist wieder in ihn hinein und durchmaß ihn Schritt für Schritt. Die Verfolgungsjagd begann von neuem, aber gegen Ende der Traumsequenz verzichtete ich darauf, die Straße zu überqueren. Ich setzte mich hin und bat das Kind, näher zu kommen, da ich mit ihm reden wolle. Das Gespräch verlief nach meinen Aufzeichnungen etwa folgendermaßen:

,Kind, warum verfolgst du mich?'

,Hast du Angst, mir zu begegnen?'

,Ich weiß nicht. Ich weiß nicht, wer du bist.'

,Ich bin der, der zurückgelassen wurde. Erinnerst du dich?'

(Ich fühle mich unbehaglich und unsicher.) ,Ich verstehe nicht recht.'

,Doch, du verstehst. Du verdrängst nur, daß du immer vor mir wegläufst, daß du nicht wissen willst, was ich bedeute.'

,Was soll ich tun?'

,Nutze diese Zeit, um mich kennenzulernen. Spiele doch einfach einmal mit mir. Du brauchst wirklich keine Angst zu haben. Ich brauche nur ein wenig Aufmerksamkeit und Beachtung. Ich sehne mich danach, gewollt zu sein. Ich kann dein Freund sein.'"

Wenn wir anstelle des Toten Punktes ein neues Traumende finden, ist es sehr wichtig, das schriftlich festzuhalten. Wir müssen über die Zusammenhänge und Konsequenzen nachdenken. Auf diese Weise geben wir dem Traum und seiner Bedeutung die Ehre. Auch ein

Dankgebet ist hier angebracht. Die innere Heilung erfolgt zwangsläufig.

Die innere Spannung transzendieren

Jetzt, wo wir gelernt haben, eine der schrecklichsten Traumarten positiv umzuwandeln, müssen wir uns eine grundlegende Wahrheit über
das Wesen des menschlichen Reifeprozesses vor Augen halten. Manche Probleme können nicht geändert werden, wir müssen uns vielmehr über sie erheben. Am Anfang dieses Kapitels stand Robert De
Ropps Beobachtung, daß unsere besten Absichten durch die Vielschichtigkeit des modernen Lebens zunichte gemacht werden. Er
schreibt weiter. „Der Normalzustand ist eine Vielzahl von Persönlich-
keitsschichten. Die Existenz eines einzigen ‚Ich‘, das im Einklang mit
einem einziges Ziel und einem einzigen Willen steht, ist eher die Aus-
nahme als die Regel."[49] Um in unserer Welt ein ganzheitlicher Mensch
zu werden, bedarf es fast eines Wunders. Aber ist nicht jede Verwandlung etwas Wunderbares?

Eine der tiefgründigsten Einsichten Jungs war die, daß nahezu alle
wahrhaft bedeutenden Lebensprobleme im Grunde genommen
unlösbar sind. Sie können nicht gelöst werden, sondern wir müssen
über sie hinauswachsen. Statt daß unsere Neurosen geheilt werden,
werden sie mit der Zeit uns heilen. Die Probleme, die uns am meisten
zu schaffen machen, sind am ehesten dazu angetan, uns zu dem
Zustand der Ganzheitlichkeit zu führen, den wir uns so sehr erseh-
nen. Wir neigen dazu, diese Probleme zu verdrängen. Doch wenn sie
erst einmal ans Licht gebracht werden, bieten sie uns Antworten an,
die wir für unsere menschliche Reifung benötigen.

Es gibt wohl kein besseres Beispiel für dieses Prinzip als die
Anonymen Alkoholiker. Die Mitglieder dieser Gruppe geben zu, daß
sie ihrer Abhängigkeit machtlos gegenüber stehen, doch die Absicht
haben, ihr Leben in Ordnung zu bringen. Sie bleiben zwar zeitlebens

---

[49] De Ropp, *The Master Game* (Das Meisterspiel), (New York: Delacorte/Sey-
mour Lawrence, 1968), 93

Alkoholiker, doch werden mit der Zeit eine Vielzahl von Charakter-schwächen aufgegriffen und geheilt. Die unheilbare Krankheit heilt den von ihr betroffenen Menschen.

In ähnlicher Weise werden wir womöglich von einer Tragödie heimgesucht und erleben schmerzliche Verluste, die unwiederbring-lich sind. Doch indem wir noch mit der Lücke zu kämpfen haben, die nie mehr gefüllt wird, werden wir in eine neue Beziehung zu Gott gebracht, die wir vorher nicht hatten. Zwar wird der schmerzliche Verlust nicht rückgängig gemacht, doch ist der Gewinn unschätzbar. Körperlicher und seelischer Schmerz bringt seelische Heilung hervor.

Die Verwandlungsfunktion von Träumen hilft uns, die Trittleiter zu finden, um diese höchste Stufe zu erklimmen. Indem wir so eine erhabenere Sichtweise erhalten, verändern wir uns nicht so sehr, als daß wir unsere Vergangenheit hinter uns lassen. Wenn unvereinbare Gefühle miteinander im Widerstreit liegen, haben wir keine andere Wahl, als diesen höheren Weg einzuschlagen.

Oft tritt die transzendente Funktion als Traumbild zutage. Indem wir dieses ungewöhnliche Symbol erarbeiten, entdecken wir, wie die innere Sperre durchbrochen werden kann.

Interessanterweise brachte ein weiterer Angriffstraum Robert Wise an einen dieser verblüffenden Punkte der Verwandlung. „Der Traum begann inmitten eines terroristischen Anschlags. Ich konnte gerade noch zu einem Bahnhof flüchten und in letzter Minute einen Zug erwischen. Als ich in einer anderen Stadt ausstieg, holte mich ein Geistlicher ab, den ich von früher her kannte. Er brachte mich sofort zum Haus eines anderen Freundes, einem Collegeprofessor. Sie führ-ten mich hinaus zu einem Mann, der im Hinterhof stand. Dieser Mann war ungewöhnlich groß, doch als wir miteinander sprachen, wuchs er immer mehr, bis er alle Häuser überragte und über die ganze Stadt blicken konnte. Der Traum endete damit, daß der Riese mir sagte, sein Name sei Herr Weitsicht.

Nach langem Nachdenken kam ich darauf, daß dieser Mann ein Symbol der Verwandlung war. Ohne die Vielschichtigkeit des Traums zu analysieren, war dieses Bild eindeutig ein Signal, was geschehen müßte, wenn ich über eine bestimmte Ebene einer persönlichen Pro-blematik hinausgelangen wollte. Ich mußte einiges ‚aus der richtigen

Perspektive' betrachten, indem ich eine ‚weitere Sicht' einnahm. Ich mußte mich über die alten Konflikte erheben. Die Weisheit dieser Haltung wurde durch meine verstandesmäßige und religöse Überzeugung bestätigt. Herr Weitsicht zeigte mir eine w-e-i-t-e Sicht auf meinen Weg zur inneren Ganzheitlichkeit."

Der Weg der Umwandlung kann uns viele Schmerzen ersparen. Oft mühen wir uns viel zu lange mit einer Sache ab, die nicht rückgängig gemacht werden kann, sondern umgestaltet werden muß. Christen unterschätzen oftmals den ungeheuer schwierigen Prozeß der Veränderung grundlegender Aspekte unseres Verhaltens. Hinter allem, was wir tun, stehen komplexe Kräfte. Statt sich diesem Anpassungsprozeß zu unterwerfen, flüchten sich viele Menschen in Krankheit.

Vielleicht ist eine psychosomatische Krankheit eine leichtere Anpassung als eine neue Ausrichtung des Denkens und Verhaltens. Manche Leute ziehen beispielsweise Alkoholismus oder Selbstmord der grundlegenden Veränderung vor, die eine neue Persönlichkeit hervorbringen könnte. Im Gegensatz dazu kann uns eine Umwandlung aus unserem Morast herausholen, indem sie die alten Themen und Problembereiche unbedeutend macht. Eine Verwandlung kann leichter sein als gewaltsamere Lösungen.

Der christliche Glaube spricht von derselben Möglichkeit in Begriffen wie Rechtfertigung und Wiedergeburt. Die Schrift lehrt, daß manche Dinge nicht aufpoliert werden können, sie müssen abgewaschen werden. Unerreichbare Gnade wird uns als freie Liebesgabe Gottes gewährt. Unsere Träume versuchen oftmals, uns zu helfen, diese Lehre in eine Tatsache umzuwandeln.

Bei der inneren Verwandlung werden viele unserer Charakterzüge nicht grundsätzlich geändert, sondern anders eingestellt. Ärger kann beispielsweise umgewandelt werden in die Fähigkeit, sich leidenschaftlich um etwas zu bemühen. Furcht wird zu weiser Vorsicht. Gier oder Habsucht entspringt immer einer Unsicherheit, die darauf wartet, in Vertrauen verwandelt zu werden. Wir müssen jedoch bereit sein, tief in diesen Verwandlungsprozeß einzutauchen.

Symbole der Verwandlung

Viele Bilder erscheinen von Zeit zu Zeit und bereiten uns auf eine Verwandlung vor. Die beiden verwirrendsten und unerwartetsten Symbole der Verwandlung sind wahrscheinlich Tod und sexuelle Begegnungen. Fast immer werden solche Träume mißverstanden, und die mächtige Kraft zum Guten wird nicht wahrgenommen. Hier haben Sie Gelegenheit, neue Erkenntnisse zu gewinnen. Beginnen wir mit der interessantesten und faszinierendsten Traumform ... den wollüstigen sexuellen Träumen.

Nächtliche Eskapaden

Aus unseren Teenagerjahren sind wir darauf programmiert, alle sexuellen Träume für geheime Wunscherfüllung zu halten. Oft sind Erwachsene über solche Träume schockiert, da sie annehmen, zu der Person in den nächtlichen Schlafzimmerszenen in einer unangenehmen und verhängnisvollen Anziehungskraft zu stehen. Von Zeit zu Zeit kommt jemand in die Therapie, weil er befürchtet, von der nächtlichen Traumlust verzehrt zu werden.

Während ein solcher Traum gelegentlich tatsächlich das Bedürfnis nach Entladung sexueller Energie zum Ausdruck bringt, werden wir jedoch wichtigere Erkenntnisse erhalten, wenn wir uns klarmachen, daß Traumpersonen oft symbolische Vertreter von Aspekten unserer eigenen Persönlichkeit sind. Wie schon vorher erwähnt, handelt es sich bei Personen des anderen Geschlechts häufig um unsere gegengeschlechtliche Seite. Vielleicht lesen Sie noch einmal die Erläuterungen zum Inhalt dieses Symbols im fünften Kapitel.

Wenn wir die Figur des Gegengeschlechts sehr genau betrachten, bekommen wir einen unmittelbaren Eindruck von der Botschaft dieses Traums. Wer ist diese Person, und woher kennen wir sie? Worin besteht unsere Beziehung? Was gefällt uns an dieser Person? Was nicht? Übt dieser Mensch eine Anziehung auf uns aus? Welche Eigenschaften erkennen wir in ihm oder ihr?

Unser Sexualpartner im Traum ist oft unser Gegengeschlecht in Reinkultur. Indem wir uns die wirkliche Persönlichkeit des Traumpartners vor Augen führen, erfahren wir möglicherweise mehr über diesen Teil der Wildnis als auf irgendeine andere Weise. Da gegengeschlechtliche Figuren unsere idealisierten Werte, Gefühle und Hoffnungen in Bezug auf das andere Geschlecht verkörpern, sind sie kraftvolle Symbole, die die weibliche oder männliche Komponente unserer eigenen Persönlichkeit repräsentieren.

Da wir unvollkommen sind, sind unsere femininen und maskulinen Seiten weder vollständig noch auf die rechte Weise in unsere Persönlichkeit eingegliedert. Eine unserer wichtigsten Lebensaufgaben besteht darin, die gegengeschlechtliche Seite unseres Wesens mit unserer ganzen Persönlichkeit zu verschmelzen. Darin liegt auch der Grund, weshalb wir einen bestimmten Partner wählen, denn diese bestimmte Person scheint alle Aspekte des Gegengeschlechts abzudecken, die uns zur Ganzheitlichkeit fehlen.

Falls wir nicht die ganz besondere Gabe der Ehelosigkeit besitzen oder eine außergewöhnliche Ebene der Persönlichkeitsentwicklung erreicht haben, brauchen wir eine Person des anderen Geschlechts, um unsere Persönlichkeit zu vervollständigen. Wir sind nicht so sehr schwach als unvollständig. In der Trauzeremonie erklären wir, „die zwei werden ein Fleisch sein", und das ist genau das, was wir meinen. Diese Träume sind Ausdruck der Hoffnung, daß unsere Suche nach einer ganzheitlichen Persönlichkeit bald ein Ende hat.

Natürlich ist diese Vorstellung zum Scheitern verurteilt. Kein einziger Mensch kann für das Verantwortung tragen, was wir für uns selbst tun müssen. Viele Ehen enden in einer Enttäuschung, weil ein Teil unberechtigterweise vom anderen verlangt, die Quelle seiner Lebenserfüllung zu sein. Doch auch in der Trennung liegt keine Lösung. Eine Scheidung ist so schmerzlich, weil die gegengeschlechtliche Figur im wahrsten Sinne des Wortes abgetrennt wird. Es bleibt uns zur Erlangung einer ganzheitlichen Persönlichkeit keine andere Wahl, als selbst an uns zu arbeiten.

Wenn solche Seitensprünge im Traum auftauchen, müssen wir uns die Sexualpartner sehr genau ansehen. Er oder sie ist aus Gründen im Traum erschienen, die uns vielleicht nicht sofort ersichtlich sind, aber eines ist klar: Diese eine besondere Person verkörpert die wesentlichen Bestandteile unseres Gegengeschlechts. Je besser wir begreifen, was dieser Mensch für uns bedeutet, desto deutlicher werden wir erkennen, weshalb wir von einem bestimmten Typ angezogen werden und was uns an ihm besonders gefällt. Ein Patient – er war Pfarrer – schilderte Paul Meier den folgenden Traum:

„Vor einigen Jahren erschien eine Frau meiner Gemeinde regelmäßig in meinen sexuellen Träumen. Ich konnte das überhaupt nicht begreifen, da sie eine so tugendhafte Person war. Doch in den Träumen nahm sie die Gestalt einer glamourösen Verführerin an. Da ich sie als geistlich gesinnten Menschen bewunderte und überhaupt keinen Wunsch nach außerehelichem Sexualverhalten verspürte, konnte ich diese Träume nicht verstehen. Nach einigem Nachdenken erkannte ich in ihr auch viele Züge meiner Mutter. Sie war intelligent, sensibel, scharfsichtig und ... ja, auch körperlich anziehend.

Sie verhielt sich nicht bewußt verführerisch, diese Eigenschaft war sozusagen eine natürliche Gabe. Widerstrebend begann ich mir selbst einzugestehen, wie sinnlich diese Frau *tatsächlich* war.

Allmählich verstand ich die Bedeutung einer der häufigsten Archetypen in Romanen, Gedichten und Musik. Das Symbol der Heiligen, die gleichzeitig Verführerin ist, bedeutet für Männer eine fast unwiderstehliche Verlockung. Solche Personen verkörpern große Tugend und versinnbildlichen gleichzeitig eine kaum verhüllte Verheißung eines sexuellen Abenteuers. Frauen kaufen nicht umsonst Parfums mit den Namen Passion, Obsession oder Secret Promise. Unter dem schlichten Hauskleid verbirgt sich die exotische Reizwäsche."

Diese widersprüchliche Figur versinnbildlicht eines der schwierigsten Integrationsprobleme, mit denen Erwachsene sich auseinandersetzen müssen. Männer und Frauen müssen lernen, ihre religiösen und sexuellen Dimensionen so miteinander in Einklang zu bringen, daß beides zu seinem Recht kommt und doch die persönlichen Werte gewahrt bleiben. Sexuelle Träume versuchen, hier Lösungsmöglichkeiten anzubieten.

Die sexuellen Träume dieses Pfarrers waren ein Zeichen, daß er dabei war, dieses Problem anzugehen. Die sexuelle Vereinigung im Traum war tatsächlich eine innere Verschmelzung seiner eigenen, im Widerstreit liegenden Persönlichkeitsaspekte von Tugend und Sinnlichkeit. Damit trug er der Tatsache Rechnung, daß er gleichzeitig ein körperliches und geistliches Wesen, ein sexueller und ein betender Mensch ist. Der Sexualakt im Traum war das Symbol der Verwandlung, indem diese zwei Bereiche seiner Persönlichkeit eins wurden.

Wenn also Ihr Ehepartner das nächste Mal laut mit einer anderen Person in seinen oder ihren Träumen spricht, ist das kein Grund zu Argwohn oder Besorgnis. Ganz im Gegenteil: Ihr Partner ist offenbar gerade dabei, seine abschweifenden sexuellen Phantasien zu entschärfen!

Eine frisch verheiratete Frau kam mit einem faszinierenden gegengeschlechtlichen Traum zu uns, der eine ganz ungewöhnliche Wendung hatte. Die junge Frau träumte, sie liege gerade mit ihrem Mann im Bett, als plötzlich die Schranktür aufging. Drinnen war der Weihnachtsmann und sah ihnen beim Liebesakt zu. Judy sprang aus dem Bett, griff zu einer Schere und begann, auf den Weihnachtsmann einzustechen. Als der Traum verblaßte, erwachte sie voller Entsetzen. Alles an diesem Traum machte der recht anständigen jungen Dame schwer zu schaffen.

Was würden Sie Judy sagen? Bevor Sie weiterlesen, nehmen Sie sich ein paar Minuten Zeit und versuchen Sie, den Traum in ein Schema zu bringen. Versuchen Sie unter Berücksichtigung der eben geschilderten Umstände genau zu beschreiben, was der Neuvermählten hier geschieht. Und vergessen Sie nicht: Werfen Sie mindesten fünf Minuten lang keinen Blick auf den nächsten Abschnitt.

Sind Sie wieder bereit? Wir hatten ja bereits erwähnt, daß Judy erst vor kurzem geheiratet hat, und angedeutet, daß ihr Sexualleben erst mit der Eheschließung begann, und haben ihnen somit schon den Kontext und die Art des Traumhintergrunds geliefert. Die Tatsache, daß die Traumszene sich im Schlafzimmer abspielte, zeigt auch den Ort in Judys Leben, dem die Problematik entsprang. Ist Ihnen der Rahmen für das Bild klar?

Jetzt nehmen wir uns einmal den Weihnachtsmann vor. Was symbolisiert diese Figur? Ist er nicht derjenige, der nette kleine Mädchen belohnt, weil sie immer lieb waren? Solch ein Mädchen hätte sicherlich Hemmungen, sich in seiner Gegenwart körperlich gehenzulassen, da es als Kind doch immer bestrebt war, sich all der Weihnachtsgeschenke würdig zu erweisen . . . besonders, wenn es sich vorstellte, wie der Weihnachsmann durch den Türspalt lugte und es beobachtete!

Nach einigen Denkanstößen erkannte Judy, daß ihr neuer Status eine grundlegende Neuorientierung erforderte, nämlich, in welchem Licht sie ihre eigene Tugend sah. Judys Auffassung von sexueller Aktivität bedurfte einer Umorientierung. Sexualität zu praktizieren war nicht mehr verboten, sondern erlaubt und erwünscht. In der Beziehung zu ihrem Mann durfte sie nicht mehr erwarten, für Keuschheit belohnt zu werden. Dazu war es erforderlich, einen Kindheitstraum sterben zu lassen! Der Weihnachtsmann mußte abtreten, selbst wenn dazu Gewaltanwendung nötig war.

Weil Judy zu Beginn des Traums mit ihrem Mann im Bett lag, mußte sich die Verwandlung in diesem Rahmen vollziehen. Der Traum lenkte Judys Aufmerksamkeit auf ihr Bemühen, sich von den Hemmungen ihrer Kindheit zu befreien, und half ihr so, die Vorbehalte des kleinen Mädchens umzuwandeln in die Vorrechte einer erwachsenen Frau.

Wir brauchen uns nicht vor unseren sexuellen Träumen zu fürchten, und wir brauchen keine voreiligen Schlüsse im Hinblick auf ihre Bedeutung zu ziehen. Oft bieten sie uns Symbole der Verwandlung an.

Doktor Tod

Kein anderer Traum ruft vermutlich so viel Bestürzung hervor wie ein Traum vom Tod. Wir haben an anderer Stelle zwar einige Vorwarnungsträume geschildert und dabei auch Abraham Lincolns Traum von einem aufgebahrten Sarg im Weißen Haus beschrieben. Doch die große Mehrzahl solcher Träume handelt keineswegs von einem tatsächlich bevorstehenden Todesfall. Dieser Schock der Sterblichkeit signalisiert eine wichtige Veränderung in einer Beziehung, eine veränderte Einstellung zu Aspekten einer vergangenen Erfahrung oder die Vollendung irgendeines Bereichs unserer Entwicklung. Jeder dieser Träume will uns helfen, ein altes Verhaltensmuster hinter uns zu lassen und einen neuen Weg einzuschlagen.

Todesträume machen uns bereit für die Auferstehung. Da sie eine Verwandlung andeuten, können wir sie in einem ganz positiven Sinn als Besuche von Doktor Tod bezeichnen.

Viele heidnische Beerdigungsriten, die sich in unserer Kultur erhalten haben, verleiten uns dazu, den Tod als den Zerstörer aller zukünftigen Möglichkeiten zu betrachten. Leider haben sich in manchen Kirchen Praktiken eingeschlichen, die diesem Problem noch Vorschub leisten. Doch die Christen haben eine gute Nachricht für eine Welt voller Angst. Der Tod ist durch das Geschehen am Ostermorgen verwandelt worden! Der Feind wurde zum Diener.

Wie sich Raupen in Schmetterlinge verwandeln, erkennen wir im Tod eine neue Kraft für die äußerste Verwandlung. Todesträume bringen die Auferstehungsbotschaft zugunsten unserer inneren Entwicklung. Führen wir uns einmal einige Besuche von Doktor Tod vor Augen.

Begegnungen mit Verstorbenen. Ein überraschend häufiger Traum ist das Erscheinen eines Verstorbenen ungefähr sechs Monate bis zu einem Jahr nach seinem Tod. Dieses Erlebnis ist oft so aufrüttelnd, daß der Träumer überzeugt ist, er habe einen Besuch aus der jenseitigen Welt empfangen. Doch auch hier müssen wir uns wieder die Bedeutung der Traumsymbole ins Gedächtnis rufen. Träume scheinen uns mit Konfliktbereichen zu konfrontieren, die nach einer Lösung verlangen. Ein Patient berichtete Paul:

„Ich wurde kurz nach dem Tod meines Großvaters geboren. Viele familiäre Verantwortungsbereiche gingen auf meine Mutter über. Auch meine Großmutter hatte ihre eigenen Probleme. In dieser Zeit wuchs meiner Mutter die Last der Verantwortung schier über den Kopf. Eines Nachts erschien ihr ihr Vater im Traum.

‚Eleanor‘, rief Großvaters Stimme im Traum, ‚ich bin da.‘ Der alte Mann kam herein und setzte sich an den Küchentisch. ‚Wenn du mich brauchst, bin ich jederzeit für dich da, Kind.‘ Mit dieser Versicherung ging Großvater wieder fort.

Am folgenden Morgen schöpfte Mutter immer noch Zuversicht aus diesem Traum. Sie glaubte nicht wirklich, daß ihr Vater tatsächlich gegenwärtig sei, doch die Erinnerung an ihn gab ihr Kraft und Bestätigung. Merkwürdigerweise gab ihr der Traum auch die Gewißheit, daß sie nun jedwede Sorgen um ihn fahren lassen könne."

Das Erscheinen eines verstorbenen Verwandten ist im allgemeinen ein Signal, daß wir nicht mehr um diesen Menschen trauern oder zumindest uns keine Sorgen mehr um ihn machen sollen. Ganz gleich, wie nahe wir der betreffenden Person standen, sein oder ihr Tod darf unser Leben nicht zum Stillstand bringen. Wir können in einen anhaltenden, depressiven Kummer verfallen und unseren Zustand noch nicht einmal bemerken. In der Regel versinnbildlicht die Traumfigur die Verheißung einer Umwandlung unserer Trauer.

Eine der schwierigsten Probleme, denen wir uns zu stellen haben, ist eine verborgene Angst davor, den Verstorbenen loszulassen, damit wir nicht vollends von unserem Schmerz überwältigt werden. Wir haben vielleicht das Gefühl, die Leere in unserem Leben sei so tief, daß sie durch nichts gefüllt werden kann. Die Möglichkeit, zu einem Nichts zu werden, ist unerträglich. Wir klammern uns an jedes Andenken an den Toten, als Schutzschild gegen die Leere. Unter solchen Umständen kann der geliebte Mensch im Traum auftauchen, um uns zu versichern, daß es möglich ist, unser Leben wieder aufzubauen.

Unverarbeitete Trauer kann auch wegen Streit oder Uneinigkeit mit dem Toten bestehen bleiben, die wir nicht richtig durchgestanden haben. Solche Beziehungen waren oft von widerstreitenden und widersprüchlichen Gefühlen gekennzeichnet. Diese Verbindungen aus Haßliebe können uns ihre Zwiespältigkeit wie eine Schlinge um den Hals legen, so daß wir nun nicht mehr wissen, wie wir uns aus ihr befreien können. Das Auftauchen des Toten im Traum mag eine Hilfe sein, das Seil zu durchtrennen.

Mit solchen rätselhaften Traumfiguren müssen wir uns intensiver auseinandersetzen. Wir haben an anderer Stelle die Technik solcher schriftlichen Dialoge als Expedition beschrieben. Fragen, Sorgen und ungelöste Probleme, die uns diese Menschen hinterlassen haben, müssen und können mit ihnen im Gespräch durchgearbeitet werden.

Der Tod öffentlicher Persönlichkeiten. Was geschieht, wenn Sie vom Tod des Präsidenten der Vereinigten Staaten, des Papstes oder eines bekannten Filmschauspielers träumen? Sie können sicher sein, daß es sich in 99,9 Prozent der Fälle nicht um einen prophetischen Traum handelt!

Wenn wir die Sache näher betrachten, werden wir erkennen, daß diese Berühmtheit für unsere eigenen Ideale oder Werte steht. In der Regel verkörpert er oder sie Eigenschaften oder Charakterzüge, die wir bewundern. Der Traum ist eine Warnung, daß diese Werte in Gefahr sind. Veränderungen sind im Gange. Wir lassen vielleicht eine Dimension unseres eigenen Lebensstils sterben.

Ein Dialog mit der betreffenden Figur kann hier wieder Erstaunliches zutage treten lassen. Einer von Paul Meiers Patienten hatte einen solchen Traum:

„Während einer Zeit voller Hader und Streit in meinem Leben erschien mir Abraham Lincoln im Traum und begann, mein kaputtes Haus zu reparieren. Mit Hammer und Nägeln vernagelte Abe einen Riß in der Außenmauer mit einem Brett. Als er seine Arbeit beendet hatte, wandte er sich mir zu und gab mir den Rat: ‚Wenn wir keinem Böses wollen und gegen alle Menschen Nächstenliebe üben, sind wir auf dem besten Weg, die Wunden der Nation zu verbinden.' Dann ging Abe fort, und der Traum war zu Ende.

Als ich mich mit Lincoln schriftlich über seine Anweisung unterhielt, kam ich auf die chaotische Situation in meinem eigenen Leben. ‚Was soll ich tun?' fragte ich. Während mein Bleistift übers Papier flog, formten sich die unvermeidlichen Worte: ‚Kannst du ihnen vergeben?' Ich wollte noch einwenden, daß ich das ja bereits getan hätte, aber Abe wußte, daß das nicht der Wahrheit entsprach!"

Unser eigener Tod. Höchste Zeit, Ihr Testament aufzusetzen? Möglicherweise, doch nicht, weil ein Traum Ihren Tod prophezeit. Erinnern Sie sich: Wenn das wahre Selbst ans Tageslicht kommen soll, muß der Türhüter seine Kontrollfunktion aufgeben! Wenn also das „Ich" im Traum stirbt, heißt das vielmehr, daß der Türhüter sich geschlagen gibt. Klingt nach guter Nachricht!

Freuen Sie sich! Alte Motive und Motivierungen haben sich überlebt. Falsche Identitäten und unangebrachte personas werden abgelegt. Diese Träume sind die seelische Erfüllung des biblischen Gebotes, uns selbst zu verleugnen, unser jetziges Leben niederzulegen und unser Kreuz auf uns zu nehmen, um ein neues Leben zu finden. Wir werden auf das Eigentliche, das Echte hingedrängt. Doktor Tod hat seine Arbeit gut gemacht. Die Auferstehung des wahren Selbst steht bevor.

Der Traum vom eigenen Tod weist auf eine neue Bereitschaft hin, alte Rollen, Vorstellungen und Beziehungen abzulegen. Wir haben den höheren Weg gefunden, der uns erlaubt, das Unlösbare zu transzendieren. Die vielfältigen bruchstückartigen Dimensionen unserer Persönlichkeit kommen zur Einheit und Einzigartigkeit.

Ihre Aufgabe

Sehen Sie sich Ihre Traumaufzeichnungen noch einmal im Hinblick auf mögliche Symbole der Veränderung an. Haben Sie unter Umständen sehr wichtiges Traummaterial übersehen, das eine größere Bedeutung hat, als Sie zuerst angenommen hatten? Wenn Sie solche Bilder entdecken, möchten Sie vielleicht folgende Übung machen. Wenn nicht, finden Sie vielleicht andere wichtige Traumfiguren, denen Sie in ähnlicher Weise nachspüren wollen.

Begeben Sie sich in die Wildnis zurück, als würden Sie eine Expedition unternehmen. Wenn Sie sich wieder in der Stimmung des Traums befinden, konzentrieren Sie sich auf diese eine Figur. Tun Sie alles, was in Ihrer Macht steht, um das, was Sie sehen, zu verstehen und in eine Beziehung zu Ihrem Leben zu setzen. Ihre Aufgabe besteht darin, dieses Symbol so lebendig und so deutlich wie möglich vor sich entstehen zu lassen.

Versuchen Sie, die Atmosphäre, die diese Figur umgibt, in sich aufzunehmen. Wenn der Kontakt mit der Traumfigur so gut es geht hergestellt ist, denken Sie über die Bedeutung dieser Person nach.

Stellen Sie sich vor, Sie würden mit einer Kamera um diese Person herumlaufen und sie von allen Seiten und Blickrichtungen filmen. Versuchen Sie an diesem Punkt nicht mehr zu tun, als das Wesentliche dessen aufzunehmen, was vor Ihrem inneren Auge verkörpert ist.

Lassen Sie die Figur ans Licht treten, mit allem, was sie beinhaltet. Sie suchen keine rationale Antwort oder eine Erklärung. Sie lassen zu, daß Sie innerlich verwandelt werden.

Wie Neuvermählte, die ihrer Liebe zueinander körperlich Ausdruck verleihen, lassen Sie den wertvollsten Aspekten Ihrer Persönlichkeit volle Freiheit, um das Werk der inneren Verwandlung zum Abschluß zu bringen.

Am Ende dieser Erfahrung werden Sie vielleicht den Wunsch haben zu beten, denn an Ihnen vollzieht sich gerade das Werk Gottes.

Kapitel 12

INITIALZÜNDUNGEN

Hinweise zur Traumdeutung

*Selbst ein verhältnismäßig verschwomme-
nes Gefühl im Hinblick auf die eigenen
Traumbilder ist besser als Erkenntnissse
oder Vermutungen der besten Fachleute
von außen. Außenstehende neigen dazu,
ihr eigenes Leben in Ihre Bilder hineinzuin-
terpretieren . . . Aber es ist Ihr Leben, das
diese Bilder hervorbringt. Eine noch so
zögernde und unsichere Erkenntnis von
ihnen selbst ist dem Ursprung Ihres
Traums näher.*

WILSON VAN DUSEN,
The Natural Depth in Man
(Die natürliche Tiefe im Menschen)

Die Welt der Träume ist zu umfassend, um von einem Buch, einer
Bibliothek oder auch lebenslanger Untersuchung erfaßt zu werden. Es geht nicht darum, ein Ziel zu erreichen, sondern auf dem Weg
zu bleiben. Das einzig wirklich erstrebenswerte Ziel ist Ganzheitlichkeit und Reife der Persönlichkeit. Mit diesem Ziel im Auge möchten
wir Ihnen noch einige zusätzliche Hinweise geben — wir nennen sie
Initialzündungen — um Ihnen zu noch größerer Einsicht zu verhelfen.

Auf der Reise durch die Traumwelten brauchen wir alle Hilfe, die
wir bekommen können, um die Zeichen am Weg richtig zu deuten.

Da niemand den Traum eines anderen vollständig oder genau zutreffend entziffern kann, können wir einen Neuling bestenfalls auf seinem Weg begleiten und ihm erkennen helfen, was sein ungeübtes Auge möglicherweise übersieht. Doch müssen wir in jedem Fall unsere eigenen Träume selbst deuten. Wir hoffen, daß unsere Erkenntnisse Sie dazu veranlaßt haben, Ihre eigenen Richtlinien und persönlichen Auffassungen zu entwickeln.

Das Verständnis von Träumen erfordert eine schwierige Paradigmenverschiebung. Die meisten Menschen haben Schwierigkeiten, sich vom rationalen auf symbolisches Denken umzustellen. Ihre bisherigen Muster einer verstandesmäßigen Logik müssen einem intuitiven Denken weichen. Es geht hier nicht so sehr darum, Traumarbeit zu lernen, als im Laufe der Zeit ein Gespür dafür zu entwickeln. Die Träume, die wir in diesem Buch vorgestellt und analysiert haben, sollen Ihnen helfen, sich in den Prozeß der Traumdeutung *einzufühlen*.

So wie beim Töpfern Ihre Hände das zum Ausdruck bringen können, was aus Ihnen herauskommen will, müssen auch Träume entfesselt und befreit werden. Man kann sich nicht mit ihnen beschäftigen und sie sezieren, wie man Frösche seziert. Wir hoffen, daß Sie an diesem Punkt ein Gespür für diese neue Sichtweise von Träumen, Personen und Dingen bekommen haben. Wie ein Künstler haben Sie entdeckt, wie Sie das innere Wesen, die letztendliche Bedeutung hinter dem Augenscheinlichen erfassen können. Die Form hat der Substanz Platz gemacht.

Wenn das so ist, sind Sie vermutlich auf Traumerfahrungen und Prozesse gestoßen, die anders sind als die bisher beschriebenen. Das ist gut. Es sind Bilder und Muster aufgetaucht, die anders sind, als alles, was bisher zur Sprache kam. Ausgezeichnet! Sie unternehmen Ihre ureigensten Expeditionen in Bereiche Ihrer Wildnis.

Hier sind noch weitere Erkenntnisse, damit Ihre Expedition zum Erfolg wird.

Vielschichtigkeit

Diese Entdeckung erfolgte nach nur wenigen Stunden des Umhertappens in der Dunkelheit. Träume bestehen oft aus mehreren Schichten, von denen jede ihre eigene Bedeutung hat. Da wir einem Geheimnis auf die Spur kommen und nicht eine Algebraaufgabe lösen wollen, sollten wir darauf vorbereitet sein, manche Symbole mehrfach unter die Lupe zu nehmen und dabei jedesmal etwas anderes zu entdecken.

Paul Meier hatte ein solches Traumerlebnis mit einem faszinierenden Bedeutungsgehalt, obwohl ihn der intensive Alptraum ziemlich erschütterte. Seine Aufzeichnungen geben die Kette der Ereignisse wieder.

„Ich war mit meinen Söhnen im Urlaub, und wir wohnten in einer Hütte auf einem Berg, von dem aus wir eine Autobahn überblickten. Auf der Autobahn herrschte dichter Verkehr, und die Autos fuhren sehr schnell. Plötzlich hielt ein Wagen an, und ein anderer fuhr von hinten auf. Eine Massenkarambolage folgte! Plötzlich erschien ein Feuerwehrwagen mit einem großen Anhänger. Doch statt auf die anderen Wagen aufzufahren, flog er über die Karambolage hinweg. Als nächstes kam ein Lastwagen, der doppelt so groß war wie ein normaler achtzehnrädriger, herangesaust. Er versuchte, die Karambolage zu meiden, indem er an der Seite vorbeifuhr. Einundzwanzig Autos waren zu Schrott gefahren. Ich versuchte, den Notruf zu wählen, und wußte, daß meine Jungen und ich eigentlich hinuntergehen und den Verletzten beistehen sollten, aber ich fürchtete mich davor, die entsetzlichen Schmerzen und Leiden mitansehen zu müssen.

Ich erwachte und fragte mich, wie ich mit diesem schrecklichen Problem umgehen solle. Am nächsten Morgen konnte ich mich eine ganze Weile zu nichts entschließen. Dann kam mir der Gedanke, meine sechs Kinder anzurufen und sie zu ermahnen, auf der Autobahn vorsichtig zu fahren. Nach einigem Nachdenken kam ich jedoch zu dem Schluß, daß das Ganze womöglich nur eine Auswirkung des Traumbuch-Projektes war, und ließ die Sache auf sich beruhen. Doch ich betete für die Sicherheit meiner Familie."

Paul hatte an diesem Morgen keine Zeit, den Traum sofort zu analysieren; er mußte zur Arbeit fahren. Dann folgte eine bemerkenswerte Reihe von ähnlichen Ereignissen. Die Erinnerung an den Traum veranlaßte Paul dazu, vorsichtiger als gewöhnlich zu fahren, und doch hatte er am selben Nachmittag ernsthafte Probleme mit seinem Auto. Beim Überqueren eines Bahnübergangs geriet das Auto heftig ins Schleudern.

Am selben Nachmittag rief Pauls Tochter Cheryl aus Kalifornien an und berichtete ihm von einem Unfall mit ihrem Wagen. Die Bremsen hatten versagt, und so war Cheryl in die nächste Spur geraten. Der nachfolgende Wagen war von hinten aufgefahren und hatte einen Totalschaden an Cheryls Auto verursacht. Sie selbst wurde nicht verletzt, doch diese ungewöhnliche Kette von Autounfällen ließ sich kaum noch als Zufall abtun. Zwei Tage später hatte Pauls Sohn einen ähnlichen Unfall. Und nach einigen Wochen hatte ein weiterer Sohn einen Unfall mit Totalschaden, trug jedoch selbst keine Verletzungen davon. Anlaß genug für Paul, seinen Traum noch einmal gründlichst zu untersuchen.

Was hatte Paul da erlebt? Einen Alptraum? Einen prophetischen Traum? Paßte der Traum in die subjektive Kategorie? Wie würden Sie mit dieser Erfahrung umgehen?

Paul nahm sich den Traum noch einmal vor und achtete dabei auf einen umfassenderen Bedeutungsgehalt. Er begann nun, etliche Details näher zu untersuchen. Ihm fiel ein, daß ein paar Tage vor diesem Traum ein Freund bei einem Autounfall ums Leben gekommen war. Zur Zeit des Unfalls hatte der Freund mit Eheproblemen zu kämpfen gehabt. Paul litt noch immer sehr unter diesem Verlust. Auch die Zahl einundzwanzig hatte eine bestimmte Bedeutung für ihn. Pauls Roman *The Third Millenium* (Das dritte Jahrtausend) handelt von den einundzwanzig Strafgerichten in der Offenbarung.[50] Die Zahl einundzwanzig war für Paul also ein Symbol für Unheil und Strafgericht.

Als Paul erkannte, daß er den Traum zu einer Zeit hatte, als er stark mit den Nöten anderer Menschen konfrontiert wurde, trat der Kontext des Traums noch klarer zutage.

---

[50] Paul Meier, *The Third Millenium* (Das dritte Jahrtausend), (Nashvillle, Tenn.: Thomas Nelson, 1993)

Die Autobahn war Pauls symbolische Darstellung der Welt. Tag für Tag rasen unzählige Menschen auf ihr entlang und sehen nicht das Unheil, das ihnen unmittelbar bevorsteht. Ohne Bewußtsein für den Wert ihres Lebens eilen Massen von irregeleiteten Menschen auf Schmerz und Tod zu. Wagen mit mangelnden Sicherheitsvorkehrungen — dieses moderne Bild von Schafen ohne Hirten berührte Paul tief. Er wäre am liebsten in den Verkehrsfluß hineingesprungen und hätte die Fahrt in den Wahnsinn und Tod aufgehalten.

Wie ein Feuerwehrwagen, der herbeirast, um ein bevorstehendes Unglück aufzuhalten, wollte Paul den Fahrern zurufen: „Fahrt langsamer und riecht den Duft der Rosen. Kommt auf den Berg hinauf und macht mit mir Urlaub. Bekommt eine neue Perspektive."

An diesem Punkt drängte sich ihm eine Bedeutung für das Ende des Traums auf. Zwar identifizierte Paul sich mit den leidenden Menschen, war sich aber nicht sicher, ob er wirklich die Kraft hatte, sich mitten in die Katastrophe hineinzubegeben. In seinem Inneren tobte ein Widerstreit zwischem dem Bewußtsein, helfen zu sollen, und der Furcht vor den Anforderungen, die auf seinem Leben lasteten. Paul empfand Schmerz beim Anblick der leidenden Menschen, spürte aber gleichzeitig eine innere Zerrissenheit, da seine Möglichkeiten zu helfen begrenzt waren.

Doch in dem Traum steckte noch mehr. Hinter dieser ersten Erklärung lag noch eine weitere Bedeutungsebene. Paul erkannte allmählich, daß er selbst mitten in der Karambolage steckte. Er sah auch die Last seiner eigenen Verstrickung in dem menschlichen Lebenskampf.

Der Traum vermittelte Paul die Botschaft, sein Leben von einer höheren Warte aus zu betrachten. Für Paul wäre es gut, sich einmal Urlaub von seinem unermüdlichen Wirken zu gönnen und einen Ort zu suchen, von dem aus er seine gegenwärtige Lebenssituation aus der Distanz überblicken könnte.

Eine weitere Bedeutung für das Ende des Traums drängte sich auf. Paul war in seiner eigenen Zwiespältigkeit gefangen, wie er den autobahnartigen Zustand seines Berufslebens in den Griff bekommen sollte. Er hatte den Wunsch, Menschen zu helfen, tat sich jedoch schwer, sich durch die Karambolage seines Berufslebens hindurchzuarbeiten. Diese ungelösten Probleme riefen in ihm ein Gefühl des Unheils hervor.

Welche Schlußfolgerung ist die nun richtige Deutung dieses Traums? Welche Lösung trifft hier zu? Wir haben eine gute Nachricht für Sie. Sie brauchen sich für keine zu entscheiden. Sie haben alle ihre Berechtigung.

Auf einer Ebene warnte der Traum vor Autounfällen. Und die trafen auch tatsächlich ein. Eine andere Ebene lenkte Pauls Aufmerksamkeit auf den gequälten Zustand seiner Seele. Paul mußte sich über die Gefühle Klarheit verschaffen, die die Anforderungen seines Lebens in ihm hervorriefen. Auf einer weiteren Ebene mußte er sich auch mit beruflichen Konflikten auseinandersetzen.

Hier handelte es sich also offenbar weder um einen typischen Alptraum noch um einen prophetischen Traum. Und doch waren beide Dimensionen vorhanden. Die subjektiven Elemente waren der stärkste Teil des Traums, doch der Konflikt war heftig genug, um die Erfahrung als Alptraum erscheinen zu lassen. Ein solcher Traum erinnert uns daran, wie vielschichtig die Traumwelt sein kann. Und wie unglaublich hilfreich!

Das Puzzle

Oft wissen wir nicht mehr weiter, wenn wir ein Element einer Traumschicht an die falsche Stelle setzen oder mit einem Fragment einer anderen Schicht verflechten. Wenn wir auf ein solches Hindernis treffen, sollten wir die Möglichkeit ins Auge fassen, daß wir zwischen einzelnen Schichten hin- und hergesprungen sind, ohne zu merken, daß es sich hier um voneinander getrennte Bedeutungsschichten handelt.

Dasselbe Phänomen finden wir in großer Literatur. Hemingways *Der alte Mann und das Meer,* Steinbecks *The Bear* (Der Bär) oder Melvilles *Moby Dick* sind Geschichten mit vielschichtiger Bedeutung. Eine Dimension beschreibt die Odyssee eines einzelnen, während ein anderes Thema derselben Geschichte die Darstellung eines universellen Konfliktes oder der immerwährende Kampf des Menschen mit der Natur ist. Zum vollen Verständnis der gesamten Geschichte müssen wir uns all dieser Schichten bewußt sein, doch ist es wichtig, sie bei der Lektüre des Buches voneinander zu trennen.

Das folgende Schaubild wird uns behilflich sein, einige Möglichkeiten der Trauminterpretation zu verdeutlichen. Wir stellen dar, wie die verschiedenen Ebenen aussehen könnten, wenn sie wie eine Kette von Ereignissen im Verlauf einer Geschichte nebeneinanderstünden. Die Ziffern stehen für die Traumsymbole, wie sie hintereinander erscheinen. Jede Ebene ist eine separate Bedeutungsschicht und eine ganz eigene Traumgeschichte.

Ebene A.———— 1 ———— 2 ———— 3 ———— 4 ————Ende
Ebene B.———— 1 ———— 2 ———— 3 ———— 4 ————Ende
Ebene C.———— 1 ———— 2 ———— 3 ———— 4 ————Ende

Es herrscht Verwirrung, wenn wir ein Element einer Ebene in die Geschichte einer anderen Ebene verlagern. Diese verzerrte Anordnung könnte so aussehen:

Ebene A.——— 1 ——— (Ebene B. 2) ——— 3 ——— (Ebene C. 4) ——— 5

Auch wenn wir vielleicht das Symbol 2 auf der Ebene B richtig deuten, würde seine Zuordnung zur Ebene A unser Verständnis des Traums auf dieser Ebene verzerren. Offenbar würde die Vermischung der verschiedenen Ebenen nur zu Verwirrung führen, und es uns schwer machen, die volle Bedeutung jeder Ebene zu erfassen. Auch wenn wir einen Teil genau erfassen, wird doch das Gesamtbild entstellt sein.

Wir müssen also noch einmal von vorn beginnen und langsam wieder die entsprechenden Ereignisse der jeweiligen Bedeutungsebene zuordnen. Die Vermischung der Ebenen ist oft der Grund dafür, daß uns etliche Stunden, nachdem wir vergeblich versucht hatten, den Traum zu deuten, plötzlich alles ganz klar erscheint. Das Unbewußte hat seine eigene Methode, die verschiedenen Traumbestandteile wieder in die richtige Ordnung zu bringen. Oft müssen wir uns mehrere Tage mit einem Traum beschäftigen, ihn uns immer wieder durch den Kopf gehen lassen, bis wir die Atmosphäre der Symbole ganz und gar in uns aufgenommen haben.

Wer sich schon länger mit Traumdeutung beschäftigt, wird ein Bewußtsein für das miteinander Verbundensein aller Träume entwickeln. Anfangs scheinen einem einzelne Träume ganz zufällig aus heiterem Himmel zu kommen. Der Traum einer Nacht scheint in keinem Zusammenhang mit dem der gestrigen Nacht zu stehen. Im Laufe der Zeit und nach gründlicher Beschäftigung mit unseren Träumen wird sich das Gesamtbild vor unseren Augen entfalten. Jeder Traum ist Teil eines viel größeren Ganzen.

Träume sind nicht in fortlaufender Anordnung miteinander verbunden. Man kann sie eher mit der Anordnung der Planeten in unserem Sonnensystem vergleichen, die um die Sonne kreisen. Jahrhundertelang haben Astronomen viele fehlerhafte Berechnungen hinsichtlich der Struktur des Sonnensystems gemacht, da ihnen die Gesamtsicht des Systems fehlte. Erst nachdem man entdeckt hatte, daß sich die Sonne im Zentrum des Systems befand, ergab die göttliche Weltordnung einen Sinn. In ähnlicher Weise müssen wir die zentralen Problembereiche, die Wirbelstürme, die Blockaden unserer Ganzheitlichkeit, erkennen, bevor wir die innere Ordnung unserer Traumwelt vollkommen erfassen können. Die Traumkonstellationen sehen ungefähr folgendermaßen aus:

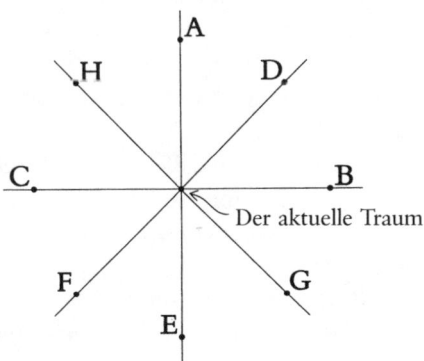

Entscheidend ist, sich immer vor Augen zu halten, daß Träume nicht der rationalen Logik des Tages folgen. Versuchen Sie, die paradoxen Gedankengänge Ihrer Innenwelt auszuhalten und der Versuchung zu widerstehen, die Träume in vorgefaßte Formen zu pressen.

Neuverfilmungen

Ist Ihnen schon aufgefallen, wie oft Hollywood Filmklassiker neu verfilmt? Nach etlichen Jahren erhalten wir immer mal wieder eine neue Version von *Miracle on the 34th Street* (Das Wunder der 34. Straße) oder einem Krimi wie *Cape Fear* (Kap der Angst). Eine alte Geschichte wie *The Phantom of the Opera* (Das Phantom der Oper) wird neu erzählt und an einen aktuelleren Schauplatz versetzt. Dieselbe Geschichte in unterschiedlicher Form.

Je länger Sie sich mit Träumen beschäftigen, desto mehr werden Sie merken, daß es sich hier um dasselbe Phänomen handelt. Mitten in der Entwirrung eines Traumrätsels kommt Ihnen plötzlich der Gedanke: „Liebe Güte! Mit dieser Geschichte habe ich mich ja schon vor zwei Monaten befaßt!" Mit den Jahren werden Sie überrascht sein, wie kreativ diese „Neuverfilmungen" sein können.

Warum bleibt die Ursprungsgeschichte bei der Neuverfilmung erhalten?

Träume erzählen uns nichts, was wir bereits wissen. Sie geben uns Informationen, die wir bislang nicht richtig verarbeitet haben. Das Problem liegt darin, daß wir entweder nicht verstanden haben, worum es geht, oder nicht die Konsequenz daraus ziehen. Der Türhüter hat verhindert, daß diese Verlautbarung aus der Wildnis zu uns durchdringt.

Nehmen wir uns beispielsweise noch einmal Robert Wises Angriffsträume vor. Er sagte: „Ich hielt mir noch einmal all diese Träume vor Augen und achtete dabei auf die verschiedenen Formen, die dieser Traumtypus annahm. Als ich auf die inneren Zusammenhänge dieser Träume achtete, fiel mir etwas auf, was mir bei der Analyse der einzelnen Träume entgangen war.

Zunächst stieß ich auf einen Traum, den ich bereits zehn Jahre zuvor geträumt hatte, in dem es um eine Schießerei mit der Polizei ging. Im Traum bin ich Zeuge eines Schußwechsels, bei dem merkwürdigerweise niemand getötet wird. Gegen Ende des Traums kommen alle Kämpfer zu einer Party zusammen, als sei der Kampf nur Teil eines Spiels oder einer Theaterprobe gewesen.

Den nächsten Angriffstraum hatte ich am 15. April, dem Tag der

Einkommenssteuer. Ein geeigneter Tag für Kampferlebnisse! Ich bin mit meiner Frau und meinen Kindern zu Hause, als ich entdecke, daß gerade ein terroristischer Anschlag im Gange ist. Als Collegestudenten verkleidet, haben es die Terroristen auf meinen Computer und andere elektronische Teile abgesehen. Da auch ich mich verkleidet habe, kann ich entkommen."

Die Durchsicht des Traummaterials einiger Jahre förderte die gleiche Geschichte in immer anderer Form zutage. Eine Überprüfung der gesamten Traumserie vermittelte Robert eine erstaunliche Erkenntnis. Er wußte, daß Menschen ihr Leben nach wenigen grundlegenden emotionalen Problembereichen strukturieren wie Ärger, Schuld, Angst oder Sorge. Robert war sich nicht sicher, worin sein Grundproblem bestand, aber Angst konnte es auf keinen Fall sein! Er war schon immer eher waghalsig gewesen und war stets bereit, etwas Neues wenigstens einmal auszuprobieren. Robert war für diesen Wagemut bekannt. Doch bei der Rückschau auf diese Angriffsträume erlebte er eine Überraschung!

„Die Verfolgungsträume wiesen mich auf meinen Irrtum hin! Zu meiner großen Bestürzung mußte ich mir eingestehen, daß *tatsächlich* Angst das Grundproblem im Zentrum der Wildnis war. Das Gesamtbild sagte mir mehr, als ich durch jeden einzelnen Traum hätte erfahren können.

Meine trotzige Haltung war eine innere Abwehr gegen die Tatsache meiner Angst. In jedem dieser Träume versuchten meine Angreifer, mich mit dem Grundproblem zu konfrontieren. Ich konnte kein ganzheitlicher Mensch werden, wenn ich mich nicht mit meiner inneren Furcht auseinandersetzte. Die Angreifer versuchten auch, mich auf meine eingeübte Reaktion auf furchterregende Situationen aufmerksam zu machen. Die Angst brachte mich dazu, mich verbissen zu verteidigen. Tatsächlich legte ich oft ein ziemlich extremes Selbstschutzverhalten an den Tag, wenn mich die Angst anfiel. Ich hatte gelernt, mich unter solchen Umständen einzig und allein auf mich selbst zu verlassen. Die Angreifer lenkten meine Aufmerksamkeit auch auf die Isolation, die diese Furcht hervorrief."

Wenn also ein Traum in immer neuer Aufmachung erscheint, ist das ein Hinweis, daß Sie die grundlegende Botschaft noch nicht gänzlich verstanden haben. Nehmen Sie also die ganze Geschichte noch einmal unter die Lupe.

Und noch ein Hinweis: *Wenn die Deutung eines Traums uns nicht innerlich berührt oder ein Gefühl der Enttäuschung hinterläßt, haben wir den Sinn nicht verstanden.* Wenn Sie sich die diversen „Neuauflagen" anschauen, werden Sie vermutlich entdecken, daß Ihre ursprüngliche Deutung keinen besonderen Eindruck bei Ihnen hinterlassen hat. Wenn das der Fall ist, sind Sie noch nicht auf den Kern der Sache gestoßen. Bleiben Sie am Ball, bis Sie das befriedigende Gefühl haben, auf eine wichtige Einsicht gestoßen zu sein.

Seltsame Symbole

Geraten Sie nicht in Panik, wenn ein Symbol so merkwürdig ist, daß es keinerlei Trost vermittelt. Und halten Sie sich weiterhin an die Methoden der Symboldeutung, die wir in den vorhergehenden Kapiteln beschrieben haben!

Manchmal haben wir ungewöhnliche Träume, die so bedeutungsgeladen erscheinen, daß wir sicher sind, auf einen vollkommen neuen Traumtyp gestoßen zu sein. Hier ist es entscheidend, sich an die Prinzipien der vorhergehenden Kapitel zu halten, statt neue Wege einzuschlagen.

Hier sind einige solcher bizarren Traumformen, die zuweilen sehr beunruhigend wirken:

Viele Leute befürchten, sie könnten bei der Traumarbeit auf irgendeine dämonische Kraft stoßen. Sie hören vielleicht von jemandem, der vom Teufel geträumt hat, und so werden Ihre schlimmsten Befürchtungen bestätigt. Was hat es zu bedeuten, wenn wir im Traum mit dem Teufel reden?

Die Christen der ersten fünf Jahrhunderte schrieben viel über die Bedeutung der Gottesbegegnung in Träumen, doch sie erwähnten so gut wie nie eine Begegnung mit dem Teufel. Jahrhunderte der Traumarbeit lassen darauf schließen, daß solche Konfrontationen sehr selten sind.

Darstellungen des Satans sollten wie alle anderen Symbole behandelt werden. Das Bild verkörpert weniger den echten Satan, als vielmehr einen Aspekt unserer eigenen Persönlichkeit. Die Frage lautet also nicht, ob wir dem Teufel begegnet sind, sondern wo der „alte Teufel" in uns lebt.

Der große italienische Geiger Guiseppe Tartini hatte ein Erlebnis, das diesen Gesichtspunkt veranschaulicht. Tartini fühlte sich einmal stark inspiriert und begann, eine Sonate zu komponieren. Gegen Ende des Stücks verlor er den Faden und war nicht in der Lage, die Komposition zu Ende zu führen. Natürlich war Tartini ziemlich frustriert. Er legte sich schlafen und hatte einen bedeutsamen Traum. Als Tartini in einer öden und unfruchtbaren Traumlandschaft umherwanderte, begegnete er dem Teufel, der ihm anbot, seine Komposition zu vollenden, wenn er dafür die Seele Tartinis erhielt. Tartini war einverstanden, und der Teufel nahm eine Violine zur Hand und begann zu spielen. Der Geiger erwachte und hatte noch immer die Klänge des großartigen Finale im Ohr. Rasch vollendete er seine Komposition und gab ihr den Titel „Teufelssonate".[51]

Wenn Sie das berücksichtigen, was Sie bisher gelernt haben, welchen Hinweis würden Sie Tartini geben, wenn er Sie um Rat fragte? Bevor Sie weiterlesen, legen Sie das Buch beiseite und denken Sie einen Augenblick nach. Paßt irgendein Symbol des Personenparadigmas, die wir bisher erläutert haben, zu der Begegnung des Geigers mit dem Teufel? Lesen Sie bitte nicht weiter, bis Sie sich selbst mit diesem Problem auseinandergesetzt haben.

Sind Sie wieder bereit? Haben Sie an den Aspekt des Traums gedacht, der Eigenschaften verkörpert, mit denen wir uns nicht recht wohl fühlen oder die wir am liebsten leugnen würden? Erinnern Sie sich an den Schatten, den wir im fünften Kapitel behandelt haben?

Kreativität entspringt dem Schattenbereich der Wildnis. Jeder Künstler kennt die Binsenwahrheit, daß Schmerz und Leiden schöpferische Werke hervorbringt. Die Aufarbeitung von schmerzlichen Kindheitserlebnissen verleiht uns eine seltene ausgleichende Gabe der Originalität. Gleichzeitig sind es diese frühen schweren Erfahrungen, die wir am ehesten vergessen und über Bord werfen wollen. Ungelöste Spannung in der Seele hat schon manchen begabten, aber inner-

---

[51] Savory, Berne, and Williams, *Dreams and Spiritual Growth,* 212

lich belasteten Künstler hervorgebracht. Wenn wir in diesen Bereich vorstoßen, beschleicht uns oft das Gefühl, als hätten wir es mit dem Teufel zu tun. Hier gilt es, die Sache nochmals genau unter die Lupe zu nehmen.

Guiseppe können wir guten Gewissens sagen, daß er eine Begegnung mit seinem schrecklich verkleideten Schatten hatte. Er könnte mit dieser Gestalt wie mit jedem anderen Traumsymbol in einen Dialog eintreten und dabei weitere Erkenntnisse über die Bedeutung seines Traums und den Teil seines Lebens gewinnen, den er zu verleugnen versucht hat. Die Entschlüsselung des Schattens birgt verborgene Schätze der Inspiration.

Auf der anderen Seite ist das Böse eine konkrete Realität und kann auch in Träumen auftreten. Träume, in denen sich dämonische Begegnungen ereignen, sind besonders gewaltig und beunruhigend. Wir sind danach innerlich zerrissen und beunruhigt — wir sind ja dem Drachen begegnet. Wenn wir den starken Eindruck haben, daß eine solche Begegnung stattgefunden haben könnte, werden wir wahrscheinlich die Hilfe eines Seelsorgers oder christlichen Therapeuten in Anspruch nehmen wollen, der diesen Bereich ernst nimmt. Wir tun am besten daran, einen solchen Traum mit einem kompetenten Berater durchzuarbeiten.

Sollten wir uns vor dämonischer Beeinflussung fürchten? Der alte Kirchenvater Tertullian war der Ansicht, daß Träume aus drei Quellen stammen: unseren Ängsten und Befürchtungen, einer Offenbarung Gottes oder einer Versuchung Satans. Tertullian rechnete also mit der Möglichkeit eines satanischen Einflusses. Wir tun immer gut daran, uns der Möglichkeit einer satanischen Verführung bewußt zu sein. Aber wie erkennen wir eine solche Irreführung?

Eine direkte Begegnung mit dem Bösen spielt sich in ähnlicher Weise ab wie die Konfrontation mit dem Göttlichen. Solche Erfahrungen sind so übermächtig, daß gar kein Zweifel an der Art der Begegnung besteht. Doch eine unmittelbare Erfahrung des Bösen ist furcht-erregend und glücklicherweise äußerst selten. Sie werden wissen, wenn Sie den Feind gesehen haben.

Doch wie steht es mit den subtileren Einflüssen des Bösen? Wie wir bereits einige Male betont haben, müssen Träume an einem objektiven Maßstab gemessen werden. Träume haben in sich selbst noch keinen objektiven Wahrheitsgehalt. Hier ist es entscheidend, ihren Inhalt an der Schrift zu prüfen. Darüber hinaus ist die Persönlichkeit und der Geist Jesu Christi der einzig angemessene Maßstab für unsere geistliche Orientierung. Jede Eingebung oder Weisung, die sich nicht mit der Person Jesu vereinbaren läßt, muß auf der Stelle verworfen werden. Bei Träumen verhält es sich nicht anders als bei Anregungen, Eingebungen und Ideen, die im Gebet oder während der Meditation in uns aufsteigen. Die Frage ist nicht, was gut erscheint, sondern was tatsächlich gut ist.

Doch wie alle Symbole erscheint auch das Böse in der Regel in indirekter und getarnter Form. Wir können gerade im Bereich des Dämonischen davon ausgehen, daß die Symbolik weniger offensichtlich und deutlich zutage tritt, als zum Beispiel eine Faschingsverkleidung. Herman Riffel, ein Baptistenpastor und professioneller Therapeut, beschäftigt sich auch mit Träumen. Bei seiner Arbeit auf den Missionsfeldern auf der ganzen Welt stieß er oft auf diese Dimension. In seinem Buch *Your Dreams: Gods Neglected Gift* (Deine Träume: Gottes vernachlässigte Gabe) beschreibt er einige solcher Vorfälle. Ein afrikanischer Pastor erzählte ihm den folgenden Traum:

„Ich befand mich in meinem Dorf und versuchte, zu Gott durchzudringen. Das gelang mir jedoch nicht, da mich einige kleine Männchen daran hinderten", berichtete der Pastor. „Alle meine Bemühungen, Kontakt mit Gott aufzunehmen, erwiesen sich als fruchtlos. Dann wurde seltsamerweise eine Leiter für mich aufgerichtet, und mit Hilfe dieser Leiter konnte ich Gott erreichen."[52]

Herman nahm zuerst spontan an, daß es sich hier um einen Traum über Pygmäen handelte, aber er wußte zu viel über Traumdeutung, um sich mit einer so rationalen Antwort zufriedenzugeben. Er versuchte, herauszufinden, welche Bedeutung das Bild der „kleinen Männchen" in der afrikanischen Kultur hatte. Im Nachbardorf bemerkte Herman dann eine kleine Hütte, die man für die „kleinen Männchen" errichtet hatte. Zu seiner Überraschung entdeckte er, daß

---

[52] Herman Riffel, *Your Dreams: Gods Neglected Gift* (Lincoln, Va.: Chosen Books, 1981), 117

diese Hütte als Wohnstätte für die Geister der Toten bestimmt war! Am Eingang zur Hütte wurden okkulte Opfer dargebracht, um diese Geister zu besänftigen.

Beim Gedanken an das Symbol der Leiter in Jakobs Traum bei Bethel war Herman in der Lage, auch die restlichen Traumbestandteile zu einem Ganzen zusammenzufügen. Die Leiter war ein eindeutiges Symbol für die Macht Gottes, die stärker war als das Eindringen des Bösen. Der afrikanische Pastor erkannte rasch, daß er zugelassen hatte, daß die allgegenwärtige satanische Zauberkraft dieser Gegend seine Gebete behinderte. Er nahm die Macht des Kreuzes in Anspruch, um mit ihrer Hilfe den Satan in all seinen Werken zu besiegen. So wurde dem Problem ein schnelles Ende bereitet.

Solche Erfahrungen sind möglich, sollten uns jedoch nicht an unserer Beschäftigung mit Träumen hindern. Erstens: Die Tatsache, daß wir den Traum ignorieren, läßt ihn nicht einfach verschwinden. Der Traum kommt als Freund, der uns etwas mitzuteilen hat. Er lenkt unser Augenmerk auf etwas, daß uns zuvor entgangen war. Zweitens: Auch wenn Böses in unsere Träume eindringen kann, bleiben sie doch ein Geschenk Gottes. Wie bei allen Begegnungen mit dem Bösen berufen wir uns darauf, daß das vollendete Werk Christi am Kreuz die Macht hat, den Sieg über jedwede dämonische Beeinflussung davonzutragen. Dieser Sieg gilt für alle Zeiten.

Nacktheit

Haben Sie schon einmal einen solchen Traum gehabt? „Ich träumte, daß ich nur mit einem BH bekleidet die Fifth Avenue entlangspazierte." Solche Träume lassen uns ziemlich ratlos zurück.

Achten Sie darauf, welches Gefühl dieser Traum in Ihnen hervorruft. Waren Sie beim Erwachen verlegen oder angeregt? Hat der Traum Sie beunruhigt oder ermutigt? Aus einem solchen Gefühl läßt sich häufig schließen, ob es sich um einen subjektiven oder objektiven Traum handelt.

Objektive Nackträume scheinen einen ziemlich sachlichen Charakter zu haben und uns nicht sonderlich zu berühren. Sie lenken unser Augenmerk vielleicht auf ein sehr praktisches Problem. Vielleicht stimmt tatsächlich mit unserer Kleidung etwas nicht. Wir sind womöglich gerade bei den Reisevorbereitungen und haben unsere Hosen vergessen! Geht an irgendeiner Stelle ein auffälliger Reißverschluß kaputt? Der Filmproduzent hat sehr gute Augen.

Doch wahrscheinlicher ist es, daß es sich bei Nacktträumen um subjektive Träume handelt. Der Schlüssel zur Deutung liegt im Traumhintergrund. Der Träumer befindet sich mit anderen Menschen auf einer Party oder im Büro, als er merkt, daß er keine Hosen anhat.

Der Träumer selbst ist entsetzt, aber sonst scheint keinem der Anwesenden sein Zustand aufzufallen. Viele Menschen erleben solche Szenen als Wiederholungsträume.

Keine Sorge! Sie sind kein Exhibitionist, der nur auf seinen Auftritt wartet.

Das Thema der Wildnis ist womöglich die Furcht, als unfähig und unzulänglich entlarvt zu werden. Vielleicht haben wir Angst, verletzbar zu sein. Aus dem Zusammenhang des Traums wird ersichtlich, daß wir uns fürchten, „ohne Hosen" dazustehen. Die Befürchtung, als unfähig dazustehen, ist wohl jedem von uns vertraut.

Doch der Traum ist auch tröstlich. Den anderen Leuten ist unser Zustand gar nicht aufgefallen. Die Gleichgültigkeit der Leute im Traum ist ein Hinweis, daß wir uns zu große Sorgen darum machen, ob wir vor anderen bestehen können.

Auf einer anderen Ebene können Nacktträume den Wunsch zum Ausdruck bringen, ehrlicher oder offener zu werden. Die Unbekümmertheit der Mitmenschen im Traum ermutigt uns, mehr von uns selbst zu offenbaren.

Telefonträume

Sind Sie auch schon einmal vom Läuten des Telefons erwacht, und als Sie den Hörer abnahmen, war niemand am anderen Ende der Leitung? Sie haben das Traumtelefon gehört. So etwas kann einem den Schlaf rauben.

Der Traum versucht im wahrsten Sinne des Wortes, uns aufwachen und aufmerken zu lassen. Wir verpassen eine wichtige Botschaft aus unserer Traumwelt. Vielleicht war uns nicht bewußt, was vorherige Träume uns mitteilen wollten.

Eine ähnliche Bedeutung haben Träume von Anrufen, mit denen wir nicht durchkommen. Hier handelt es sich vielleicht um eine Warnung vor einem Zusammenbruch der Kommunikation mit anderen. Wir sollten sogleich unsere „Verbindung" zu wichtigen Bezugspersonen überprüfen.

Wenn wir im Traum einen bestimmten Menschen vergeblich anrufen, sollten wir überlegen, was es bedeutet, daß wir nicht zu dieser Person durchdringen. Vielleicht werden wir erstaunt feststellen, daß sich unterschwellig etwas Trügerisches hinter dieser Beziehung verbirgt. In ähnlicher Weise sind Störungen der telefonischen Verbindung unter Umständen ein Hinweis auf verborgene Störungen in unserer Verbindung mit anderen. Diese Störung kann aus unserem eigenen Inneren oder von außen kommen. Wie auch immer, Telefonträume sind im allgemeinen eine Aufforderung, endlich „aufzuwachen".

Verlust von Wertgegenständen

Beginnen Sie mit der objektiven Ebene. Stellen Sie sich die Frage: Bin ich dabei, etwas Wertvolles zu verlieren? Träume bergen einen erstaunlichen Reichtum intuitiver Erkenntnis. Vielfach sind wir so in die täglichen Anforderungen unseres Lebens verstrickt, daß wir etwas ganz Wichtiges übersehen, das sich direkt unter unseren Augen abspielt. Auf diese Weise verpassen wir entscheidende Dinge.

Vor einigen Jahren führte Robert Wise ein lockeres Gespräch mit der Geschäftsführerin der Gemeinde. Dorothy erzählte ihm lachend einen seltsamen Traum, den sie in der vergangenen Nacht gehabt hatte. Sie hatte geträumt, alle Informationen auf ihrem Computer seien gelöscht. Halb im Scherz bemerkte sie, sie müsse wohl sorgfältiger darauf achten, Kopien von den Dateien zu machen. Zwei Tage später verlor Dorothy die Arbeit eines Monats, da sie keine Sicherungskopien angelegt hatte!

Wenn wir unsere Augen offen halten, können wir die Möglichkeit einer subjektiven metaphorischen Bedeutung ins Auge fassen. *Fragen Sie sich, ob Sie in der Gefahr stehen, persönliche Werte zu verlieren?* Überlegen Sie sorgfältig, ob der verlorene Gegenstand im Traum eine symbolische Darstellung persönlicher Wertmaßstäbe oder Ideale ist. Vielleicht ist Ihre moralische Integrität in Gefahr. Die Wahrscheinlichkeit ist groß, daß Sie an irgendeiner Stelle Kompromisse machen und es nicht merken.

Auf der anderen Seite könnte der Traum Sie auf die Notwendigkeit aufmerksam machen, einen alten Teil Ihres Lebens abzulegen. Ihr inneres Wachstum erfordert vielleicht, daß Sie einen Teil Ihrer Vergangenheit loslassen. Zu unserer inneren Reife ist es oft notwendig, daß falsche Werte abgelegt werden.

Doch wie steht es mit der anderen Seite der Medaille, nämlich wenn wir im Traum etwas Wertvolles finden? *Achten Sie genau auf den Wert dieser Entdeckung und an welcher Stelle Sie den Schatz gefunden haben.*

Da Zahlen wichtige Hinweise sind, müssen wir uns immer genau überlegen, ob eine Zahl einen tatsächlichen Betrag, eine Vorstellung oder ein Datum darstellt. Häufig ist eine Zahl auch eine Altersangabe, das heißt ein Alter, in dem ein besonders wichtiges Ereignis unserer persönlichen Geschichte stattfand. Auch der Fundort des Schatzes kann uns vielerlei Hinweise auf seine Bedeutung geben.

Auf der subjektiven Ebene weisen Entdeckungsträume uns auf einen inneren Schatz hin, den wir uns aneignen müssen. Wenn uns das Leben gerade schwer mitspielt und wir uns erschöpft fühlen, kann uns der Traum auf innere Reichtümer hinweisen. *Achten Sie auf innere Schätze, die Sie bisher übersehen hatten.*

Den Anschluß verpassen

Wer hat sich nicht schon einmal mit einer inneren Unruhe ins Bett gelegt, ob er auch morgens rechtzeitig aufwacht, um pünktlich zum Flugplatz zu kommen? Während der ganzen Nacht wacht man immer wieder mit dem merkwürdigen Eindruck auf, der Wecker habe geklingelt. Solche übermäßigen Befürchtungen können äußerst lästig sein!

Auf einer mehr emotionaleren Ebene sollten solche Träume sorgfältig als Methaphern geprüft werden. Ist es möglich, daß ein Plan, ein Ziel, irgend etwas in unserem Leben uns entgleitet wie eine nicht genutzte Gelegenheit? Der Traum fordert uns vielleicht auf, unsere Lebensführung und -planung nochmals unter die Lupe zu nehmen. *Achten Sie darauf, welche Gefühle der Traum bei Ihnen hervorruft.* Empfinden Sie Bedauern? Oder Gewissensbisse? Um der Bedeutung des Symbols auf die Spur zu kommen, machen Sie einmal folgende Übung: Stellen Sie sich vor, daß Sie das Flugzeug besteigen und sich von ihm forttragen lassen. Am Ende des Flugs werden Sie sich Klarheit über das Ziel verschafft haben, das Sie fast aus dem Auge verloren hätten.

Noch einige Hinweise für Traumreisende

Die Anregungen und Vorschläge in diesem Kapitel sollen Ihrer Phantasie auf die Sprünge helfen. Sie sind nicht als eine Sammlung von Patentlösungen gedacht. Jeder dieser Hinweise soll nur ein Anreiz sein zur Erforschung Ihrer Innenwelt. Halten Sie sich immer vor Augen, daß Ihnen niemand mit Bestimmtheit sagen kann, was Ihre Symbole bedeuten. Die Antworten können einzig und allein in Ihrem persönlichen Traumland gefunden werden.

Damit Sie weiterhin untersuchen können, auf welche Weise Ihr persönlicher Filmproduzent Träume zusammensetzt, haben wir im Anhang ein Wörterbuch häufig auftretender Symbole zusammengestellt. Vergessen Sie nicht: Es handelt sich hier lediglich um Hinweise — Anregungen —, die Sie nicht wörtlich nehmen sollen. Sie sollten mit ihrer Hilfe auch nicht den Traum eines anderen mit Bestimmtheit deuten. Nehmen Sie sie als Anhaltspunkte, aber errichten Sie aus diesen Bausteinen keine Grundregeln.

Ihre Aufgabe

Nun sollten Sie innerlich auf die Traumarbeit eingestellt sein, und es wird Ihnen nicht mehr so schwer fallen, einen Sinn in Ihren Träumen zu entdecken. Sie können jeden Morgen erwachen mit einem gefüllten Maß an neuen und unerwarteten Erkenntnissen für Ihr Leben. Sie haben eines von Gottes nützlichsten Werkzeugen und eine der wertvollsten Gaben entdeckt. Sie können sich glücklich schätzen.

Und worin besteht Ihre Aufgabe? Freuen Sie sich den Rest Ihres Lebens an den Geheimnnissen der Nacht. Werden Sie der beste Gefährte Ihrer Traumfreunde und nehmen Sie jede Gunst an, die sie Ihnen erweisen. Machen Sie Ihr Traumtagebuch zu einer so umfangreichen Materialsammlung, daß Sie der beste und unvergleichlichste Experte ihrer eigenen Persönlichkeit werden. Wunderbare Dinge erwarten Sie.

Wir wünschen Ihnen gute Traumfährten.

Kapitel 13

ERMUTIGUNG

Die Reise lohnt sich

*Das Problem der zweiten Lebenshälfte
besteht darin, neuen Sinn und Ziel im
Leben zu finden, und der wird, so seltsam
es vielleicht erscheinen mag, am ehesten in
der vernachlässigten, tieferen und unterentwickelten Seite der Persönlichkeit
gefunden. Viele Menschen können sich
jedoch einer solchen Möglichkeit nicht stellen und ziehen es vor, an Wertvorstellungen ihrer Jugend festzuhalten und sie
womöglich noch in übertriebener Weise zu
vertreten; für sie kann die Vorstellung der
Individuation (d. h. der Reifeprozeß im
psychologischen Sinne) keine Bedeutung
haben.*

FRIEDA FORHAM,
An Introduction to Jung's Psychology,
(Eine Einführung in die Psychologie Jungs)

W ährend sie dabei halfen, das Manuskript dieses Buches für den
Druck fertigzumachen, lasen Bob und Retha Bierschank sorgfältig jedes Kapitel. Sie waren rasch mit der Methode des Personenparadigmas vertraut und bekamen große Übung im Entziffern von
Traumsymbolen. Gegen Ende des Projekts kam ihr sechzehnjähriger

Enkel zu Besuch. In der Nacht hatte Jonathan einen beunruhigenden Traum. Traumstimmen schienen ihm einzureden, er würde nicht siebzehn Jahre alt werden. Der junge Mann spürte darin eine Warnung vor seinem bevorstehenden Tod. Ein Ausdruck klang immer wieder durch seinen Traum: *„Nicht siebzehn!"*

Am Schluß des Traums reichte ihm jemand ein Stück Papier mit der Botschaft „NO17". Doch Jonathan erhielt den Zettel verkehrtherum. Als er einen Blick auf die umgekehrte Botschaft warf, las er „LION" (Löwe). Als er erwachte, war er bestürzt, daß die Warnung „NO17" sich in den Namen eines Tieres verwandelt hatte. (Versuchen Sie, die Traumbotschaft einmal von oben zu lesen.)

Als Jonathan seiner Großmutter von dem seltsamen Traum erzählte, konnte sie ihm helfen, dieses ungewöhnliche Erlebnis zu verstehen. Die Grundaussage des Traums war Jonathans ganz normale Angst vor dem Erwachsenwerden. Er war sich tatsächlich nicht sicher, ob es so wünschenswert war, siebzehn zu werden. In Jonathans Wildnis herrschte großer Zweifel an seiner Fähigkeit, den Anforderungen des Erwachsenseins gewachsen zu sein. Doch der Traum hatte auf der anderen Seite auch einen sehr beruhigenden und tröstlichen Aspekt wie Simbas Entdeckung in der Geschichte vom *König der Löwen*. In Jonathans Schattenbereich versteckte sich die Kraft des Löwen!

Die sich nie erschöpfenden kreativen Fähigkeiten des Unbewußten sind ein wahres Wunder. Allein wegen solcher erstaunlichen und außerordentlichen Erfahrungen lohnt sich schon die Beschäftigung mit Träumen. Schon das Verständnis dieser wunderbaren Geheimnisse der Nacht würde unsere Unternehmung rechtfertigen.

Aber natürlich liegt noch so viel mehr für uns bereit.

Auf dem Weg bleiben

Wir hoffen, daß dieses Buch Ihnen geholfen hat, eine neue Gewohnheit einzuüben; daß die Traumarbeit mittlerweile zu einem festen Bestandteil Ihres Lebens geworden ist. Schon die Geschichten und Anekdoten sind faszinierend. Man ist gefesselt von der bizarren Bild-

sprache der Träume. Doch das bloße Austauschen von Traumge-
schichten würde niemanden und nichts verändern. Sie selbst müssen
Tag für Tag, Woche für Woche die Arbeit tun, wenn Ihre Träume ihren
Sinn erfüllen sollen.

Ist es überhaupt sinnvoll, soviel Zeit und Kraft in die Beschäfti-
gung mit Träumen zu investieren? Ja, und zwar aus drei wichtigen
Gründen: 1. Veränderung unserer Persönlichkeit, 2. Einsicht und
Urteilskraft und 3. Inneres Wachstum.

1. Veränderung unserer Persönlichkeit

In der Anfangszeit von Robert Wises Dienst als Pfarrer kam eine Frau
aus seiner Gemeinde mit ihren Zweifeln zu ihm. „Ich habe das ganze
Gerede und die Predigten gehört", sagte die junge Frau. „Aber ändert
sich überhaupt irgend jemand? Bewirkt der Glaube tatsächlich, daß
Menschen ihr ganzes Leben anders gestalten?" So stand Jane mit ver-
schränkten Armen und hochgezogenen Brauen vor Robert.

Sicher, Robert wußte, daß Wertvorstellungen und innere Einstellungen durch den Glauben verändert werden. Viele Menschen bringen ihr Leben in Ordnung, und unzählige entwickeln ein ganz neues
Bewußtsein für ihre Beziehung zu Gott. Aber die Frau wollte etwas
wissen, was nicht so leicht nachzuweisen war. Bewirkt der Glaube tatsächlich, daß Christen liebevoller und gütiger werden? Verändern sie
sich in ihrer Persönlichkeit? Können sich mit der Zeit alte Ängste auf-
lösen, und wird der Egoismus allmählich abnehmen? Werden Menschen wirklich verwandelt, so wie es im Neuen Testament beschrieben wird? Diese Frage saß, und Robert mußte in den folgenden Jahren
immer wieder an diese Hinterfragung des Glaubens denken.

Er beobachtete, daß Kirchenführer ihre Machtkämpfe mit derselben Verbissenheit austrugen, wie politische Parteien sich im Wahl-
kampf gegenseitig auszustechen versuchen. Kirchenspaltungen und
innere Kämpfe in den Gemeinden wiesen auf eine niedrige Gesin-
nung hin, die alles übertraf, was man normalerweise im Geschäftsle-
ben vor Augen hat. Christen führten Bibelworte im Mund, verbreiteten aber gleichzeitig bösartige Gerüchte, sie führten verbale Angriffe
gegeneinander und versuchten, Menschen, die nicht auf ihrer Wellen-

länge lagen, zu vernichten. Der Widerspruch zwischen dem, was viele Christen bekennen, und dem, was sie wirklich tun, ist schon lange ein Skandal.

Noch Jahre später ging Robert die Frage dieser jungen Frau nach. Warum verändern sich die Menschen so wenig? Wie können Leute jahrzehntelang Gottesdienste und Bibelstunden besuchen und doch im Grunde die gleichen bleiben?

Robert fand darauf eine erschreckend einfache Antwort. Die Menschen legen Glaubenssätze und christliche Vorstellungen an, wie sie einen Pullover, einen Mantel oder ein anderes Kleidungsstück über das anziehen, was sie bereits tragen. Selten stehen sie nackt vor Gott, um sich von ihm eine ganz neue Haut schenken zu lassen. Zu viele Leute lassen ihre Glaubensüberzeugungen gar nicht bis in ihre Seele eindringen und dort echte Heilung schaffen. Sie haben Angst davor, die Wahrheit könne ihre Selbstbilder in Frage stellen und dabei tiefliegende Ängste, infantile Bedürfnisse und Vorurteile aufdecken. Ihr Glaube ist nur ein rationales System, der nicht bis unter die Ebene der Logik dringt. Ganz gleich, was diese Menschen zu glauben vorgeben, sie haben ihre Seele entweder verloren oder niemals gefunden.

Die Kirchen sind voll von Menschen, die bekennen, daß im christlichen Glauben eine große Kraft wohnt. Doch viele wissen überhaupt nicht, wovon sie reden, und haben selbst noch nicht die Auswirkung dieser Kraft erfahren.

Die Beschäftigung mit Träumen kann uns einen Ausweg aus dieser Misere weisen. Träume sind Fenster zu unserer Seele. Sie führen uns weit über die Welt der Logik hinaus. Auf ihre Botschaften zu hören, ist eine der wirkungsvollsten Möglichkeiten, die Klänge unseres Herzens zu vernehmen. Jeder, der mehr im Einklang mit sich selbst, ehrlicher, eindeutiger und transparenter leben will, wird entdecken, daß Träume ganz entscheidend zu unserer Verwandlung beitragen können. Sie bieten uns einen Mechanismus zur Veränderung an. Träume können tatsächlich dazu beitragen, die unserem Glauben innewohnende Kraft freizusetzen.

Die Arbeit mit Träumen bietet Ihnen unglaubliche Möglichkeiten für kreative und konstruktive Veränderung.

2. Einsicht und Urteilskraft

Und warum geschieht echte, erlösende Veränderung so selten? Warum begnügen wir uns damit, unsere Mängel immer wieder zu übertünchen, statt den Preis für eine völlige Erneuerung zu zahlen? Zu oft erstickt die in unserem Schattenbereich lauernde Angst vor der Wahrheit unsere Sehnsucht nach Echtheit. Das ist besonders schwer für religiöse Menschen mit einer Neigung zur Gesetzlichkeit.

Ein Psychiater, kein Theologe, schrieb die folgenden Worte:

> Die von Menschen geplanten und ausgeführten großen Welter-eignisse atmen nicht den Geist des Christentums, sondern eher eines schmucklosen Heidentums... Die christliche Erziehung hat alles Menschenmögliche getan, doch es war nicht genug. Zu wenig Menschen haben die Gottesebenbildlichkeit als das tiefste Erfülltsein ihrer Seele erfahren. Christus begegnet ihnen nur von außen, nie von innerhalb der Seele; das ist der Grund, weshalb dort noch finsterstes Heidentum herrscht, ein Heiden-tum, das, einmal so offensichtlich, daß es nicht länger geleugnet werden kann, ein anderes Mal in einer allzu fadenscheinigen Verkleidung die Welt der sogenannten christlichen Kultur über-schwemmt.[53]

Traumexpeditionen in die Wildnis können diesen Zustand der Seele grundlegend ändern. Wir gewinnen tiefe Erkenntnisse und Einsich-ten, wenn wir der Wahrheit über uns selbst auf die Spur kommen. Sol-che Erfahrungen bewahren Sie vor der peinlichen Gewohnheit und dem tödlichen Irrtum, sich zu einem Glauben zu bekennen und doch nicht danach zu handeln.

„Wenn wir nicht mit unserem Schatten fertig werden, wird er mit uns fertig" ist ein geflügeltes Wort in der Traumarbeit. Probleme ver-schwinden nicht einfach, wenn man sie leugnet. Manch eine Affäre, mancher Anfall von Depression oder seelischer Zusammenbruch ist

---

[53] C. G. Jung, „Psychologie und Alchemie" in *Gesammelte Werke,* Bd. 12, Walter-Verlag, Düsseldorf, 1994, 7. Aufl.

die Folge der Leugnung unseres Schattens! Zumindest resultieren daraus Projektionen, die wir mit der Genauigkeit von Laserstrahlen auf andere richten.

Was war die Ursache der Hexenjagd im Mittelalter? Was bringt angeblich liebevolle Christen dazu, mit der Wildheit eines Raubtiers aufeinander loszugehen? Haß, Argwohn, paranoides Mißtrauen, Klatsch — die Bösartigkeit der Ankläger lauert in ihrer eigenen Seele wie eine verborgene, schreckliche Infektion, eine psychologische Zeitbombe, die jeden Augenblick explodieren kann. Wenn das geeignete Ziel im Visier ist, erfolgt eine vulkanartige Explosion. Hier fehlt jegliche Einsicht und Urteilskraft.

Konseqente Traumarbeit eröffnet uns die Möglichkeit, die eitrigen Geschwüre im Schattenbereich aufzustechen, die vergessenen Wunden der Vergangenheit zu reinigen und den unerkannten Haß loszulassen, der aus alten Voreingenommenheiten entstanden ist. Sie können gesund werden, bevor sie einen anderen Menschen krank machen.

3. Inneres Wachstum

Kann es etwas Schrecklicheres geben, als wenn Sie wenige Augenblicke vor Ihrem Tod feststellen müßten, daß Sie Ihr ganzes Leben lang das Leben eines anderen gelebt haben? Sie haben Ihr eigenes, einzigartiges Leben versäumt! Am Ende Ihres Lebens werden Sie einmal nicht danach gefragt, weshalb Sie nicht der Apostel Paulus, der Heilige Franziskus, Mutter Teresa, Martin Luther King Junior oder Billy Graham waren. Sie werden gefragt, warum Sie nicht Sie selbst waren.

Ein Wachstum in guten Werken ist nicht möglich, wenn nicht gleichzeitig ein Wachstum an Echtheit und Glaubwürdigkeit stattfindet. Unser Ziel ist Einssein mit sich selbst. Weil wir hinten keine Augen haben, bleibt uns eine Dimension unserer Persönlichkeit immer verborgen. Belassen wir es dabei, sind wir zwangsläufig begrenzt in dem, was wir erreichen können. Aus diesem Grund ist die Beschäftigung mit Träumen ein Muß für jeden, dem es um Echtheit, Glaubwürdigkeit, Wahrhaftigkeit und Reife geht.

Wir leben in einer Zeit, in der man technische Daten mit Sinn, Geschäftigkeit mit Lebensziel und Besitzanhäufung mit Qualität verwechselt. Gelegentlich müssen wir uns daran erinnern, daß ein Computer niemals fähig ist zur Reife. Wissen ohne Einsicht und Erkenntnis hat nur begrenzten Wert. Echtes Wachstum ist ohne Integration unserer Erfahrungen unmöglich. In unseren Träumen haben wir den höchstmöglichen Überblick über die Abenteuer unseres Lebens, und hier lassen sich unsere Erfahrungen in Weisheit und Erkenntnis verwandeln.

Wir haben kaum eine andere Möglichkeit, unser persönliches Wachstum so sinnvoll zu fördern wie durch konsequente und langfristige Traumarbeit.

Zu Paul Meiers psychiatrischer Ausbildung gehörte auch eine eigene Analyse. Nachdem er eine Stunde lang mit einem Patienten gearbeitet hatte, verbrachte er selbst eine Stunde mit einem Therapeuten und analysierte seine Reaktion auf den Patienten. Jeder Tag war angefüllt mit Ausflügen in das Unbewußte. Um seine Patienten besser verstehen zu können, beschäftigte Paul sich sehr intensiv mit seinen eigenen Kindheitserinnerungen. Während dieser Zeit hatte er einen intensiven und ungewöhnlichen Traum.

Paul begab sich auf eine chronologische Reise in seine eigene Vergangenheit, wie wenn ein Film rückwärts abgespult wird. Die phantastische Traumreise begann bei seiner psychiatrischen Ausbildung, ging bis in die Kindheit zurück und schließlich sogar bis hinein in den Leib seiner Mutter. Als er sich später mit dem Traum beschäftigte, stand ihm ein Ereignis besonders klar vor Augen. Der vierjährige Paul lag auf dem Boden des Eßzimmers und schrieb seinen Namen und „1949" von unten auf einen Stuhl. Als er vom Schreiben müde war, machte er sich mit Decken, die er um den Stuhl legte, ein Versteck und spielte darin.

Am folgenden Tag sprach Paul mit seiner Mutter, um herauszufinden, inwieweit die Traumereignisse der Wirklichkeit entsprachen. Sie erinnerte sich besonders an seine Stuhlgeschichte und bestätigte alle Einzelheiten. Paul schloß daraus, daß dieser Traum ihm helfen wollte, seine psychiatrischen Fähigkeiten zu entwickeln. Ereignisse, die vor langer Zeit seinem Gedächtnis entschwunden waren, waren mit unglaublicher Genauigkeit wieder heraufbeschworen worden. Für Paul war es keine Frage, daß Träume uns zu unserem inneren Wachstum verhelfen können.

Haben wir Sie überzeugen können? Es ist unsere Hoffnung, daß Sie dieses Buch nicht beiseite legen, ohne den Vorsatz gefaßt zu haben, Ihren Träumen auf der Spur zu bleiben. *Aber Sie müssen die Sache mit Disziplin verfolgen.* Sie werden großen Lohn für Ihre Mühe haben.

Sie müssen nichts beweisen. Die Traumreise allein ist die Sache schon wert.

Sie können heimgehen

Wer sehnt sich nicht nach der Wiederkehr der rosigen Bilder von gestern? Während Dramatiker und Romanschriftsteller uns die Möglichkeit geben, immer wieder zu der Stelle zurückzukehren, wo wir vorher abgebrochen hatten, gibt die Traumarbeit uns die Möglichkeit, uns mit den unerledigten Problembereichen der Vergangenheit auseinanderzusetzen. Das neurotische Bedürfnis, das zu beanspruchen, was nie gewesen ist, kann durch die Traumarbeit überwunden werden. Unsere Träume werden uns im gesündesten Sinn des Wortes wieder nach Hause bringen.

Vielleicht haben Sie sich schon gefragt, was aus Roberts Verlassenheitstraum geworden ist. Immer wieder sind wir in diesem Buch auf verschiedene Dimensionen dieses Traums gestoßen, die sich bei der Beschäftigung mit ihm im Laufe der Jahre aufdrängten. Jede Entdeckung eines neuen Bedeutungsgehaltes erwies sich als hilfreich und brachte eine dringend benötigte Erkenntnis, aber irgend etwas fehlte immer. Über Jahre hinweg trat der Traum als Wirbelsturm in der Wildnis auf.

Robert wußte ja immer, daß er adoptiert worden war, doch diese Adoption war von einem undurchdringlichen Geheimnis umgeben. Gefühle, Bilder und Erinnerungen kamen und gingen. Selbst als kleines Kind wußte er nicht, was Phantasie oder Tatsache war. Da er Schwierigkeiten mit seiner Adoptivfamilie hatte, wurde das Problem mit der Zeit nur gravierender. Der Traum kehrte immer wieder.

In den finstersten Nächten erschien wieder das Baumwollfeld im Traum, und die hohen braungrünen Stengel wogten im heißen Wind. Das Kind sah, wie am anderen Ende des Feldes ein Lastwagen beladen wurde. Eine entsetzliche Angst, zurückgelassen zu werden, ließ den kleinen Jungen laufen, so schnell ihn seine Beine tragen konnten. Wie immer stolperte Robert und fiel auf den sandigen Boden. Weit weg wurde der Lastwagen angelassen und die Ladeklappe zugeschlagen. Als seine Mutter in einer Staubwolke verschwand, wurde Robert von einer Woge des Entsetzens erfaßt. Jedesmal endete der Traum damit, daß das Kind mutterseelenallein im Feld stand und die Tränen ihm übers Gesicht liefen. Verlassen.

Der Traum blieb auch nach Jahren noch der gleiche.

Schließlich entschloß sich Robert, alles daranzusetzen, um dem Ursprung des Traums auf die Spur zu kommen. Nach gründlicher Untersuchung aller persönlichen Dokumente, die ihm zur Verfügung standen, betrieb er gesetzliche Nachforschungen nach seiner ursprünglichen Geburtsurkunde. Mit Hilfe eines Freundes setzten sich allmählich die Bruchstücke des Puzzles zusammen. Zu seiner großen Überraschung fand Robert heraus, daß sein ursprünglicher Name Edlow Moses gewesen war. Die Teile begannen, sich ineinanderzufügen.

Roberts Vater war vor zehn Jahren gestorben, doch seine erbbiologische Mutter lebte noch in einer Kleinstadt in Alabama. An einem kalten Morgen im Vorfrühling flog Robert nach Atlanta und fuhr dann nach Roanoke. Die neunzig Meilen erschienen ihm wie eine Ewigkeit, doch als die Landschaft an ihm vorbeizog, bekam die Reise eher den Charakter einer Exkursion durch einen Zeittunnel. Jahre des Fragens, Sorgens und Nachdenkens zogen vor seinem geistigen Auge vorbei, als er erkannte, wie dieser eine Traum einen dynamischen, gestaltenden Einfluß auf sein Leben hatte. Welchen Verlust diese Traumerfahrung auch darstellen mochte, dieser Traum hatte ihn für das Defizit mehr als entschädigt, da er in ihm Sensibilität, Empfänglichkeit und bewußtes Wahrnehmen hervorgebracht und innere Türen geöffnet hatte, die er nicht einmal bemerkt hätte, wäre nicht dieser eine Traum gewesen.

Als er der kleinen Landkarte folgte, die ihm seine Mutter geschickt hatte, fuhr Robert durch die von Pinien und Magnolien gesäumten Straßen, bis er die Adresse fand. Eine kleine weißhaarige alte Dame saß in einem Schaukelstuhl auf der Veranda, als hätte sie vierzig Jahre lang an dieser Stelle auf ihn gewartet. Jahrelang hatte auch sie ihren eigenen Traum in ihrem Herzen getragen.

Obwohl er die nächsten Stunden wie in einem Nebel erlebte, hatte Robert das Gefühl, daß die Bruchstücke der Vergangenheit zusammengefügt wurden, als würde eine kostbare Vase repariert. Geister der Vergangenheit lösten sich im Licht des Tages auf, während seine Mutter die Lücken in seiner Erinnerung auffüllte. Schreckliche familiäre Umstände und das sich entwickelnde Drama des Zweiten Weltkriegs hatten ihn in sein privates Exil geführt. Ursprünglich war zu einem späteren Zeitpunkt eine Wiedervereinigung mit seiner Familie vorgesehen, doch die Vereinbarungen wurden nicht eingehalten. Sie hatten alle in bester Absicht gehandelt und waren betrogen worden.

Nach ihrem ersten gemeinsamen Abendessen nach über vierzig Jahren saßen Robert und seine Mutter mit ihrem Nachtisch vor dem Kamin. Seine Mutter sagte: „Ich sehe diese letzte Nacht noch vor mir, als sei es gestern gewesen. Ich hielt dich auf den Armen hoch und sah dir in die Augen. Ich sagte: ‚Komm zu mir zurück, kleiner Junge, komm zurück.‘ Ich betete zu Gott, daß es so geschehen möge. Jeden Tag meines Lebens betete ich darum. Und nun ist es geschehen.“

Und dann ergab der Traum einen Sinn. Auf eine seltsame Art, die Robert nie so wissentlich hätte erkennen können, war der Traum ein symbolisches Bild für den Vertragsbruch, der sich vor so vielen Jahren vollzogen hatte. Das Trauma seiner Kindheit hatte sich in einem Traum verdichtet, der so lebendig war, daß es nahezu unmöglich erschien, ihn von dem Ereignis selbst zu trennen.

Die folgenden Jahre waren für Mutter und Sohn ungemein bereichernd. Sie entwickelten eine ganz tiefe Beziehung zueinander. Die letzten Wochen ihres Lebens verbrachte Robert mit seiner Mutter in einem Krankenhauszimmer in Montgomery. Als sie schließlich starb, saß Robert bei ihr und hielt ihr die Hand, dankbar, daß er ihr ein letzter Trost sein durfte.

Diese Traumreise hatte sich gelohnt.

NOCH MEHR INITIALZÜNDUNGEN

Ein Wörterbuch der Symbole

Ich hatte einen Traum, doch übersteigt's
den Verstand eines Menschen zu sagen,
was für ein Traum das war.

S H A K E S P E A R E ,
Ein Mittsommernachtstraum

Alle Traumsymbole sind auf den jeweiligen Träumer zugeschnitten. Keiner kann einem anderen sagen, was seine oder ihre Bilder bedeuten. Ein Hinweis muß vom Träumer genau bedacht und bestätigt werden; allein die individuelle Erkenntnis des Träumers ist der Schlüssel zur Bedeutung seines Traums. Die folgenden Anregungen sollen lediglich dazu dienen, den Anfänger mit symbolischem Denken vertraut zu machen.

Das folgende Wörterbuch ist eine Zusammenstellung unserer Untersuchungen von Begriffen, Vorstellungen, Erfahrungen und Bildern mit relativ weitreichenden Anwendungsmöglichkeiten. Sie sind jedoch nur als Sprungbrett gedacht, von dem aus Sie in die Wildnis eintauchen.

A

Affe Alle Tiere stehen potentiell für primitive Triebe und Kräfte. Die ungezähmte, wilde Seite unseres Wesens wird häufig durch Tiere dargestellt. Hier müssen wir überlegen, was das betreffende Tier für uns bedeutet. Warum bewundern oder verabscheuen wir dieses Tier?

Akne Jede Entstellung des Gesichts könnte Fragen nach unserer äußeren Erscheinung aufwerfen. Haben wir Angst, einen falschen Eindruck zu hinterlassen? Hautausschläge können auch ein Hinweis auf innere Unausgewogenheit oder Infektionen sein. Haben wir vielleicht einem emotionalen Problem zu wenig Beachtung geschenkt, das sich nun mit Macht aus dem Unbewußten empordrängt?

Alkohol Siehe *Betrunkenheit*. Die erste Frage ist: „Wie stehen Sie grundsätzlich zum Alkoholkonsum?" Falls Sie viel trinken, könnte der Traum eine Warnung sein? Der Abstinenzler könnte sich die Frage stellen, warum er sich im Traum so ganz anders verhält, als im wirklichen Leben. Trinken kann ein Symbol sein für inneren Widerstand, oder auch ein Hinweis für die Notwendigkeit zur Entspannung und Auflockerung. Wenn der Traum eine Sucht darstellt, sollten wir überlegen, ob irgendeine Macht von außen die Kontrolle über unser Leben übernommen hat. Denken Sie auch daran, daß Jesus Wasser zu Wein gemacht hat. Wein ist auch ein Bild für das Blut Christi. Wein kann ein Symbol der Verwandlung sein.

Altar Wenn wir von Kerzen, Kreuzen, Kanzeln und anderen Dingen träumen, die man in Kirchen findet, müssen wir zunächst die Frage nach der Funktion dieses betreffenden Gegenstandes stellen. Ein Altar ist ein Ort des Opfers und der persönlichen Hingabe. Vor dem Altar begegnen wir Gott und legen Gelübde ab. Altäre sind in ganz besonderer Weise ein Ort, an dem sich Himmel und Erde begegnen.

Angst Bei furchterregenden Träumen ist es am wichtigsten, auf den Lösungsteil des Traums zu achten. Da Träume immer eine gute Nachricht haben, enthalten sie auch eine Lösung über den Umgang mit unserer Angst.

Arzt Ärzte sind Symbole von Heilung und Weisheit. Sie helfen uns, zu erkennen, wo etwas krank ist. Diese Figur bietet uns eine Möglichkeit zur Heilung an oder macht uns auf einen Zustand aufmerksam, den wir bislang vernachlässigt hatten.

Auge Dieses Symbol steht für unser Bewußtsein. Sind wir blind? Sehen wir etwas, das andere nicht wahrgenommen haben? Könnte das Auge uns ermahnen, auf etwas achtzuhaben, was übersehen wurde? Denken Sie auch noch einmal an das Personenparadigma. Das „Ich" in Träumen kann ein Auge sein. In diesen Fällen haben wir es wohl mit dem Türhüter zu tun.

Aussätziger Siehe *Idiot*. Dieses Symbol kann auch den Verlust von gesellschaftlichem Ansehen signalisieren.

Auster Die Auster kann ein Symbol der Verwandlung darstellen, wenn sie eine Perle enthält. Hier können wir unsere Phantasie spielen lassen und die Traumauster aufbrechen. Vielleicht merken wir, daß unsere Probleme ungeahnte Möglichkeiten bergen.

Ausziehen Siehe *Nacktheit*. Ein solcher Traum könnte eine Warnung sein, jemandem, dem wir vertrauen, zuviel mitzuteilen.

Auto Im allgemeinen ein Symbol für das Selbst. Der Zustand und die Art des Autos gibt uns großen Aufschluß darüber, in welchem Licht wir uns selbst sehen. Ist das Auto ein Sportwagen oder ein altes bewährtes Familienmodell? Wie ist der Zustand der Reifen? Wer sitzt am Steuer? Gerät der Wagen außer Kontrolle? Steht er kurz vor einem Aufprall? Die Beantwortung dieser Fragen spricht Bände über unseren momentanen seelischen und geistigen Zustand.

B

Baby Achten Sie genau auf den Zusammenhang. Ein Baby kann eine Ausweitung Ihrer Persönlichkeit bedeuten. Ein Projekt, ein Geschäft, eine Idee, ein schöpferisches Werk kann durch einen Säugling symbolisiert werden. Auf der anderen Seite kann das Baby mit irgendeinem Ereignis in unserem frühesten Lebensabschnitt zu tun haben.

Band, Musikkapelle. Befinden Sie sich „in einer Musikparade"? Will dieses Bild zum Ausdruck bringen, daß Sie ein Schauspieler sind? Werden Sie mit der Masse mitgerissen? Doch ein harmonisches Zusammenspiel könnte auch bedeuten, daß die vielen Aspekte Ihrer Persönlichkeit sich in neuer Harmonie zusammenfinden.

Bar Überlegen Sie, ob Sie öfters eine Bar aufsuchen. Warum oder warum nicht? Die Engländer sehen in einem Pub einen Ort freundschaftlicher Begegnung. Viele Amerikaner sehen in einer Bar einen eher fragwürdigen Ort. Welche Stimmung vermittelt die Traumbar? Es besteht auch die Möglichkeit, daß ein Barbesuch im Traum ein Ausgleich für das Bedürfnis darstellt, einem allzu strengen Lebensstil zu entfliehen.

Bauchredner Achten Sie darauf, wer die Puppe ist. Macht uns jemand zu seinem Sprachrohr? Oder manipulieren wir unsere Kinder, Partner oder Freunde?

Baum Bäume sind mächtige Symbole der Stärke und Ausdauer. Der Baum des Lebens vermittelt große geistliche Ermutigung. Der Baum kann auch das Kreuz Christi symbolisieren. Unser Leben könnte durch einen Baum mit seinem Wurzelwerk dargestellt werden, das unseren Anfang und unser Wachstum nach oben symbolisiert.

Benzin Wenn das Traumauto kein Benzin mehr hat, ist das ein Signal für unsere mangelnde Energie.

Berg Ein Berg kann ein Symbol für eine große Herausforderung sein, die unseres ganzen Einsatzes wert ist. Vieleicht werden wir zu ganz neuen Höhen gerufen.

Besen Warum fegen wir? Versuchen wir, „unser Haus zu reinigen"? Muß etwas aus unserem Leben entfernt werden? Haben wir zugelassen, daß sich alter Schmutz in unserem Leben ansammelt?

Betrunkenheit Vielleicht sind wir nahe daran, die Kontrolle über unser Leben zu verlieren. Irgendein Aspekt unseres Lebens entgleitet uns. Könnten wir andererseits von der Begeisterung über eine neue Beziehung berauscht sein und nicht wahrnehmen, daß wir ein wenig trunken sind vor Verliebtheit oder Verblendung?

Bett Siehe *Dachkammer*.

Bibliothek Dieses Bild läßt an gesammelte Weisheit denken, die uns zur Verfügung steht. Vielleicht ist das Symbol auch ein Hinweis auf eine Quelle der Weisheit, die uns zuvor nicht bewußt war.

Blindheit Haben wir irgend etwas nicht beachtet? Eine Aufgabe von Träumen besteht darin, uns Tatsachen ins Bewußtsein zu rufen, die wir ignoriert haben. Sind wir blind für eine wichtige Wahrheit?

Blumen Blumen sind Geschenke, die unsere Zuneigung zum Ausdruck bringen sollen. Sie sind schöne Symbole für ein positives Gefühl. Verwelkte Blumen sind jedoch ein Hinweis, daß unsere Liebe verdorrt ist.

Blut Blut ist die Quelle des Lebens, der Vitalität. Blut kann für ein enges Verwandschaftsverhältnis stehen, aber auch für „böses Blut" zwischen Menschen. Verlust des Blutes bedeutet den Tod.

Brandwunden Spielen Sie einmal mit dem Wort. Werden wir in einer Beziehung oder bei einem Geschäft „ausgebrannt"? Befinden wir uns in einer Situation, die für uns „zu heiß" ist?

Brieftasche In ihr heben wir auch unsere Ausweispapiere auf. Somit kann eine Brieftasche Aufschluß darüber geben, wer wir sind. Gibt uns die Brieftasche im Traum Informationen über unsere Identität? Andererseits hängt unsere Sicherheit mit dem Ort zusammen, an dem wir unser Geld aufbewahren. Haben wir die Brieftasche im Traum verloren, kann der Traum als Warnung dienen, wie sicher (oder unsicher) es um unsere Sache bestellt ist.

Brille Wenn Sie noch keine Brille tragen, könnte der Traum Ihnen nahelegen, daß Sie eine benötigen! Auf der anderen Seite sehen Sie vielleicht wichtige Problembereiche unklar und verschwommen. Oder sehen Sie die Welt gar durch eine rosarote Brille?

Brot Brot kann ein Bild sein für körperliche Bedürfnisse oder einen Mangel an Erhaltung und Stütze. Brot verschafft uns Energie. Darüber hinaus ist Brot ein Symbol für das Leben Christi.

Brust In der amerikanischen Gesellschaft ist die Brust zu einem Ursymbol für Sexualität geworden. Wenn daher eine Frau im Traum ihre Brust enthüllt, kann dahinter vielleicht der Wunsch nach mehr Sinnlichkeit, Weiblichkeit oder persönlicher Ehrlichkeit stehen. Träumt dagegen eine Frau, daß sie ihre Brust verliert, kann ein solcher Traum eine tiefsitzende Furcht vor einem Verlust an Attraktivität oder jugendlicher Schönheit offenbaren. Während die weibliche Brust für Männer einen sexuellen Reiz ausübt, ist die Brust auch eine Quelle der Nahrung und des seelischen Wohlbefindens. Die Brust ist der ursprünglichste Ort, an dem Nahrung empfangen und Grundbedürfnisse gestillt werden.

C

Clown Sollten wir etwas weniger streng und steif sein? Oder machen wir uns zum Narren und bemerken gar nicht, wie überspannt wir uns verhalten?

D

Dachkammer Siehe *Haus*. Jeder Raum eines Hauses muß auf seine Bedeutung untersucht werden. Küchen sind z.B. Orte, wo Nahrung zubereitet wird, Schlafzimmer der Schauplatz sexueller Aktivitäten. Da Dachkammern als Abstellräume genutzt werden, stehen sie oft für Erinnerungen oder Hinweise auf die Vergangenheit.

Dampf Siehe *Geysir*.

Dorn Etwas hat uns gestochen und schmerzt noch immer. Ist irgendeine Verletzung nicht verarbeitet worden?

E

Edelsteine Überlegen Sie zunächst, was Ihnen Schmuck bedeutet. Was für ein Gefühl ruft der Besitz oder das Geschenk von kostbaren Edelsteinen in Ihnen hervor? Diese Sichtweise ist der Hintergrund für die Bedeutung eines bestimmten Edelsteins.
Perlen: verwandeln Not und Leiden in Schönheit.
Rubin: Symbol der Liebe
Diamant: ewiges Symbol für den höchsten und letztgültigen Wert
Smaragd: Symbol des Wachstums

Ehebruch Hier wird durch Vertrauensbruch der Bund mit einem anderen Menschen gebrochen. Begehen wir an irgend jemandem Verrat? Oder wird an uns Verrat geübt? Ehebruch kann ein Hinweis auf sexuelle Untreue bedeuten, ist aber gleichzeitig ein starkes Symbol für Kompromiß und Täuschung.

Einbalsamieren Achten Sie sorgfältig darauf, wer oder was einbalsamiert wird. Vielleicht versuchen wir, etwas Kostbares zu bewahren, oder wir klammern uns an Vorstellungen und Überzeugungen, die begraben werden müssen. Vielleicht lautet die Traumbotschaft, daß es an der Zeit ist, etwas loszulassen.

Ehefrau Unsere Frau kann ein starkes Symbol für das Gegenge-schlecht sein und steht vielleicht für diese Dimension unserer Persön-lichkeit. Was also der Partner im Traum tut, ist vielleicht eine spiegel-bildliche Abbildung unserer eigenen Handlungen im wirklichen Leben. Achten Sie darauf, ob die Traumfigur eine Projektion darstellt. Andererseits sollten wir sorgfältig darauf achten, ob der Traum uns etwas über den aktuellen Zustand unserer Beziehung zum Partner mitteilt. Gibt es irgendwelche Hinweise, wie es um unserer Ehe bestellt ist?

Ehemann Siehe *Ehefrau.*

Einbrecher Einbrecher sind oft Symbole für Gewaltanwendung. Sie sind vielleicht ein warnender Hinweis, daß wir mit unserem Bewußt-sein nicht gemerkt haben, daß wir von Freunden, Familienmitgliedern oder Kollegen angegriffen werden. Wir müssen sorgfältig darauf ach-ten, was uns im Traum weggenommen wird. Gleichzeitig könnten wir die Schuldigen sein. Nehmen wir uns etwas, das uns nicht gehört? Klagt unser Gewissen uns mit dem Bild eines Diebes an? Wenn Frauen von einem gewaltsamen Einbruch träumen, kann das Angst vor Geschlechtsverkehr signalisieren.

Eisenbahn Bahnhöfe stehen oft für Wegkreuzungen oder Orte, an denen man die Richtung wechselt. Ein Zug ist ein aussagekräftiges Bild für unsere Lebensreise. Wir sollten sorgfältig prüfen, ob der Traum uns nahelegt, in einen anderen Zug zu steigen, oder uns davor warnt, den Zug zu verpassen.

Elektrizität Elektrizität vermittelt den Eindruck von Kraft und Ener-gie. Laufen die Drähte in uns hinein oder aus uns heraus? Geht Ihnen die Energie aus? Ausgeschaltete Elektrizität kann auf eine Depression hinweisen. Ein geladener Draht könnte eine Warnung vor einer Gefahr sein.

Eltern Siehe *Vater.*

Engel Das griechische Wort für Engel bedeutet ganz einfach Bote. Unsere Nachforschungen könnten mit der Frage beginnen, ob das Symbol eine besondere Botschaft überbringt.

Epilepsie Da dieser Zustand mangelnde Körperbeherrschung signalisiert, sollten wir darüber nachdenken, was in unserem Leben außer Kontrolle geraten ist. Vielleicht haben wir unsere Lebensumstände nicht mehr im Griff und werden „durchgeschüttelt". Das Problem liegt vielleicht in einem Kontrollverlust über unser Leben.

Eule Siehe *Affe*. Eulen sind insbesondere Symbole für Weisheit. Die Plains-Indianer glaubten, daß Eulen große Macht haben; Eulen wurden oft als Todessymbole gesehen. Da Eulen in der Nacht gut sehen, sind sie ein Bild für Weisheit, die die Dunkelheit durchdringt.

F

Fabrik Wir haben das Gefühl, als gleiche unser Leben einer Fließbandroutine! Alles wird zur Plackerei. Möglicherweise haben wir unsere Individualität verloren. Bewegen wir uns in einer Tretmühle?

Faden Was wird durch den Faden zusammengehalten? Seien Sie auf der Hut! Etwas steht kurz vor dem Auseinanderbrechen.

Fall Bedeutet dieser Traum eine Warnung? Steht uns ein Absturz bevor? Ein wiederkehrender Traum vom Fallen kann bei manchen Menschen eine starke Furcht vor Kontrollverlust sein.

Fallschirm Steht uns ein schlimmer Fall bevor, und der Traum bietet uns einen Ausweg an? Sehen Sie das Symbol als Mittel, die Furcht vor einem solchen Fall zu überwinden oder zu vermeiden.

Farben Farben signalisieren einen besonders bedeutsamen Traum. Achten Sie auch auf den Ton der Farbe. Grün kann eine lebendige Farbe des Wachstums sein oder eine blasse und kränkliche Farbe der

Krankheit. Verblichene Farben könnten ein Hinweis sein auf den Verlust der Lebenskraft in einem bestimmten Bereich. Farben werden auch mit bestimmten Geisteshaltungen in Zusammenhang gebracht.

Grün: Neid, Natur, Lebenskraft, Krankheit
Rot: Leidenschaft, Zorn, menschliche Wärme, Liebe
Gold: Reichtum, königlicher Wert, die Farbe der Göttlichkeit
Blau: der Himmel, majestätische Bekleidung, Heilung, religiöses Symbol
Braun: ein Symbol für Depression, bevorstehenden Sturm, Unehrlichkeit
Schwarz: Verzweiflung, Verlust des Lichtes
Weiß: Reinheit

Farbige Die Bedeutung eines Farbigen im Traum hängt von unserem rassischen Hintergrund ab. Da Eingeborene farbig sind, könnte diese Hautfarbe ein Hinweis auf ursprüngliche, primitive Merkmale oder unentwickelte Teile unserer Persönlichkeit sein. Es kann sich um den Aspekt unserer Persönlichkeit handeln, der der Natur am nächsten ist. Wenn Weiße von Schwarzen träumen, handelt es sich vielleicht um die „dunkle" Seite des Schattens.

Fehlgeburt Männer haben Fehlgeburten? Sicher, wenn Sie dabei sind, eine entscheidende Erweiterung ihrer Persönlichkeit zu verlieren. Vielleicht werden wir auch vor einer bevorstehenden Katastrophe gewarnt. Oder wir werden auf die Notwendigkeit aufmerksam gemacht, uns von etwas zu trennen, in das wir sehr viel Gefühle investiert haben.

Fels Wiederholt spricht der Psalmist von Gott als von einem Fels und einer Burg. Felsen sind Symbole der Stabilität und ewigen Stärke. Sie signalisieren etwas Dauerhaftes, Bleibendes. Im Alten Testament erinnern Felsen an besondere Werke und Begegnungen mit Gott. Der Traumfelsen mag als Zeichen der Ermutigung dienen. Überlegen Sie, ob der Felsen nicht ein Signal ist, daß Sie zu hart geworden sind.

Fenster Siehe *Haus*. Das Fenster gibt oft Aufschluß über unsere Sicht des Lebens.

Fernsehen Siehe *Post, Telefon.*

Feuer Wiederkehrende Feuerträume könnten ein Hinweis sein, daß wir die Hilfe eines professionellen Therapeuten benötigen, um herauszufinden, was in unserem Inneren vorgeht. Alle häufig auftretenden Symbole der Zerstörung sind Grund zu ernster Besorgnis. Auf der anderen Seite ist Feuer auch ein Symbol der Reinigung und Läuterung. Möglicherweise wird ein Irrtum geklärt.

Fieber Vielleicht brüten wir wirklich eine Krankheit aus. Fieber könnte eine Warnung sein. Auf der anderen Seite könnten wir seelische Belastung als Fieber empfinden. Fieber ist ein Zeichen für Krankheit und kann eine Aufforderung an uns sein, in unseren sozialen Bezügen nach etwas Krankhaftem Ausschau zu halten.

Fische Fische und Meeresbewohner tauchen aus unserem Unterbewußtsein auf. Da Seen und Meere gute Symbole für das Unbewußte sind, signalisieren Fische, daß etwas aus unserem Inneren „hochsteigt". Das Bild des Fischfangs ist ein treffender Ausdruck für unseren Wunsch, mit den Tiefendimensionen unserer Persönlichkeit in Berührung zu kommen.

Fliegen Dieses Symbol dient häufig als ein Zeichen für eine heitere und angeregte Gemütsverfassung. Doch müssen wir darauf achten, ob wir der Pilot sind oder der Passagier. Vielleicht fallen Ihnen zu dem Bild entsprechende Ausdrücke ein wie „hochfliegen" oder „abstürzen". Schweben wir über den Dingen des alltäglichen Lebens? Fliegen wir irgendwohin, oder fliehen wir vor etwas? Fliegen ist auch ein gutes Symbol für Ehrgeiz. Aber wir können uns auch auf eine höhere Bewußtseinsebene begeben, von der aus wir uns einen Überblick verschaffen können. Doch Fliegen kann auch ein Hinweis sein, daß wir viel zu idealistisch sind und manche Dinge nicht gründlich genug durchdacht haben.

Fluß Siehe *Wasser.* Kann ein gutes Symbol für den Fluß unserer Energie und Lebenskraft sein. Lebendiges Wasser ist ein biblischer Ausdruck für die Lebenskraft, die uns der Heilige Geist schenkt. Auch eine Taufe kann in einem Fluß stattfinden, als Akt der inneren Reinigung.

Fotos, Bilder Siehe *Kunst*. Bilder rufen Erinnerungen wach. Wir sollten uns die Darstellungen von uns selbst sorgfältig ansehen und darauf achten, inwieweit sich das Traumbild von unserem tatsächlichen gegenwärtigen Aussehen unterscheidet. Sind wir jünger? Altern wir? Ist unser Gesichtsausdruck hart, verbittert oder verzerrt?

Freund/in Handelt es sich um einen gleichgeschlechtlichen Freund oder eine Freundin, können wir vermuten, daß uns der Schatten einen neuen Bezug zu einem wichtigen Aspekt unserer Persönlichkeit nahelegt. Wir sollten die Eigenschaften dieses Freundes oder der Freundin näher untersuchen.

Friedhof Gräber, Grabmale und Beerdigungen werden oft als Zeichen eines bevorstehenden Todes gedeutet. Sie sind jedoch eher Bilder für die Angst vor dem Tod oder Symbole der Verwandlung. Wir müssen herausfinden, wer gestorben ist und warum. Auf der anderen Seite liegt womöglich irgend etwas in unserer Erinnerung oder unserer Vergangenheit begraben. In ähnlicher Weise werden wir vielleicht gerade unter der Last der gegenwärtigen Umstände begraben. Könnte jemand versuchen, Sie zu begraben?

Führer Leitfiguren erscheinen im Traum, um uns zu neuer Orientierung zu verhelfen. Sie bringen vielleicht Gaben, die uns innerlich wachsen lassen. Durch solche Personen werden oft neue Erkenntnisse vermittelt.

G

Garten Der Garten ist wie der Garten Eden ein Ort, an dem unsere Bedürfnisse gestillt werden. In Gärten wachsen wunderschöne Pflanzen. Daher kann dieses Symbol ein Hinweis auf potentielle Möglichkeiten sein. Sollten wir den Garten pflegen, oder uns an ihm freuen? Gärten können auf Bereiche geistlichen Wachstums anspielen.

Gefängnis Siehe *Grube*. Sind wir eingesperrt? Ist unsere momentane Situation zu eng geworden? Auf der anderen Seite fordert unser Gewissen vielleicht eine Bestrafung für vor kurzem begangene Vergehen. Wir schaffen uns aus den Ängsten, Hemmungen, Einstellungen und Begrenzungen unserer Kindheit unser eigenes Gefängnis. Das Gefängnis ist ein Bild für schwere Mängel.

Gefrorenes Eis ist oft ein Ausdruck für stillgelegte Gefühle. Wir sollten der Frage nachgehen, warum unsere Gefühle in einem Bereich unseres Lebens blockiert sind.

Geier Siehe *Vampir*. Stürzt sich jemand auf Ihre Schwächen? Oder sind wir die Geier? Überlegen Sie, wie Sie mit Schwächeren umgehen.

Gerüche Parfümhersteller wissen, daß Gerüche Gefühle heraufbeschwören. Ein Geruch kann anziehend wirken oder Abscheu hervorrufen. Ein schlechter Geruch signalisiert uns vielleicht, daß irgend etwas „faul ist".

Gesicht Vielleicht müssen Sie irgendeiner Sache in Ihrem Leben „ins Gesicht sehen"? Machen Sie gute Miene, wenn Sie genau das Gegenteil empfinden? Haben Sie vielleicht zwei Gesichter? Gesichter können eine Maske für unsere Gefühle darstellen. Der Traum könnte uns auffordern, verdrängte Fragen und Probleme zu klären.

Gewirr Wir sind vermutlich in größeren Schwierigkeiten, als wir erkennen. Sind wir hoffnungslos in irgend etwas verwickelt?

Geysir Ausbrüche irgendwelcher Art sind Hinweise auf etwas, das sich in unserem Inneren angestaut hat. Etwas steht kurz vor der Explosion, und wir übersehen die Vorzeichen.

Gold Gold ist ein Symbol des Reichtums und steht in vielen Träumen auch für geistlichen Reichtum. Weil Gold nicht trübe wird, ist es ein hervorragendes Bild für ewige Werte.

Grube, Abgrund. Haben Sie manchmal das Gefühl, Ihr Leben gleiche einem Abgrund? Wir fürchten vielleicht, von den Zuständen unseres Lebens begraben zu werden oder schwierigen Umständen nicht entkommen zu können. Achten Sie sorgfältig auf die Lösungsphase des Traums.

H

Haare Haare sind häufig ein Ausdruck für das, was sich in unseren Gedanken abspielt. Schamhaar hat eine sehr offenkundig sexuelle Bedeutung, und ein langer weißer Bart signalisiert Weisheit und Autorität. Der Verlust des Haares weist vielleicht auf die Furcht vor abnehmender Stärke oder sexueller Fähigkeit hin.

Haie Siehe *Affe*. Haie machen Jagd auf ahnungslose Opfer. Das Symbol will uns vielleicht darauf hinweisen, daß uns jemand „angreifen" will.

Hammer Der Hammer ist natürlich ein Symbol für Kraft, kann aber auch ein Bild für den Penis sein. Hämmern kann ein Bild sein für gedankenlosen Einsatz von zu viel Kraft.

Hase Siehe *Affe*. Hasen können eine sexuelle Bedeutung haben. Ist der Traumhase ein Playboy-Häschen?

Haus Siehe *Dachkammer* und *Keller*. Das Haus ist in der Regel ein Symbol für das Selbst. Wenige Symbole sind so universell und tauchen so oft als Darstellung des Träumenden auf wie dieses. Jeder Bereich des Hauses hat eine eigene Bedeutung. Die Küche ist beispielsweise ein Ort der Ernährung, wo wir Verpflegung erhalten und schwierige Dinge schmackhaft gemacht werden. Wir müssen sorgfältig auf den Zustand des Hauses achten. In welchem Stil ist es gebaut, und welche

Zeit repräsentiert es? Welche Form hat das Fundament? Ist das Dach fest mit den Mauern verbunden?

Heiliger Siehe *Mönch.*

Hexe Die Mutter kann als Hexe erscheinen. Dieses Bild besagt, daß wir entweder von unseren Gefühlen in bezug auf sie gequält werden oder wir unsere wahren Gefühle bislang verdrängt haben. Vielleicht behandeln wir selbst andere Menschen auf eine „hexige" Art.

Hochzeit Dies ist ein treffendes Symbol der Verwandlung. Eine Hochzeit weist auf die innere Vereinigung verschiedener Teile unserer Persönlichkeit hin. Siehe 11. Kapitel und die Ausführungen über sexuelle Träume. Andererseits ist der Traum vielleicht ein Hinweis auf unsere Gefühle in bezug auf unsere eigene oder bevorstehende Hochzeit.

Hölle Als Symbol für unser Innenleben zeigt uns das Bild der Hölle, wie schlimm es um unser Inneres bestellt ist. Wir werden vielleicht mit unserer tiefen Seelenqual in Berührung gebracht. Auf der anderen Seite dient dieses Bild vielleicht als Warnung vor dem Schicksal, auf das unser gegenwärtiges Verhalten zutreibt.

Hund Siehe *Affe.*

Hunger Etwas in unserem Leben bekommt nicht genügend Nahrung. Wir vernachlässigen einen wichtigen Bereich, der unsere Aufmerksamkeit erfordert.

Husten Brüten wir eine Krankheit aus? Messen Sie Ihre Temperatur. Oder „ist uns etwas im Hals steckengeblieben"? Liegt uns etwas schwer auf der Brust?

I

Idiot Ein Aspekt unserer Persönlichkeit ist für uns vollkommen unannehmbar und lebt in der Wildnis im Exil. Oft erscheint diese Schattendimension als Idiot, der geliebt und ernährt werden muß.

Impotenz Die Furcht vor Schwäche oder dem Verlust von Stärke kann in diesem Symbol seinen Ausdruck finden. Auf der anderen Seite kann es auch ein Bild für tatsächliche sexuelle Unfähigkeit sein.

Infektion Könnte es sein, daß jemand Ihre Werte und Ideale mit „Bazillen" durchsetzt? Macht Sie Ihr Unterbewußtsein auf einen heimtückischen Überfall aufmerksam, der Ihre Kräfte schwächen könnte?

Insel Oft fühlen wir uns isoliert, vom Strom des Lebens abgetrennt. Könnte es sein, daß unsere Gefühls- und unsere Gedankenwelt nicht miteinander im Einklang stehen? Wir sollten überlegen, ob wir uns zur Zeit einsam fühlen.

J

Joch Haben wir das Gefühl, eine unpassende Verbindung eingegangen zu sein? Mit unserem Ehepartner? Einem Geschäftspartner? Vielleicht fühlen wir uns auch wie ein Lasttier. Was schleppen wir hinter uns her?

Jungfrau Dieser Zustand weist auf eine Zeit der Unschuld und Reinheit hin. Er könnte eine Zeit in unserem Leben darstellen, als wir noch ehrlich und echt waren. In diesem Sinne könnte die Jungfräulichkeit für unverfälschte persönliche Maßstäbe stehen. Siehe *Maria*.

Jury Ein starkes Symbol für das Gewissen. Wir müssen uns mit den Problemen befassen, die der Jury vorgelegt werden.

K

Karneval Im Mittelalter war der Karneval eine Zeit, in der man den fleischlichen Gelüsten nachgab. Karneval hat etwas Frivoles, Leichtsinniges an sich. Das Symbol kann uns mitteilen: Ich muß einmal ausspannen, oder: Ich mache mich zum Narren.

Karten Da es bei Kartenspielen eher auf Glück als auf Geschicklichkeit ankommt, sollten wir überlegen, ob das Symbol uns vor einem zu großen Risiko warnen will. Hält jemand anders „alle Trümpfe in der Hand"? Das Leben gleicht oft einem Kartenspiel mit unerwarteten Verlusten und Gewinnen.

Kastration Dieses Symbol steht traditionell für den Verlust der männlichen Sexualität und den Verlust der Potenz. Versuchen Sie, der Ursache auf die Spur zu kommen. Wer hält das Messser in der Hand?

Katze Siehe *Affe*.

Keller Siehe *Dachkammer*. Ist etwas „Verborgenes" im Gange? Keller sind manchmal ein Bild für geheime Gefühle oder Erfahrungen.

Kerze Kerzen bringen Licht in die Dunkelheit. Es drängt sich der Gedanke an Weisheit auf oder die Suche nach Einsicht und Erkenntnis. Kerzen vertreiben die Finsternis.

Kette Starke Bande können uns an wichtige Werte binden oder aber ein Zeichen für Knechtschaft sein. Werden wir von unseren Traumketten gehemmt oder gestärkt?

Kind Dies ist ein sehr bedeutendes Symbol. Hier gilt es, sorgfältig darauf zu achten, ob das Kind eine Erweiterung unserer Persönlichkeit oder ein Bild für unsere eigene Kindheit ist. Vielleicht sind wir aufgerufen, uns mit einer frühen Zeit in unserem Leben zu beschäftigen. In welchem Zustand ist das Kind? Vernachlässigt? Glücklich? Sollten wir dem Kind in uns mehr Beachtung schenken? Ein Kind ist oft ein Symbol des Lebens. Das Christuskind, das göttliche Kind, steht für von Gott geschenkte Möglichkeiten.

Kirche Siehe *Altar*. Im allgemeinen ein Symbol für unser religiöses Leben oder unsere Suche nach Gott. Die Beschaffenheit des Gebäudes oder die Vorgänge in der Kirche geben vielleicht Aufschluß über den Zustand unseres geistlichen Lebens oder unseres spirituellen Weges. Überlegen Sie, welcher Teil der Kirche im Traum vorkommt. So wie die verschiedenen Bereiche eines Hauses eine bestimmte Bedeutung haben, können auch Bereiche innerhalb des Kirchengebäudes uns Anhaltspunkte für die Traumbotschaft geben.

Kleider Der Stil unserer Traumkleidung gibt deutlich Aufschluß über unser gegenwärtiges Selbstbild. Da Träume eine ausgleichende Funktion haben, werden wir vielleicht mit einer Dimension unserer Persönlichkeit konfrontiert, die wir bislang verleugnet hatten. Schuhe sind oft ein Bild für unser Gesamtbefinden. Hat der Schuh ein Loch? Abgetretene Absätze? Wie sehen Sie sich selbst? Heruntergetreten? Trägt man im Traum nur Unterwäsche oder gar keine Kleidung, kann dahinter entweder eine Sehnsucht nach größerer Ehrlichkeit oder die Furcht vor Enthüllung stehen.

Klistier Dieses Symbol ist Ausdruck für eine innere Reinigung. Wir leiden womöglich unter seelischer oder geistiger Verstopfung. Will uns der Traum mitteilen, daß es an der Zeit ist, uns für Ideen und Anschauungen zu öffnen, die wir bislang ignoriert hatten? Auf der anderen Seite wollen uns Träume von körperlichen Zuständen immer darauf hinweisen, auf unsere körperliche Verfassung und eventuelle Gesundheitsprobleme zu achten.

Kneipe Siehe *Bar*.

König Der König könnte ein Symbol für unseren Vater sein. Wie verhält sich der König zu uns, und welche Gefühle ruft er in uns hervor? Ist er ein guter oder ein schlechter König?

Königin Siehe *Vater*. Dieses Symbol könnte für unsere Mutter stehen. Eine Frau mag sich vielleicht auch in einer königlichen Rolle sehen.

Kompaß Könnte ein Kompaß uns in die richtige Richtung weisen? Ist er eine Warnung, daß wir vom rechten Weg abgekommen sind? Hier ist es vielleicht angebracht, unseren Orientierungssinn zu hinterfragen.

Krankenhaus Siehe *Arzt*. Das Krankenhaus ist ein Ort, an dem uns geholfen wird, wenn wir krank sind. Da dort auch Operationen geschehen, müssen wir vielleicht prüfen, ob eine bestimmte Haltung oder ein Problem aus unserem Leben entfernt werden muß. Wenn im Traum ein Krankenhaus vorkommt, ist das ein guter Anhaltspunkt, daß wir an irgendeiner Stelle Heilung benötigen.

Krankenschwester Sie ist Symbol für Fürsorge und Trost. Schwestern bieten uns im Traum Nahrung und Heilung an. Sie können unser Bedürfnis nach Bemuttertwerden und Wärme zum Ausdruck bringen.

Krebs Eine heimtückische Krankheit, die uns von innen zerstört, lenkt unser Augenmerk auf eine innere Quelle seelischer Krankheit. Da Krebs eine Krankheit ist, bei der wir uns im wahrsten Sinne des Wortes selbst zerstören, überlegen Sie, ob diese Krankheit nicht ein Symbol dafür ist, daß wir selbst unser ärgster Feind sind.

Kreuz Das Kreuz kann vielfältige Bedeutung haben. Kreuze stehen auf Gräbern, und sie sind ein Aufruf zur Hingabe. Ein Kreuz zu tragen kann Symbol eines masochistischen Strebens und einer edlen heroischen Bemühung sein. Ein Kreuz kann auch für Gegensätze stehen, die in einem harmonischen Verhältnis zueinanderkommen. Hat der Traum einen offensichtlich religiösen Inhalt, müssen wir die vielen Bedeutungsebenen des Kreuzes innerhalb der christlichen Botschaft ins Auge fassen. Das Kreuz ist einerseits Symbol für das Leiden Christi, aber auch ein bedeutsames Zeichen für den Sieg über den Tod. Ein Kreuz kann Zeichen der Erneuerung und des Neuanfangs sein. Wir werden vielleicht aufgefordert, ein Kreuz zu tragen, oder es wird uns klar, daß eine gegenwärtige schmerzliche Situation aus Gottes Sicht zu unserem Heil dient.

Kreuzungen Überlegen Sie, ob Sie eine wichtige Entscheidung treffen müssen. Haben Sie vielleicht nicht begriffen, wie entscheidend der gegenwärtige Zeitpunkt in Ihrem Leben ist?

Krieg Treiben unsere Konflikte auf eine ernsthaftere Situation zu, als wir uns vorstellen können? Vielleicht werden wir zu einer heftigen Reaktion gedrängt. Oder sind wir im Krieg mit uns selbst? Werden wir durch unsere inneren Konflikte nahezu zerrissen?

Kühlschrank Siehe *Gefrorenes*.

Kunst Sehen Sie sich die Bilder an der Wand sorgfältig an. Was wird darauf abgebildet? Die Wahrscheinlichkeit ist groß, daß Ihre inneren Bedürfnisse und Sehnsüchte dargestellt werden. Welche Aussage machen die Bilder über Ihr Seelenleben?

L

Lähmung Eine häufige Traumerfahrung ist, daß wir versuchen, so schnell zu rennen, wie wir können, aber trotzdem nicht von der Stelle kommen. Das Problem heißt Unzulänglichkeit. Fürchten wir uns möglicherweise vor einer bevorstehenden Prüfung unserer Fähigkeiten? Einem Problem, das uns unlösbar erscheint? Der Traum bringt uns vielleicht in Berührung mit tiefsitzender Schuld oder Befürchtung.

Lamm Christen bringen das Lamm im allgemeinen mit Jesus, dem guten Hirten, in Verbindung. Ein Lamm ist ein Symbol für Unschuld und Unvermögen, auch für Sanftheit.

Landkarte Ähnlich wie ein Brief, kann uns auch eine Landkarte eine bestimmte Botschaft oder ein Bild von bevorstehenden Ereignissen vor Augen malen und uns Orientierung geben. Beim genauen Betrachten der Traumlandkarte können wir oft entscheidend neue Erkenntnisse erlangen.

Landstreicher Siehe *Idiot*. Dahinter könnte der Wunsch stehen, einmal aus dem alltäglichen Leben auszubrechen und durchs Land zu trampen. Denken Sie an Charlie Chaplins Tramp-Figur. Dieser unschuldige kleine Mann war der letztendliche Sieger.

Lastwagen Siehe *Auto, Lieferwagen*.

Laterne Siehe *Kerze*.

Leiter In Jakobs Traum war die Leiter ein Symbol, um zu Gott zu gelangen. Auf Leitern steigen wir viele Stufen, um nach oben zu gelangen. Daher ist die Leiter vielleicht ein Symbol der Ermutigung, daß wir in der Lage sind, mehr zu erreichen, als wir für möglich gehalten hätten.

Lieferwagen Siehe *Auto*. Schleppen wir zu viel Ballast mit uns herum? Vielleicht legt das Bild auch nahe, daß wir uns zu einem anderen Ort auf unserem Lebensweg bewegen müssen.

M

Magenverstimmung Vielleicht hätten Sie kurz vor dem Zubettgehen lieber nicht noch eine Pizza gegessen! Möglicherweise befinden Sie sich aber auch in einer persönlichen Situation, die Ihnen „auf den Magen schlägt".

Maria Die Jungfrau Maria kann für die Seele der Menschheit stehen. Die Orthodoxen nennen sie Theotokos, die Gottesträgerin, die uns den Christus bringt. Sie ist ein elementares Symbol für die Geringen und Armen, die von Gott erhöht werden. Da es die Aufgabe Marias ist, auf ihren Sohn hinzuweisen, könnten wir überlegen, auf welche Weise sie uns den Weg zur Erlösung zeigt.

Marionette Könnte es sein, daß wir von unseren gegenwärtigen Umständen manipuliert werden? Von irgendwelchen Menschen? Oder sind wir selbst die Manipulierenden?

Marmelade Führt uns der Traum eine klebrige, schwierige Situation vor Augen, in der wir uns befinden?

Mauer Siehe *Zaun*.

Meerjungfrau Diese im Meer lebenden Wesen stehen für Figuren, die aus unserem Unbewußten auftauchen. Oft sind sie ein Bild für Liebe oder ein Aufruf zur Liebe, der aus unser tiefsten Seele dringt.

Messer Ist oft eine Anspielung auf das männliche Sexualorgan.

Meßstab Meßinstrumente sind eine Aufforderung, Problembereiche und Vorstellungen zu untersuchen. Verfehlen wir etwas ganz knapp? Vielleicht sollten wir die Dinge etwas genauer nehmen.

Mißbildung Oft treten mißgestaltete Personen aus dem Schattenbereich. Sie sind im allgemeinen Aspekte unserer eigenen Persönlichkeit, die uns unangenehm sind. Es ist uns bislang nicht gelungen, diese Dimensionen unserer Persönlichkeit anzunehmen. Ein Zwerg steht oft für einen unterentwickelten Bereich.

Mönch, Priester. Pfarrer, Nonnen und Mönche sind starke Symbole der religiösen Lehre und Erkenntnis. Sie vermitteln uns vielleicht im Traum geistliche Weisheit und Verständnis. Mönche können auch den Wunsch verkörpern, sich aus der Welt zurückzuziehen.

Mumie Siehe *Einbalsamieren*. Versuchen wir etwas zu bewahren, was begraben werden sollte?

Musik Musik ist eine Quelle des Friedens und des Wohlbefindens. Das Symbol könnte innere Harmonie zum Ausdruck bringen und signalisieren, daß in unserem Leben alles gut verläuft.

Mutter Siehe *Vater*.

N

Nacktheit Fürchten wir uns davor, bloßgestellt zu werden? Vielleicht sind wir sehr unsicher in unserer Persönlichkeit. Auf der anderen Seite haben wir vielleicht den Wunsch, uns stärker emotional zu öffnen.

Name Während wir in Namen nur eine gesellschaftliche Bezeichnung sehen, vermitteln biblische Namen eine Bedeutung, die das Wesen der jeweiligen Person beschreibt. Namen können uns sagen, wer wir wirklich sind. Achten Sie bei der Untersuchung eines Traumnamens auf das Gefühl, das er hervorruft, und die Bedeutung, die er verkörpert. Namen können uns symbolisch enthüllen, wie wir uns wirklich sehen.

Narben Graben Sie in Ihren Erinnerungen. Möglicherweise haben wir nicht wahrhaben wollen, wie schwerwiegend eine Erfahrung der Vergangenheit für uns war.

Nebel Was sehen Sie nicht klar? Warum sind Sie wie benommen?

Nonne Siehe *Mönch*.

Null Siehe *Zahlen*.

O

Obszönitäten Verdrängung von Trieben läßt diese nicht einfach verschwinden! Wie ein Eisberg kommen unterdrückte Triebe und Bedürfnisse an irgendeiner anderen Stelle wieder hoch. Obszöne

Traumerlebnisse wollen uns vielleicht dazu bringen, uns mit Trieben oder Erfahrungen auseinanderzusetzen, die wir bislang ignoriert hatten. Statt die Flucht zu ergreifen, sollten wir solche Träume genau untersuchen, um dem Problem auf die Spur zu kommen.

Ochse Siehe *Affe*.

Ofen Der Ofen ist ein gutes Symbol der Verwandlung. Die Hitze im Ofen verwandelt Teig in Brot. In einer heißen und schwierigen Zeit ist der Ofen vielleicht ein Bild der Zuversicht, daß etwas Gutes aus unseren Problemen entstehen wird.

Öl Wir ölen quietschende Räder. Öl kann in Benzin verwandelt werden. Öl hat auch heilende Kraft. Olivenöl ist in der Bibel ein Symbol für Heilung und Frieden. Suchen Sie nach passenden Methaphern wie „Öl aufs Feuer gießen". Wenn allerdings die Person im Traum ein öliger und aalglatter Mensch ist, liegt in dem Traum sicher eine Warnung.

Operation Siehe *Arzt* und *Krankenhaus*.

Orchester Siehe *Band*.

Ozean Siehe *Wasser*.

P

Paria Siehe *Idiot*.

Parfüm Siehe *Gerüche*.

Party Eine Party signalisiert oft die Notwendigkeit, die Dinge etwas leichter zu nehmen. Vielleicht arbeiten wir einfach zu hart. Auf der anderen Seite will uns der Traum vielleicht mitteilen, daß wir Verpflichtungen nicht ernst genug nehmen.

Perücke Siehe *Haare*. Könnte das Symbol für Künstlichkeit stehen? Da die Haare häufig ein Bild für unsere Gedankenwelt sind, könnte eine Perücke ein Hinweis auf Täuschung sein.

Pfandhaus Haben wir jemandem oder etwas anderem die Macht über unser Leben gegeben? Haben wir die Kontrolle über etwas aufgegeben, das uns sehr kostbar ist? Ist es Zeit, einen Aspekt unseres Lebens zurückzuholen, den wir sozusagen beiseitegelegt haben?

Pferd Siehe *Affe*. Pferde sind faszinierend wegen der geschmeidigen, instinktiven Kraft, die sie ausstrahlen. Hengste sind auch eine Anspielung auf Sexualität. Wildpferde symbolisieren Freiheit und ungezügelte Unabhängigkeit. Sie sind häufig ein Bild für einen unterdrückten Trieb, der sich Bahn brechen will.

Pilger Siehe *Ritter*. Solche Traumfiguren symbolisieren einen Weg, der sich hochfliegenden Träumen und heiligen Abenteuern verschreibt. Das könnte eine gute Darstellung der Sehnsucht nach Selbstverwirklichung sein.

Platzanweiser Es könnte sich um eine Weisheitsfigur handeln, die versucht, uns zum richtigen Ort zu bringen. Lassen Sie sich vom Platzanweiser führen, wohin er will.

Polizist Siehe *König*. Unser Gewissen kann in dieser Figur des Ordnungshüters Ausdruck finden, er will vielleicht versuchen, Ordnung in unser Leben zu bringen.

Post Unser Unbewußtes kann uns auch durch einen Traumbrief eine Botschaft senden. Post im Traum kann ein besonderes Mittel sein, unsere Aufmerksamkeit zu erlangen.

Priester Siehe *Mönch*.

Prostitution Verkaufen wir uns für finanziellen Gewinn? Setzen wir das Beste in uns aufs Spiel?

Prüfung Oft träumen Leute, daß sie bei einem Examen scheitern. Solche Träume sind Ausdruck eines Gefühls der Unzulänglichkeit. Vielleicht haben wir Angst davor, uns einem aktuellen Problem zu stellen.

R

Rabbiner Siehe *Mönch.*

Radio Siehe *Kunst, Bibliothek, Post.*

Ratten Mäuse, Ratten und andere Nagetiere sind oft eine Warnung. Haben wir mit jemandem zu tun, der eine echte „Ratte" ist? Will der Traum nahelegen, daß es in einer Lebenssituation nach Unrat stinkt?

Regenbogen Der Regenbogen ist ein wunderbares Symbol für Harmonie und Frieden und signalisiert uns vielleicht, daß wir ein wichtiges Ziel erreicht haben. Wir sind zu einem inneren Frieden gelangt.

Reichtum Machen wir uns Sorgen um unsere finanzielle Sicherheit? Möglicherweise sind wir zu sehr mit der Anhäufung von Besitz beschäftigt. Andererseits macht uns das Symbol vielleicht auf unseren wahren Reichtum aufmerksam, den wir bislang übersehen haben.

Reifen Siehe *Auto.* Die verschiedenen Teile haben mit der Bedeutung des Autos zu tun. Reifen halten das Auto auf der Straße. Geht die Luft aus? Haben wir einen „Platten"? Wir sollten darüber nachdenken, was unser Leben hemmt.

Rennen Oft erwachen Leute mit dem Bewußtsein, im Traum eine ganze Nacht gerannt und nirgendwohin gekommen zu sein. Wagen wir nicht, uns einem Problem zu stellen, das uns immer wieder bedrängt? Das könnte zum Beispiel ein Gefühl sein, mit dem wir uns auseinandersetzen müssen. Aber vielleicht kommen wir wirklich nirgendwo hin. Der Traum könnte ein Hinweis sein, wie sinnlos

unser Leben geworden ist. Bewegen wir uns nur noch in einer Tretmühle?

Restaurant Was bedeutet auswärts essen für Sie? Ist es eine Annehm-
lichkeit? Ein Vorrecht? Fühlen Sie sich als etwas Besonderes, wenn Sie
bedient werden? Dann überlegen Sie, welcher Art dieses Traumre-
staurant ist. Ist es eher vornehm? Ein Schnellimbiß? Eine schmudde-
lige Kneipe? Ein Restaurant kann auch ein Bild für Geselligkeit sein.

Riese Riesen signalisieren große Möglichkeiten, aber auch Probleme,
die uns über den Kopf wachsen. Ist der Riese ein Freund oder ein
Feind? Große Menschen haben die Fähigkeit, vieles zu überblicken.

Ritter Mädchen sehnen sich nach einem „Ritter in glänzender
Rüstung", der sie befreit. Jungen identifizieren sich mit Rittern, wenn
sie ihre Männlichkeit unter Beweis stellen wollen. Der Ritter ist
auch ein starker Archetyp für die Suche nach dem letzten Sinn und
Ziel.

Röntgenstrahlen Sind wir so transparent, daß jemand durch uns hin-
durchsieht? Fühlen Sie sich möglicherweise bloßgestellt?

S

Sabotage Weil Träume uns Informationen geben und Einsicht vermitteln, kann das Bild der Sabotage ein Hinweis sein, daß wir eine
Bedrohung unseres Wohlbefindens ignorieren.

Satan Siehe *12. Kapitel.*

Schauspieler Wenn wir eine Rolle spielen, wirft das immer die Frage
auf, was mit unserer „persona" geschieht, dem Bild, das wir von uns
entwerfen. Stellen wir eine unechte Fassade zur Schau? Täuschen wir
nach außen etwas vor, was wir gar nicht sind? Oder würden wir gerne
einmal aus unserem alten Trott ausbrechen? Vielleicht hat sich eine

bestimmte soziale Rolle überlebt, und es ist an der Zeit, ganz neue Wege einzuschlagen.

Scheinwerfer Achten Sie darauf, was der Lichtkegel enthüllt. Unser Augenmerk wird auf ein bestimmtes Problem gerichtet.

Schere Stoßende Bewegungen mit einer Schere kann ein Bild für Sexualverkehr sein. Aber die Schere ist auch ein Symbol für Aggression, denken wir nur an spitze oder schneidende Bemerkungen.

Schiff Siehe *Auto*. Ein Schiff ist oftmals ein Symbol für das Selbst und unsere Reise durch die Welt. Eine stürmische See kann unsere Gefühle in bezug auf gegenwärtige Konflikte darstellen.

Schirm Ist der Traum eine Warnung, uns für ein unerwartetes Unwetter zu rüsten? Das liegt höchstwahrscheinlich im seelischen Bereich.

Schildkröte Könnte der harte Panzer ein Hinweis sein, daß wir „dickfellig" sind oder emotional undurchdringlich? Neigen wir eher dazu, uns zurückzuziehen, statt vorwärtszugehen? Doch die Schildkröte vermittelt auch die positive Zuversicht, daß wir durch langsames, stetiges Vorgehen auch zum Ziel kommen.

Schlaf Ein Traum vom Schlafen deutet auf ein mangelndes Bewußtsein hin. Der Traum ist vielleicht eine Aufforderung zu erwachen. Andererseits ist Schlaf vielleicht ein Bild für unsere Flucht aus der Realität.

Schlange Schlangen sind schwierigere Symbole, als man gemeinhin annimmt. Zwar werden sie im allgemeinen mit heimtückischer Versuchung in Zusammenhang gebracht, doch sind sie auch ein Zeichen für Gesundheit und ewiges Leben. Da Schlangen sich häuten, sind sie auch ein Symbol für Wiedergeburt. Der Stab, um den sich eine Schlange windet, ist ein altes Symbol für den Ärztestand. In manchen Kulturen sind Schlangen Symbole der Weisheit. Aber wir bezeichnen auch eine hinterhältige Person als „Schlange".

Schlüssel Freud würde ihm eine sexuelle Bedeutung zuschreiben. Wir sollten überlegen, wo verborgene Bereiche geöffnet werden, neue Kraftvorräte und unterdrückte Dimensionen der Persönlichkeit freigesetzt werden könnten.

Schmarotzer Ist der Parasit ein Mensch oder ein Zustand? Kriecht ein schrecklich aussehendes Wesen durch Ihren Traum? Traumkreaturen können sich bei uns einschleichen und unsere Kraft aufzehren. Vielleicht haben wir gar nicht bemerkt, wie wir langsam von innen zerstört werden.

Schmetterling Ein wunderbares Symbol der Verwandlung. Wie bei der Auferstehung stirbt vielleicht eine Lebensform, damit eine viel schönere beginnen kann.

Schnee Siehe *Gefrorenes.*

Schneider Da ein Schneider unsere Kleider flickt, ist das Bild vielleicht ein Hinweis, daß wir unsere Plänen oder Wertvorstellungen neu unter die Lupe nehmen sollten. Das Auftreten eines Schneiders im Traum mag uns signalisieren, daß wir einige Änderungen an unseren Gedanken und Einstellungen vornehmen müssen.

Schreibmaschine Es könnte aufschlußreich sein, was auf der Maschine geschrieben wird. Wie lautet die Botschaft? Siehe *Post, Telefon.*

Schriftrolle Siehe *Kunst, Bibliothek, Post.*

Schulden Haben wir etwas in unserem Gewissen verborgen? Vielleicht haben wir es versäumt, einer Verpflichtung gegenüber einem anderen nachzukommen. Möglicherweise erfüllen wir die Erwartung eines anderen nicht.

Schule Wie ein Haus oder eine Kirche ist auch die Schule ein starkes Symbol der persönlichen Betroffenheit. Schulen sind Orte der Lehre. Wir sollten uns unsere Schulzeit im Rückblick vergegenwärtigen und herausfinden, welche Bedeutung Schule oder eine andere Ausbildungsstätte für uns hatte.

Schwäche Vielleicht fühlen wir uns im Traum von einer Situation überwältigt und haben keine Kraft, Widerstand zu leisten. Wir scheinen einfach nicht in der Lage zu sein, uns dem Problem zu stellen. Das Problem ist vielleicht ein Symbol für unseren Mangel an innerer Entschlossenheit. Haben wir Angst, zu einem aktuellen Problem oder einer Konfrontation „nein" zu sagen? Möglicherweise sind wir nicht bereit, uns einem entscheidenden Schwachpunkt unserer Persönlichkeit zu stellen. Der Traum stellt uns vielleicht vor die Aufgabe, uns mit einer Charakterschwäche auseinanderzusetzen.

Schwan Dieser herrliche Vogel ist ein wunderbares Symbol der Verwandlung. So wie häßliche Entlein sich in wunderschöne Wesen verwandeln, entfaltet sich unser Selbst zu höchster Blüte.

Schwangerschaft Ein starkes Symbol für Verheißung oder neue Möglichkeiten. Vielleicht sind wir bereit, eine neue Idee hervorzubringen, ein neues Projekt anzugehen oder einen neuen Traum zu verwirklichen. Vielleicht steht die Geburt von etwas ganz Neuem unmittelbar bevor.

Schwanz In der Umgangssprache hat dieses Wort eine sexuelle Bedeutung. Da der Schwanz eine Verlängerung der Wirbelsäule ist, kann er ein Signal sein, daß wir viel Rückgrat oder Stärke besitzen.

Schwein Siehe *Affe*. Schweine symbolisieren Schmutz und Schlampigkeit. Suhlen wir uns im Schlamm? Macht uns die Habgier zu einem „Schwein"? Hat die Traumfigur einen Schweinekopf? Könnte das eine Warnung vor „Dickköpfigkeit" sein?

Schweiß Schwitzen signalisiert starken Energieverbrauch. Unterschätzen wir den Druck, unter dem wir stehen?

Schwert Schwerter können eine majestätische Bedeutung haben. Siehe *Ritter*. Ein Schwert kann Symbol für die Suche nach Wahrheit sein. Die Schrift wird als das Schwert des Geistes bezeichnet. Vielleicht benutzen wir eine Klinge, um andere zu schützen. Aber wir sollten achtgeben, daß wir niemanden verletzen. Was wir für eine rechtschaffene Sache gehalten haben, könnte bösen Schaden verursachen.

Schwimmen Schwimmen ist ein Bild dafür, daß wir über die Oberfläche unseres Unbewußten gleiten und uns durch unsere Gefühlswelt bewegen. Achten Sie auf Ihren Schwimmstil. Die Unfähigkeit zu schwimmen ist ein Hinweis, daß wir Schwierigkeiten haben, mit unseren Gefühlen umzugehen, ein sicheres Schwimmen signalisiert das Gegenteil. Empfinden wir das Wasser als Bedrohung, können wir davon ausgehen, daß wir ernsthafte Probleme haben, uns unseren Gefühlen zu stellen.

Seeleute Siehe *Schiff*. Was tut ein Seemann im Traum? Vielleicht gibt er uns einen Hinweis, wie wir mit einem Aspekt unserer Lebensreise umgehen.

Sex Siehe *11. Kapitel*.

Shampoo Symbole der Reinigung lassen an die Sehnsucht der Befreiung von Schuld denken. Andererseits ist die Tatsache, daß wir etwas aus unserem Haar waschen, ein gutes Bild der Befreiung von einer Verstrickung.

Spaziergang Wenn wir im Traum herumlaufen, ist das oft ein Hinweis auf unsere gegenwärtigen Lebenssituationen. Welches Ziel haben diese Spaziergänge? Kommen wir nirgendwo hin? Gehen wir zurück? Genießen wir den Bummel?

Speer Denken Sie daran, wie ein Speer gebraucht wird. Werden Menschen gestoßen? Könnten das auch verbale Angriffe sein? Ist der Speer ein Zeichen für Ärger? Überlegen Sie, was Sie zu Menschen sagen. Worte können tödlicher sein als Pfeile.

Spiegel Da wir hinten keine Augen haben, weisen uns Träume auf etwas hin, das uns sonst entgangen wäre. Eine solche Funktion kommt im allgemeinen dem Traumspiegel zu. Wir sehen im Spiegel, was uns sonst verborgen ist, und erhalten ein vertieftes Bewußtsein für unser Selbst.

Spinne Spinnen spinnen Netze. Sind wir in einer verführerischen Situation gefangen? Der Traum dient uns vielleicht zur Warnung. Für viele Menschen ist die Spinne ein Symbol der ungesunden mütterlichen Kontrolle und Manipulation.

Straße Siehe *Eisenbahn*. Das Bild der Straße ist eine aussagekräftige Anspielung auf unseren Lebensweg oder unser Schicksal.

Strauß Ein Strauß ist eine sehr deutliche Anspielung, daß wir vielleicht unseren „Kopf in den Sand stecken".

Sturm Seelische Unruhe ruft Stürme hervor. Der Sturm spiegelt das wider, was sich in unserem Inneren abspielt, so daß wir das Problem auf den Tisch bringen können.

T

Tätowierung Siehe *Narben*. Ist uns etwas „unter die Haut gegangen" und geht nicht mehr weg? Achten Sie darauf, ob die Tätowierung Ihnen mitteilt, mit welchem Problem Sie sich beschäftigen müssen.

Tal Wenn wir im Traum in Täler steigen, kann das auf eine schwierige Zeit in unserem Leben hinweisen. „Sich im Tal befinden" könnte auch ein Bild für Depression sein. Manchmal ist das Tal auch ein Symbol für weibliche Sexualorgane.

Tanz Sind Sie zu nervös und besorgt und sollten etwas „beschwingter", spontaner werden? Vielleicht sind Sie auch gerade von einer großen Freude erfüllt.

Tasche Siehe Kleider. Taschen sind ein gutes Symbol für unser Gedächtnis, weil wir Dinge in ihnen aufbewahren. Was finden Sie in Ihren Traumtaschen?

Taufe, Baden. Die Taufe ist immer ein gewaltiges Bild und kann ein Symbol für Verwandlung sein. In dieser Deutung steckt auch ein Sinneswandel durch Reinigung. Die Taufe steht vielleicht für einen Neuanfang.

Telegramm Siehe *Post, Telefon.*

Telefon Vielleicht wachen wir vom Klingeln des Telefons auf und stellen fest, daß es sich nur um einen Traum handelt. Ein solches Erlebnis ist ein Hinweis, daß wir etwas Wichtiges in unserem Umfeld wahrnehmen müssen. Da das Telefon ein Kommunikationsmittel ist, ist es ein Bild für „Kontaktherstellung".

Teufel Siehe „Seltsame Symbole", *12. Kapitel.*

Tisch Wir legen die Dinge „auf den Tisch", wenn wir uns mit ihnen beschäftigen müssen. Haben wir diesen Tisch schon einmal gesehen? Wenn ja, kann er einen Anhaltspunkt für die Deutung des Traums darstellen.

Tod Siehe *11. Kapitel.*

Töpfer, Töpferei. Die Kunst des Töpfers hängt davon ab, ob der Tonklumpen auf der rotierenden Töpferscheibe auf seinen Mittelpunkt konzentriert ist. Vielleicht sollten wir prüfen, ob unser Leben fest gegründet ist.

Trapez Siehe *Fliegen.* Gehen wir unnötige Risiken ein?

Treibsand Ein Signal, uns in acht zu nehmen! Wir werden von etwas „ver-schluckt", dem wir nicht entrinnen können. Es besteht die Gefahr, daß uns die Sache „über den Kopf wächst", ohne daß wir merken, wie ernst die Situation ist.

Treppe Siehe *Leiter*. Stufen können ein Bild sein für die geordnete und planvolle Anstrebung eines Ziels. Das Heraufsteigen der Stufen ist auch ein Bild für die Bewegungen zum Erreichen der sexuellen Erfüllung und des Höhepunkts. Aber die Leiter kann auch ein Symbol sein für das Anstreben von Spitzenpositionen in Gesellschaft und Wirtschaft.

Tunnel Lange dunkle Korridore oder ähnliches sind ein Hinweis, daß wir in ein geheimnisvolles Stadium auf unserem Weg zur Ganzheitlichkeit eintreten. Das Symbol kann unsere Unsicherheit zum Ausdruck bringen über das, was uns als nächstes bevorsteht.

Tür Türen sind Bilder für eine neue Möglichkeit oder eine Verdrängung. Ist es an der Zeit, in eine neue Lebensphase einzutreten? Haben wir es versäumt, einen verdrängten Teil unserer Erfahrung zu erforschen?

U

Uhr Siehe *Zahlen*. Warnt uns die Uhr davor, zu langsam oder zu schnell vorwärtszugehen? Läuft uns die Zeit davon, oder vergeuden wir unsere Zeit? Wenn die Uhr gerade Mitternacht schlägt, stehen Sie vielleicht gerade kurz vor dem Abschluß einer wichtigen Zeit. Wo befinden sich die Zeiger der Uhr? Zahlen stehen häufig für ein Lebensalter, in dem sich ein wichtiges Ereignis abspielte.

Ungeheuer In jedem steckt die potientielle Fähigkeit, ungeheuerliche Dinge zu tun. Wir dürfen uns über die Wirkung ungezügelter Emotionen nichts vormachen. Das Ungeheuer konfrontiert uns vielleicht mit den zerstörerischen Fähigkeiten, die in uns sind. Auf der anderen Seite könnte das Ungeheuer starke negative Gefühle verkörpern, die aus unserem Inneren aufsteigen und uns zu überwältigen drohen. In unserer Wildnis tobt vielleicht Haß, Furcht oder Ärger. Die Erscheinung muß sorgfältig untersucht werden, damit wir das Ausmaß der Bedrohung erfassen.

Uniform Tragen wir eine Uniform? Warum? Vielleicht passen wir uns einer Idee, einer Gruppe oder einem Image an. Das Bedürfnis, eine Uniform zu tragen, ist vielleicht ein Zeichen für mangelndes Selbstvertrauen in unsere Identität.

Universität Haben Sie eine Universität besucht? Wenn ja, ist es wichtig, herauszufinden, welche Bedeutung diese Zeit in Ihrem Leben für Sie hatte. Wenn nicht, könnten Sie darüber nachdenken, was für ein Gefühl das Studium an einer Universität bei Ihnen hervorruft. Haben Sie Probleme mit Intellektuellen? Haben Sie den Eindruck, Sie sollten sich persönlich weiterentwickeln? Universitäten sind Orte, an denen das geschieht.

Unkraut Wächst Unkraut in Ihrem Garten? Überprüfen Sie Ihre Absichten, Gedanken und Wertvorstellungen. Denken Sie an das biblische Gleichnis vom Unkraut und Weizen. Vielleicht ist es an der Zeit, einmal Unkraut zu jäten!

Unterseeboot Siehe *Fisch*. U-Boote sind ausgezeichnete Symbole für unsere Reise durch das Unbewußte. Sie signalisieren, daß wir in Berührung mit den Tiefenschichten unserer Persönlichkeit sind.

Urin Vielleicht müssen wir nur aufstehen und auf die Toilette gehen. Das Symbol kann jedoch auch ein Hinweis sein, daß wir Spannungen abbauen müssen.

Urlaub Träumen Sie von einem Leben in Hawai? Vielleicht müssen Sie der Tatsache Rechnung tragen, daß Sie sich in einer Tretmühle befinden? Möglicherweise sollten Sie einmal Ferien machen. Oder will der Traum Ihnen mitteilen, daß jemand anders Ferien macht, während er oder sie für Sie arbeiten sollte?

V

Vampir Das Bild für einen lebenden Toten, der sich auf Menschen stürzt, ist eine starke Anspielung, daß jemand oder etwas uns „aussaugt".

Vater Eltern sind in Träumen in der Regel keine Symbole, sondern sie selbst. Oft ist das Traumthema unsere Beziehung zu diesem Elternteil. Doch ein Vater kann auch für Gott oder eine Autoritätsperson stehen.

Vergewaltigung Dieses furchtbare Verbrechen der Mißhandlung und des Einbruchs in die Persönlichkeit weist darauf hin, daß wir in irgendeiner Weise geschändet, beschmutzt und zu einer furchtbaren Bindung gezwungen werden. Wir müssen sehr ernsthaft nach der Ursache des Problems forschen. Frauen sollten der konkreten körperlichen Bedeutung eines solchen Traums nachgehen.

Verlassenwerden Im allgemeinen ein Zeichen, daß wir uns ungeliebt und ungewollt fühlen. Hier ist es sicher angebracht, unsere Beziehungen sorgfältig unter die Lupe zu nehmen und herauszufinden, weshalb sie scheitern. Auf der anderen Seite kann Verlassenwerden auch ein Signal sein, daß wir die Vergangenheit hinter uns lassen und von alten Beschränkungen und Zwängen befreit werden.

Vulkan Siehe *Geysir*.

W

Waage Die Waagschale der Justiz steht für die Suche nach Gerechtigkeit. Vielleicht leiden wir darunter, unfair behandelt zu werden, oder wir müssen überlegen, ob wir selbst in unserem Umgang mit anderen Unrecht tun.

Waffen Freud brachte die männliche Sexualität mit Waffen in Verbindung. Diese Sichtweise ist jedoch allzu begrenzt. Gewehre stehen für

Mittel zum Angriff. Richtet sich der Angriff auf uns, sollten wir uns fragen, ob wir unser Gewissen ignorieren. Auf der anderen Seite bedeutet ein Angriff auf die Kontrolle des Türhüters einen Wachstumsprozeß in Richtung auf eine stärkere Persönlichkeitsintegration.

Wäsche Wir müssen uns mit unserer schmutzigen Wäsche beschäftigen!

Wahnsinn Siehe *Idiot*. Steht vielleicht für die Angst, die verstandesmäßige Kontrolle zu verlieren und von Mächten jenseits unserer Kontrolle überwältigt zu werden. Das Symbol könnte ein Hinweis sein, daß wir kurz vor diesem Kontrollverlust stehen.

Waise Siehe *Verlassenwerden*. Wir fühlen uns verloren und elternlos. Möglicherweise fühlen wir uns zutiefst mißverstanden.

Wasser Siehe *Fische, Schwimmen*. Eine starke Anspielung auf das Unbewußte, die Seele, das Selbst. Ozeane sind oft ein Bild für die Weite des Unterbewußtseins. So vieles verbirgt sich unter der Oberfläche. Seen, Teiche und Staubecken können ein Zeichen sein, daß wir einen Blick tun in die verborgenen Bereiche unserer Seele und Gefühle. Wir sollten auf die Farbe des Wassers achten. Ist es trübe und schmutzig? Das gibt uns Aufschluß über die Lage der Dinge.

Wasserrohre Siehe *Haus*. Ein geplatztes Rohr kann eine dringende Warnung sein, daß irgend etwas in unserem Leben zerbricht. Vielleicht bricht ein Gefühl mit Macht hervor. Seien Sie auf der Hut. Durch einen solchen Rohrbruch könnten Sie ertrinken oder Ihr „Haus" zerstört werden.

Waten Siehe *Schwimmen, Wasser*.

Wein Ist häufig ein Symbol der Freude und kann ein Bild für Glück und Gesundheit sein. Jesus hat Wasser in Wein verwandelt. In Träumen steht Wein manchmal für die Gegenwart Christi im Abendmahl.

Falls Sie Probleme mit Alkoholkonsum haben, kann das Symbol natürlich eine völlig gegenteilige Bedeutung haben.

Werwolf Siehe *Vampir*. Die archetypischen Gruselgeschichten sind wohl ursprünglich ein Ausdruck für die potentielle Möglichkeit des Menschen, so sehr von animalischen Trieben bestimmt zu sein, daß die Vernunft zerstört ist und mörderische Triebe die Oberhand gewinnen. Ist der Traum eine Warnung, daß wir nahe daran sind, die Kontrolle über uns zu verlieren? Ist jemand anders für uns gefährlich?

Wetter Siehe *Sturm*. Viele bildliche Ausdrücke haben mit dem Wetter zu tun. Wolken mit einem Silberstreif weisen auf ein glückliches Ende hin. Wir sprechen von einem „stürmischen" Temperament oder einer düsteren Stimmung. Ist das Wetter ein Symbol für Stimmungen oder Gegebenheiten in Ihrem Leben? Wolken können ein Bild für Depression oder bevorstehende Schwierigkeiten sein. Die ganze Palette der Gefühle kann durch Wetterlagen ausgedrückt werden. Sehen Sie den Wetterbericht im Traum als Kommentar über das, was in Ihrem Seelenleben bevorsteht.

Witwe Geraten Sie nicht in Panik und Sorge, demnächst Ihren Mann zu verlieren. Vielleicht brauchen Sie ganz einfach Zeit für sich selbst.

Wolf Siehe *Affe, Werwolf*.

Wrack Befinden Sie sich im Traum in einem Unfallauto? Seien Sie auf der Hut! Ihr Lebenstempo ist unter Umständen zu schnell und leichtsinnig. Autounfälle sind wichtige Warnungen in bezug auf unsere seelische Gesundheit. Sie sind vielleicht zu überspannt.

Wüste Wenn wir im Traum durch eine Wüste wandern, ist das ein sicheres Zeichen, daß wir uns in einer dürren und unfruchtbaren Zeit unseres Lebens befinden. Wir fühlen uns womöglich isoliert oder hoffnungslos. Vielleicht „funktionieren" wir auch nur ohne nennenswerte Gefühlsregungen. Wir sollten die „Quellen" in unserem Leben überprüfen und schauen, ob an irgendeiner Stelle etwas ausgetrocknet ist.

Z

Zähne Ist das ein Hinweis auf unsere äußere Erscheinung? Verlieren wir womöglich das Gesicht? Vielleicht machen wir auch bissige Bemerkungen? Eine Kontrolluntersuchung beim Zahnarzt kann sicher nichts schaden.

Zahlen Als erstes sollten wir überlegen, ob die Zahl ein Alter darstellt, in dem ein wichtiges Ereignis in unserem Leben stattfand. Die Zeiger einer Uhr können auf unser Lebensalter zeigen. Die Zahlensymbolik beschäftigt sich damit, daß Zahlen nicht nur mathematische Größen beschreiben, sondern auch gedankliche Vorstellungen übermitteln. Das geschieht häufig bei biblischen Zahlen. Von daher sollten wir uns auch über die tiefere Bedeutung von Zahlen Gedanken machen.
Null ist auch Ausdruck für das Nichts und die Bedeutungslosigkeit. Da *eins* unsichtbar ist, kann es Zeichen für einen Anfang sein. *Zwei* kann in zwei Hälften geteilt werden und auf die Verbindung von Gegensätzen hinweisen. *Drei* steht für ein Dreieck. *Vier* läßt an die vier Ecken denken und ist daher ein gutes Symbol für Stabilität. Gott schuf die Welt in sieben Tagen und ruhte danach — eine gute Symbolzahl für Erfüllung und Vollendung. *Zehn* signalisiert ein vollständiges System. *Zwölf* ist eine bedeutende biblische Zahl; man denke an die zwölf Stämme und die zwölf Apostel. Zwölf bedeutet eine vollständige Einheit. Komplexere Zahlen sind vielleicht eine Kombination dieser Vorstellungen.

Zaun Wir träumen oft von selbstauferlegten oder selbstgeschaffenen Barrieren. Wovor wollen wir uns durch den Zaun schützen? Müssen wir über einen Zaun blicken, um die andere Seite zu sehen?

Zeitung Siehe *Post.*

Zielscheibe Dies ist ein gutes Bild für unsere Lebensziele. Treffen wir ins Schwarze? Oder verfehlen wir das Ziel?

Zirkon Künstliche Nachbildungen von Diamanten könnten den Gedanken nahelegen, daß wir uns mit einem billigen Ersatz für die echte Sache zufriedengeben.

Zitrone Ihre Säure könnte bedeuten, daß wir bei jemandem einen schlechten Nachgeschmack hinterlassen. Eine Zitrone kann auch Bitterkeit signalisieren.

Zoo Siehe *Affe*. Möglicherweise sind unsere Instinkte in Käfige gesperrt und müssen befreit werden. Andererseits könnte der Traum auch eine Beruhigung sein, daß wir diese Seite unseres Lebens unter Kontrolle haben.

ANHANG

Träume in der Bibel

Im folgenden haben wir alle Bibelstellen zusammengestellt, die sich auf Träume, Visionen, Sehen, Augen und Seher beziehen.

1. Mose
3, 5-7
15, 1
18, 2
20, 3, 6
21, 19
28, 12
31, 10-12, 24
37, 5-6, 8-10, 19-20
40, 5-9, 16
41, 1, 5, 7-8, 25-26, 32
42, 9
46, 2, 4

2. Mose
3, 1-6
16, 9-11
24, 15-18
25, 1

4. Mose
12, 6
21, 8
22, 31
24, 2-4, 15-16

5. Mose
6, 8
11, 18

13, 1-5
29, 2-4

Josua
5, 13-15

Richter
6, 12-14
7, 13-17

1. Samuel
3, 3-10, 15
9, 9-11, 15-19
28, 6, 15

2. Samuel
7, 4-10, 17
24, 11

1. Könige
3, 5-15

2. Könige
17, 13

1. Chronik
9, 22
17, 15
21, 9-10, 16

25, 5-7

2. Chronik
9, 29
12, 15
16, 7-10
19, 2
29, 25, 30
33, 18-19
35, 15

Hiob
4, 14-16
7, 13-14
20, 8
33, 15-16

Psalmen
5, 6
13, 4
25, 15
89, 20
119, 18
123, 1-2
141, 8

Sprüche
29, 18

Prediger
5, 2, 6

Jesaja
1, 1
6, 1-10
8, 16

17, 7-8
21, 2
28, 7
29, 8, 10-11
30, 10
33, 17
40, 26
42, 18-20
44, 18

Jeremia
5, 21
8, 15
23, 16, 25, 27-28, 32
29, 8, 21

Klagelieder
2, 9

Hesekiel
1, 1, 4
2, 9
8, 3-5, 7
10, 1, 9
11, 1, 24
12, 2, 22-27
13, 7, 16
43, 1-6
46, 19
47, 2

Daniel
1, 17
2, 1-9, 19, 26, 28, 36
7, 1-2, 7, 13, 15
8, 1-3, 13, 15-17, 26-27

Offenbarung

1, 10, 14	6, 8
4, 1-3	9, 17
5, 6	14, 1, 14
	15, 5

Typen und Temperamente

Reinhold Ruthe
Typen und Temperamente
Die vier Persönlichkeits-
strukturen
Mit umfassendem
Persönlichkeitstest.
Gebunden. 168 Seiten.
ISBN 3-87067-516-0

Wer sind Sie? Was ist Ihr Selbstbild? Kennen Sie den Schlüssel zu den wesentlichen Eigenarten Ihrer Persönlichkeit?

Jeder Mensch ist einmalig, einzigartig und spiegelt doch zugleich auch einen bestimmten Typ und damit eine bestimmte Persönlichkeitsstruktur wider. Dieses Buch hilft, Stärken und Schwächen zu entdecken, Gaben und Fähigkeiten zu durch-schauen. Ein ausführlicher Testteil mit 160 Fragen, unter Mitarbeit von Lydia Ruthe-Preiss, verhilft jedem zu seinem eigenen Persönlichkeitsprofil.

Brendow ///
Buch · Kunst · Verlag